中等职业学校计算机应用与软件技术专业教学用书

计算机操作与应用基础教程

张 瑾 主编

机械工业出版社

本书是根据国家《中等职业学校计算机应用与软件技术专业领域技能型紧缺人才培养培训指导方案》，针对目前中职计算机教材"就知识讲知识"的不足现状，以"项目驱动"教学构建教材体系编写的。编写时将知识点与专业技能训练有机结合，从最有利于学生学习的角度组织教材，充分体现了"以学生为主体"的主导思想。

本书主要内容包括计算机基础知识、Windows 操作系统、中英文录入、文字处理软件 Word 的应用、电子数据表格软件 Excel 的应用、幻灯片制作软件 PowerPoint 的应用、Internet 的应用基础。各部分内容采用问题引导、项目任务制作的学习方法，按实例要求总结、归纳知识要点。

教材针对教师讲题配有相应的课件，教师使用本书可以轻松备课；针对学生巩固要点配有综合练习的实操题；针对学生参加各种等级证的考试配有综合理论练习题。学生可通过本书实训项目的制作学习，掌握知识要点，提高技能。

本书是中专、技校和职高类中职学校的教材，基于这套教材易教易学的特色，也可作为高级技校、高职高专和社会培训班的参考教材。

图书在版编目（CIP）数据

计算机操作与应用基础教程/张瑾主编．—北京：机械工业出版社，2005.7（2022.3 重印）

中等职业学校计算机应用与软件技术专业教学用书

ISBN 978-7-111-16309-1

Ⅰ．计… Ⅱ．张… Ⅲ．电子计算机-专业学校-教材 Ⅳ．TP3

中国版本图书馆 CIP 数据核字（2005）第 052758 号

机械工业出版社（北京市百万庄大街22号 邮政编码100037）
策划编辑：何月秋 邓振飞
责任编辑：邓振飞 版式设计：冉晓华
责任校对：陈延翔 责任印制：郜 敏
北京盛通商印快线网络科技有限公司印刷
2022 年 3 月第 1 版第 14 次印刷
184mm×260mm・15 印张・373 千字
标准书号：ISBN 978-7-111-16309-1
定价：35.00元

电话服务　　　　　　　　网络服务
客服电话：010-88361066　机 工 官 网：www.cmpbook.com
　　　　　010-88379833　机 工 官 博：weibo.com/cmp1952
　　　　　010-68326294　金 书 网：www.golden-book.com
封底无防伪标均为盗版　　机工教育服务网：www.cmpedu.com

中等职业学校计算机应用与软件技术专业教学用书

编委会名单

主　　任　黄景容

副 主 任　（按姓氏笔画排序）
　　　　　　王　德　史宪美　朱爱群（常务）　何月秋
　　　　　　聂晓溪　雷　莉

顾　　问　陈瑞藻　戴士弘

委　　员　（按姓氏笔画排序）
　　　　　　尤一佳　王训泉　王朝蓬　毛鸿亮　齐文海
　　　　　　刘　娟　吴东起　李　远　张　晶　张　瑾
　　　　　　李毅峰　杨　戈（常务）　杨光宏　陈　昀
　　　　　　陈佳玉　杨泽明　陈运海　陈振宇　苗家鸿
　　　　　　邹　康　郑　娟　赵艳云　唐顺华　耿喜哲
　　　　　　郭汉桥　黄若房　楚王辉　谭晓华

本书主编　张　瑾
副 主 编　聂晓溪

本书参编　杜黎强　李忠齐　李相君　吕小华
　　　　　　卢永辉

本书主审　戴士弘

序

首先感谢您选择了这套为您量身定做的"中等职业学校计算机应用与软件技术专业规划教材"！

根据教育部、信息产业部关于确定《职业院校开展计算机应用与软件技术专业领域技能型紧缺人才培养培训工作的通知》和教育部职教司关于制定《2004～2007年职业教育与培训教材开发编写计划》的通知，针对目前图书市场上中职计算机教材的状况，我们组织了来自珠江三角地区和北京地区的12所知名职业技术学校、技师学院、技校的30多名有丰富教学经验的专业教师、企业专家和IT业代表共同研讨、编写、审定了这套针对性、实用性较强的"中等职业学校计算机应用与软件技术专业规划教材"。

目前图书市场上计算机类教材非常多，但是真正面对中职层次实用、好用的教材为数不多。现有的绝大多数教材体系将知识学习与专业技能训练完全剥离开来，学生在学知识时，并不知道学了有什么用、什么时候能用得上、如何用；而在训练专业技能时，又往往出现不知道要用到哪些知识、如何来解决实际问题。使用这样的教材来进行教学，教师难教，学生难学，教学效果不理想。

为解决中职教师和学生的困惑，我们采用当前中职教育大力提倡的"项目驱动"及"任务驱动"模式建构了新的教材体系。在本套教材中，我们坚持摒弃以往"就知识讲知识"的传统做法，把知识点的学习与专业技能的训练有机地结合起来，从最有利于学生学习的角度来组织教材，充分体现"以学生为主体"的主导思想。

与高等教育（强调理论体系的完整性、知识的全面性，要求具备今后从事研究工作的扎实理论基础）不同的是，职业技术教育以培养动手能力强、技能水平高、面向企业实际应用的技能型专门人才为主要目标，因此我们在编写教材时始终坚持以下几个原则：

1. 针对性强——结合中职学生的实际情况，以项目和任务驱动的教学手法，让学生在训练和提高专业技能的同时，完成对相应知识点的理解和掌握；让学生在自主地、逐步解决实际问题的过程中不时地享受成功的喜悦，增强自信心。

2. 培养目标明确——始终坚持专业技能人才的培养方向，强调"先会用，后总结，再理论提高"；内容安排上符合认知规律，由浅及深，由易到难。

3. 依据清楚——本套教材以教育部《中等职业学校计算机应用与软件技术专业领域技能型紧缺人才培养培训指导方案》为依据，并尽可能多地与相关专业国家职业资格考证标准相结合，力求使教材内容覆盖相应技能鉴定的各项要求，使学生在课程学习结束时可以参加考证，对学习成果有一个非常明确的检验标准。

4. 时效性强——除了保证使用最新的软件版本、最新的技术外，在项目和任务的设计上也充分考虑到实用性，尽量贴近企业的岗位用人需求，这也是我们这次编委会邀请企业技术专家参与的初衷之一。

5. 教学理念新——改变传统教材"以教师的教为主"的思路，树立起"以学生的学和练为主"的先进教学理念。因为技能是通过学生一遍一遍地练会的，而不是听老师讲课听会的。相信这一点能得到大家的认可，也会在教材的使用过程中进一步得到验证。

6. 方便教学——本套教材为教师教学提供了很多方便，大部分教材都附有电子教案或教学课件，部分教材随书附有光盘。内容包括各章节的电子教案、完成书中项目或任务所需的素材、完成项目或任务实现的效果图、源程序、该课程考核模拟试题和习题答案等。其中很多素材都可以直接或稍作改动应用于教学，有效地减少了教师的备课时间，让教师把更多的时间和精力放到如何改善和提高教学效果上来。

本套教材包括计算机软件专业、计算机网络技术及应用专业、多媒体应用技术专业等三个专业方向共25本教材（详见封四书目）。

本套教材在编写过程中得到了参与本套教材开发项目的各院校领导的大力支持和帮助，全体编审人员也积极配合、通力合作，为完成高质量的教材付出了艰辛的劳动，在此对他们一并表示由衷的感谢！

在全体编审人员的共同努力下，本套教材有13本被评为"教育部职业教育与成人教育司推荐教材"，经教育部确认，特聘请了26位有丰富教学经验的专家教授担任审定专家，从而保证了本套教材的质量，在此谨对参与本套教材审定的各位专家表示深深的敬意和衷心的感谢！

虽然我们力求将本套教材做到最好，但由于时间和编审者的水平有限，教材中的错漏之处在所难免，殷切希望广大读者对我们的教材提出宝贵的意见和建议。

需要电子教案或教学课件的教师可登录机械工业出版社教材网 http://www.cmpedu.com 或机械工业出版社网站 http://www.cmpbook.com 下载，也可与机械工业出版社技能教育分社联系：（010）88379534。

在书末附有"读者意见反馈表"，真诚期待广大读者的意见和建议，以便我们更好地为您服务。

本套教材编委会

前 言

本教材是"中等职业学校计算机应用与软件技术专业规划教材"的基础课教材;也可用于计算机及办公软件的中级培训参考教材,对于初学者,本书又是一本很有实用价值的自学参考书。

本教材内容包括:计算机基础知识、Windows2000、Word2000、Excel2000、PowerPoint2000、Internet 基础知识等。

随着计算机越来越广泛的应用,中学阶段已经普遍开设计算机基础课,在此基础上中职层次的计算机基础课更加注重的是计算机基本操作能力的训练和加强,结合全国计算机等级考试及劳动和社会保障部计算机职业资格考试的要求,综合提高学生计算机的基本技能。

如果说中学计算机基础课主要是学会使用计算机,而中职以上学校的计算机基础课主要是培养学生的计算机知识、技能、素质和能力,为适应信息社会工作,打好信息技术的基础。

根据中等职业学校计算机应用与软件技术专业"计算机应用基础"课教学的目的和要求,我们总结了多年的教学实践经验,结合教学模式和教学方法的改革尝试,以"项目、任务驱动"教学方式编写了本教材,更加体现出"以学生为主、以学为主"的教学特点,希望给广大的教师和学生提供一本实用、有指导意义的新型教材。

本教材具有以下特点:

1. 本教材在章节内容上做了调整。一般计算机基础课都是先讲计算机基础知识,学生在初识计算机时,首先被灌输了许多理论知识、系统概念,如:计算机中使用的各种进制、ASCII 编码、计算机系统组成,学生很难理解。

本教材第 1 章,以学习计算机的实际操作过程安排教学内容,先用问题引导的方式带动学生一步步地认识、了解计算机,学会基本操作,在问题中涉及到基础知识时,有针对性地学习。将系统的计算机基础知识及概念方面的内容放到最后的章节学习,这些内容是本课程考核要求必须掌握的理论知识,又是国家各种计算机等级考试涉及到的内容,当学生已经基本掌握了计算机的操作后再来理解这些概念,就更容易些,课程的最后再总结这些理论、概念知识也更有利于学生期末考核复习。

2. 本教材有些章节是以问题引导式编写,大多数章节采用"项目、任务驱动"教学法编写。计算机课程是一门实践性很强的课程,也就是说,计算机课程是亲手练会的,不是用耳朵听会的。

"项目、任务驱动"教学法,将传统的"以教师为本、以教为主"的教学模式转变为"以学生为本、以学为主"的模式,给学生留有更多自主学习和创新的空间;以利于发挥学生的学习主动性和创造性,培养学生自主学习的能力。

本教材第 3、4、5 章是学习 Office 软件包中的 3 个应用软件,本教材设计了 3 个模拟"项目",按照项目制作过程,以功能模块为章节,分若干"任务"步骤,引导学生由简到繁、由易到难、循序渐进地完成项目制作,从而得到清晰的思路、方法和知识的脉络,在完成"任务"的过程中，培养学生分析问题、解决问题的能力。在这个过程中，使学生逐步掌握该软件的各种功能，同时还会不断地获得成就感，可以更大地激发他们的求知欲，逐步形成一个感知心智活动的良性循环，从而培养学生独立探索、勇于开拓进取的自学能力。

每个任务先提出要求，再列出操作步骤，既可以由教师指导，又可以由学生自己学习完成，教材提供的样本和素材的具体内容允许学生自己设计、创新，每节最后将本节任务中所使用的功能作系统的总结、归纳，作为该软件的复习要点。

3. 本教材配有教师用、学生用两种光盘，教师用光盘内容包括：各章节教学课件，各项目实例及素材，各章节的理论、实操综合练习及答案，模拟试题及答案，选用本教材后出版社免费赠送。学生用光盘内容包括：各项目样板及素材，各章节综合练习，模拟考试试题，此部分内容可到机械工业出版社教材网 http：//www.cmpedu.com 或机械工业出版社网站 http：//www.cmpbook.com 下载。

本教材内容计划在120学时完成，全部课时最好安排在有多媒体教学条件的机房进行，机房环境最好具备网络条件，安装有Windows2000操作系统和Office2000版本完全安装形式的软件系统及一种文字录入练习软件。

本教材第1、7章由杜黎强编写，第2章由李忠齐编写，第3章由李相君、张瑾合编，第4章由吕小华编写，第5章由张瑾编写，第6章由卢永辉编写。全书由张瑾任主编，聂晓溪任副主编，戴士弘教授主审。

本教材所采用的教学方法还正在不断地摸索、提高过程中，由于时间关系，所选项目实例还不够完善和充实，希望广大读者给予指正，并在教学过程中加以创新。

编　者

目 录

序
前言

第1章 计算机入门 1

1.1 计算机的基本组成 1
　　任务1　认识计算机 1
　　任务2　了解计算机系统的组成 2
　　本节知识要点 4

1.2 计算机的基本功能 7
　　任务3　用Windows的附件功能做5件事 7
　　任务4　计算机状态的个性化设置 9
　　本节知识要点 10

1.3 计算机的基本操作 12
　　任务5　建立自己的数据文件管理目录结构 12
　　任务6　利用局域网下载、上交本章作业 13
　　任务7　整理磁盘 13
　　本节知识要点 14

1.4 计算机病毒及防治 18
　　任务8　杀毒软件的安装、使用、升级 18
　　本节知识要点 18
　　习题1 20

第2章 文字录入 22

2.1 键盘的使用 22
　　任务1　掌握键盘各键位的使用功能 22

2.2 英文录入训练 23
　　任务2　英文录入练习 23

2.3 中文录入训练 24
　　任务3　掌握"智能ABC"输入技巧,提高拼音法录入速度 24
　　任务4　学习"五笔字型"输入法的基本功能,强化中文录入速度训练 29
　　习题2 37

第3章 文字处理软件 Word 的应用 ······ 39

项目1 编辑一本"九州漫游"电子文档杂志 ······ 39

3.1 创建项目文档文件夹,输入文字资料 ······ 40
任务1 为保存项目中的所有文档文件建立一个项目文件夹 ······ 40
任务2 建立"卷首语"页文档,输入文字资料 ······ 40
本节知识要点 ······ 40

3.2 文档格式设置和页面的编排 ······ 42
任务3 "卷首语"页文档编排 ······ 42
任务4 "中华五千年"栏目文档的编排 ······ 44
任务5 "精品游记"栏目文档的编排 ······ 47
本节知识要点 ······ 49

3.3 图文混排格式文档的编排 ······ 56
任务6 在"精品游记"栏目文档中添加彩图 ······ 56
任务7 在"中华五千年"栏目文档前插入栏目彩页 ······ 59
任务8 "神州大地"栏目文档的编排 ······ 59
任务9 制作本杂志的封面 ······ 63
本节知识要点 ······ 65

3.4 表格制作与计算、公式编辑编排 ······ 68
任务10 "中国食文化"栏目文档的编排 ······ 68
本节知识要点 ······ 74

3.5 目录链接页的设计制作 ······ 79
任务11 在"九州漫游"文档中制作本书的目录页,链接到各栏目文档 ······ 79
任务12 将各栏目内容汇编为一个带目录的电子文档 ······ 80
本节知识要点 ······ 82

3.6 Word 专用文档格式编辑 ······ 85
任务13 批量制作一份宣传单 ······ 85
本节知识要点 ······ 87
习题3 ······ 89

第4章 电子表格软件 Excel 的应用 ······ 92

项目2 创建学生信息管理系统 ······ 92

4.1 创建项目文件,输入项目数据 ······ 93
任务1 建立班级成绩表 ······ 93
任务2 建立学生档案表 ······ 96
本节知识要点 ······ 98

4.2 格式化编排项目工作表 ······ 102
任务3 格式化编排班级成绩表 ······ 102
任务4 格式化编排学生档案管理表 ······ 105

　　　本节知识要点 …… 107
4.3　运用公式与函数计算表格项 …… 111
　　　任务 5　学生成绩表计算 …… 111
　　　任务 6　"学生档案管理表"中的数据计算 …… 113
　　　任务 7　班级各科成绩统计 …… 114
　　　本节知识要点 …… 116
4.4　运用数据筛选进行数据分析 …… 121
　　　任务 8　成绩表筛选 …… 121
　　　任务 9　学生档案查找 …… 123
　　　本节知识要点 …… 125
4.5　运用排序与分类汇总进行数据分析 …… 127
　　　任务 10　成绩表的分类汇总 …… 127
　　　任务 11　档案归类 …… 129
　　　本节知识要点 …… 131
4.6　项目中的图表操作 …… 133
　　　任务 12　用图表进行成绩分析 …… 133
　　　本节知识要点 …… 138
4.7　在项目表格中创建数据透视表 …… 139
　　　任务 13　制作"成绩透视表" …… 139
　　　任务 14　档案统计 …… 141
　　　本节知识要点 …… 142
4.8　打印项目工作表 …… 143
　　　任务 15　打印班级成绩表 …… 143
　　＊任务 16　打印学生成绩条（选做） …… 145
　　　本节知识要点 …… 147
　　　习题 4 …… 150

第 5 章　演示文稿制作软件 PowerPoint 的应用 …… 152

项目 3　制作"中华旅游文化资源介绍"多媒体演示文稿 …… 152
5.1　创建演示文稿 …… 153
　　　任务 1　创建"中华旅游文化资源介绍"演示文稿 …… 153
　　　任务 2　创建"世界文化遗产"演示文稿 …… 154
　　　任务 3　创建"世界自然遗产"演示文稿 …… 157
　　　任务 4　创建"中国食文化"演示文稿 …… 160
　　　本节知识要点 …… 161
5.2　幻灯片放映动态效果处理 …… 167
　　　任务 5　设置"中华旅游文化资源介绍"演示文稿的动态效果 …… 167
　　　任务 6　设置"世界文化遗产"演示文稿的动态效果 …… 169
　　　任务 7　设置"世界自然遗产"演示文稿的动态效果 …… 169

  任务 8 设置"中国食文化"演示文稿的动态效果 …………………………………… 170
  本节知识要点 …………………………………………………………………………… 171
 5.3 插入声音放映效果 ……………………………………………………………………… 172
  任务 9 为"中华旅游文化资源介绍"演示文稿录制"旁白" …………………………… 172
  任务 10 在"世界文化遗产"演示文稿中插入一首歌曲 ………………………………… 173
  任务 11 在"中国食文化"演示文稿中插入一首乐曲 …………………………………… 175
  本节知识要点 …………………………………………………………………………… 175
 5.4 幻灯片放映 ……………………………………………………………………………… 177
  任务 12 设置"中国食文化"演示文稿的链接放映 …………………………………… 177
  任务 13 设置"中华旅游文化资源介绍"演示文稿的链接放映 ……………………… 178
  本节知识要点 …………………………………………………………………………… 179
  习题 5 …………………………………………………………………………………… 183

第 6 章 Internet 基础知识及应用 ……………………………………………………… 185

 6.1 计算机网络基础知识 …………………………………………………………………… 185
  任务 1 了解什么是计算机网络和网络的分类 ………………………………………… 185
  任务 2 了解计算机网络的基本组成结构 ……………………………………………… 185
  本节知识要点 …………………………………………………………………………… 185
 6.2 局域网及其应用 ………………………………………………………………………… 188
  任务 3 连接建立局域网 …………………………………………………………………… 188
  任务 4 设置局域网共享资源和查找使用局域网共享资源 …………………………… 191
  本节知识要点 …………………………………………………………………………… 191
 6.3 Internet 及其应用 ……………………………………………………………………… 192
  任务 5 了解 Internet 及其基本概念 ……………………………………………………… 192
  任务 6 使用 IE 浏览器上网 …………………………………………………………… 193
  本节知识要点 …………………………………………………………………………… 194
 6.4 拨号上网和 ADSL 宽带上网设置 …………………………………………………… 197
  任务 7 设置 Windows 2000 的拨号网络 ……………………………………………… 197
  任务 8 在 Windows 2000 下设置 ADSL 宽带上网 ………………………………… 200
  本节知识要点 …………………………………………………………………………… 200
 6.5 电子邮件(Outlook Express) ………………………………………………………… 201
  任务 9 设置新账号 …………………………………………………………………… 201
  任务 10 收发电子邮件 ……………………………………………………………… 202
  本节知识要点 …………………………………………………………………………… 203
  习题 6 …………………………………………………………………………………… 204

第 7 章 计算机系统知识 …………………………………………………………………… 207

 7.1 计算机系统组成及工作原理 …………………………………………………………… 207
  任务 1 归纳总结计算机硬件知识要点,绘制计算机硬件组成及工作原理框图 ·· 207
　　任务2　用框图和表格的形式汇总计算机软件组成及常用
　　　　　　数据单位和性能指标 ·· 209
　　任务3　汇总、制作计算机系统基本组成结构图 ························ 211
　　本节知识要点 ··· 211
7.2　Windows 2000 系统维护 ··· 215
　　任务4　系统的节能设置及日常维护 ··· 215
　　本节知识要点 ··· 216
7.3　计算机的发展与应用概述 ··· 219
　　任务5　简述计算机的发展及应用 ·· 219
　　本节知识要点 ··· 219
　　习题7 ··· 221

附录 ·· 223

附表A　Windows 2000 快捷键 ··· 223
附表B　各种数制的对应关系 ··· 224
附表C　7位 ASCII 码表 ··· 224
附录D　字根助记词 ··· 225
附录E　部分习题参考答案 ·· 226

参考文献 ·· 228

第1章 计算机入门

学习目的和要求 通过本章学习,初步了解计算机外部结构及基本构成,初步认识计算机的基本功能,掌握计算机的基本操作。

本章针对初次学习计算机操作的人的认识、熟练过程,通过一系列问题的引导,帮助大家尽快掌握计算机的基本组成和操作。

1.1 计算机的基本组成

了解计算机的外部结构及基本构成,学会计算机的基本操作方法。

任务1 认识计算机

1. 从外观你能看到的计算机由下列哪些设备组成?

主机箱　　显示器　　键盘　　鼠标　　硬盘　　软盘驱动器　　光盘驱动器　　打印机　　内存　　CPU

（1）从外观看到的计算机由主机箱、显示器、键盘、鼠标组成。

（2）内存、CPU、硬盘、软盘驱动器、光盘驱动器在主机箱里。

（3）一般没有连接打印机。

2. 显示器有哪些类型?多大尺寸?

（1）显示器分传统式显示器 CRT（Cathode-Ray-Tube 阴极显示管）和液晶显示器 LCD（Liquid Crystal Display）两类。

（2）通常规格有 14in、15in、17in（英寸）（1in = 2.54cm）。

（3）类型又分 EGA、VGA 和目前普遍使用的 SVGA 显示器。

3. 准备开机,观察哪些设备带有电源?它们现在是什么状态?应该如何操作?

（1）一般主机、显示器、打印机、扫描仪带有电源。

（2）观察电源状态,主要看电源指示灯是否点亮。

（3）开机应先开外部设备的电源,最后开主机电源,系统自动启动。

4. 开机后计算机有何提示?你是如何回答的?

（1）开机后系统先自检,屏幕上会出现一些自检提示,如果安装了多种操作系统,要先选择系统,再继续。

（2）系统显示提示框,显示默认用户名,确认是否输入密码。

5. 你的计算机使用的键盘有多少个键?鼠标是什么类型?

（1）计算机使用的键盘最早的是 83 键,常用的是 101 键、102 键,还有 104 键、110 键等。

（2）鼠标分机械、光电;有线、无线;PS/2 接口、USB 接口等类型。

任务2　了解计算机系统的组成

1. 你的计算机安装的是什么操作系统？系统的配置情况怎样？

用鼠标右键单击"我的电脑"，从"属性"窗口的"常规"选项中，可以查看 Windows 系统的版本、CPU 的型号、内存的总容量，如图 1-1 所示。

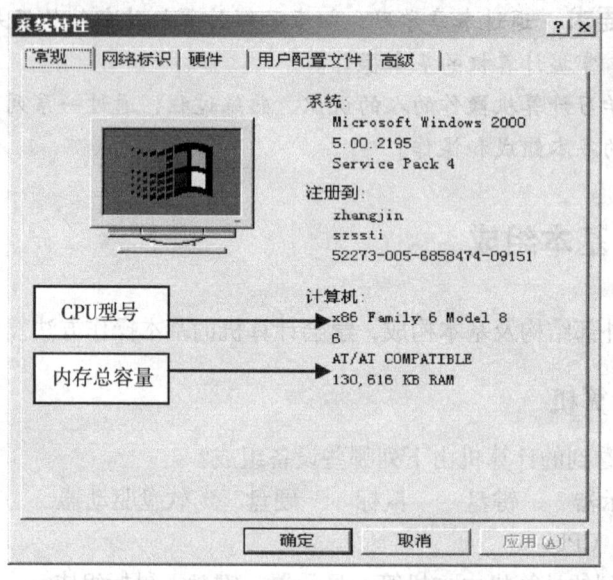

图 1-1　"系统特性"窗口

从"属性"窗口的"硬件"选项中，单击"设备管理器（D）"按钮，如图 1-2 所示，打开"设备管理器"窗口，可以查看本计算机的所有配置情况，如图 1-3 所示。

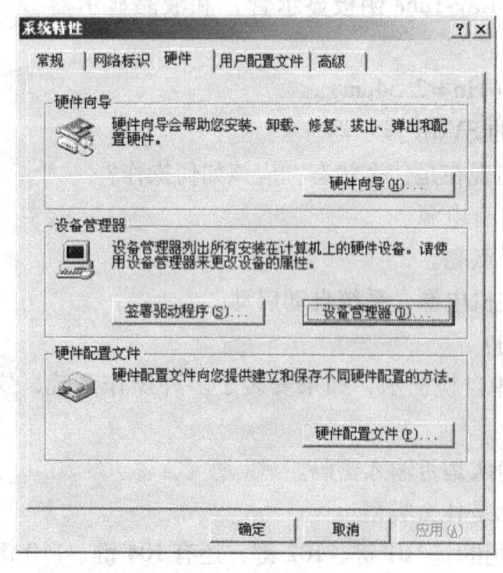 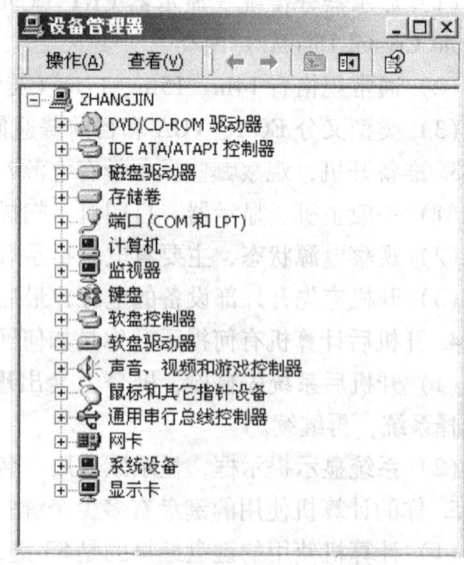

图 1-2　"硬件"选项　　　　　　　　　图 1-3　"设备管理器"窗口

2. 计算机启动后你看到的整个屏幕画面叫什么？屏幕画面上看到的内容叫什么？
（1）整个屏幕画面称为"桌面"。
（2）桌面上看到的内容叫做"图标"。
3. 桌面上常见的应用程序图标是哪几个？其他内容叫什么？
（1）常见图标有：我的电脑、我的文档、回收站、IE 浏览器、网上邻居。
（2）其他内容为常用程序的快捷方式图标、文件和文件夹图标。
4. 屏幕的最下面一行叫什么？它由哪几部分组成？
屏幕的最下面一行是"任务栏"：
（1）左端是"开始"按钮。
（2）"开始"按钮右边有 4 个快捷图标。
（3）最右端为系统的一些功能按钮。
5. 用鼠标双击"我的电脑"图标，打开的画面叫什么？它显示有什么图标？
打开的画面叫"窗口"，显示了本机可以使用的一些存储器、控制面板和有关图标。
（1）有"C"符号的图标表示什么意思？它的重要作用是什么？
"C"是硬盘的一个代号，是计算机默认的系统盘，其中系统的内容是不能随意改动、删除的。
（2）本电脑可以用软盘、光盘吗？代表符号是什么？
如果本机配有软盘、光盘驱动器，就可以使用软盘、光盘。一般软盘代表符号为"A"，光盘代表符号按硬盘符号字母顺延。
（3）其他符号盘的图标是硬盘还是软盘？
如果本机硬盘分有多个区，其代表符号一般为"D、E"等；如果有两个软盘则另一个为"B"。
（4）本电脑上可用移动的"优"盘吗？
计算机一般都有多个 USB 接口，有空的就可以用。
6. "桌面"大小可以改变吗？"我的电脑"窗口大小可以移动、改变吗？
（1）"桌面"大小不可以改变，背景可以改变。
（2）所有打开的窗口都可以移动、改变大小，方法如下：
- 将鼠标指向蓝色标题栏，按住左键拖动；可移动窗口；
- 将鼠标移到窗口边缘，使鼠标变成双箭头，按住左键向不同方向拖动改变大小；
- 窗口右上角有 3 个按钮可以改变窗口大小和关闭窗口。
7. "任务栏"可以移动、改变吗？
- 将鼠标定位到任务栏的空白处，按住左键拖动，可以将任务栏移到桌面的四周；
- 将鼠标移到"任务栏"的上边缘，使鼠标变成双箭头，按住左键向上拖动，可以加宽"任务栏"。
8. 用鼠标右键单击"C"盘图标，打开快捷菜单，单击"属性"，打开"属性"窗口查看："C"盘总共有多大空间？已用了多少？还剩多少？
9. 你有软盘吗？插入机器中查看它的容量和使用情况。

本节知识要点

1. 计算机外部主体结构

计算机外部主体结构包括主机（箱）、显示器、键盘、鼠标。

2. 微机常用的操作系统

微机常用的操作系统有 DOS、Windows。

Windows 95 以上版本（98、2000、XP）是 32 位单用户、多任务操作系统。

3. Windows 启动

启动 Windows 时先打开显示器等外部电源，再打开主机电源，系统自动启动。

4. Windows 的退出

（1）单击"开始"按钮，选择"关机"。

（2）按快捷键"Alt + F4"，关闭所有窗口后关机。

5. 桌面

桌面即整个屏幕空间，它由图标、开始菜单、任务栏组成，如图 1-4 所示。

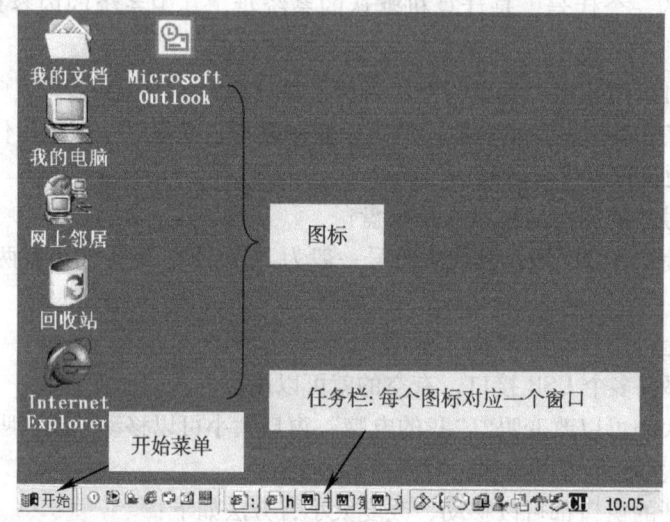

图 1-4　桌面

（1）图标　有两类排列方式，在桌面单击属标右键，从快捷菜单选择"排列图标"项：

1）按名称、类型、大小、日期排列，可任意安排桌面上的图标位置。

2）按自动排列，图标固定排列位置。

（2）"开始"按钮　用鼠标单击"开始"按钮或用快捷键 Ctrl + Esc 打开"开始菜单"。

（3）任务栏　通常位于桌面底部，由快捷方式区、活动任务区、系统区等三部分组成，如图 1-5 所示。

对正在运行的每个应用程序或打开的每个窗口，任务栏上都有一个相应的最小化按钮，单击按钮可以切换不同的任务。

为了节省屏幕空间，可以将"任务栏"隐藏起来，在"任务栏"空白处单击鼠标右键，在快捷菜单中单击"属性"，弹出对话框，如图 1-6 所示，选中"自动隐藏"，单击

"确定"按钮。通常"任务栏"处于隐藏状态，当鼠标移到屏幕底部，"任务栏"自动显示。

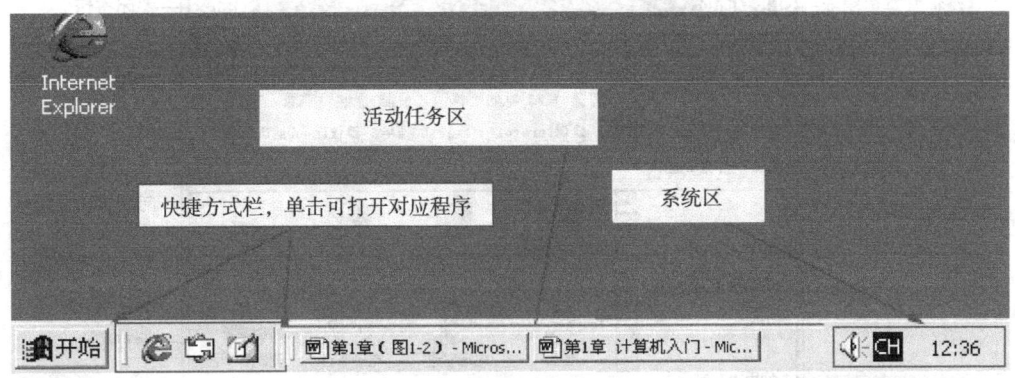

图 1-5　任务栏

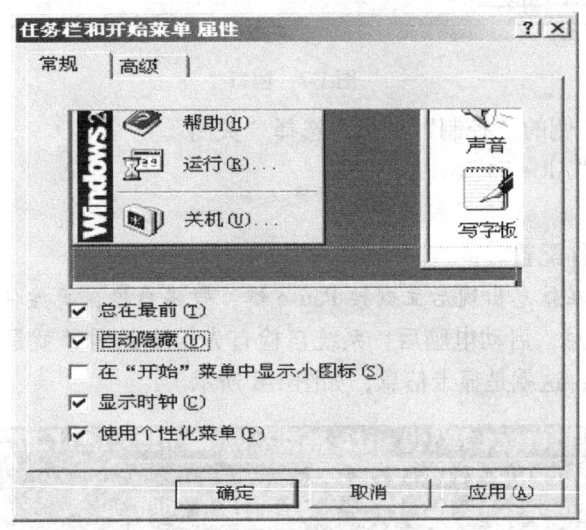

图 1-6　自动隐藏

6. 窗口

（1）窗口的主要组成　标题栏、菜单栏、工具栏、地址栏、最小化按钮、最大化/还原按钮、关闭按钮、状态栏、边框等，如图 1-7 所示。

（2）按工作方式分　"前台"和"后台"窗口。

在同时打开几个窗口时，用户当前操作的窗口称为活动窗口或前台窗口。其他窗口称为非活动窗口或后台窗口。

（3）窗口的排列　在任务栏的空白处单击鼠标右键，从快捷菜单中选择"平铺窗口"或"层叠窗口"。

（4）窗口间的切换　利用快捷键"Alt＋Esc"；或在任务栏用鼠标切换。

（5）关闭窗口

1）单击窗口右上角的"关闭"按钮。

计算机操作与应用基础教程

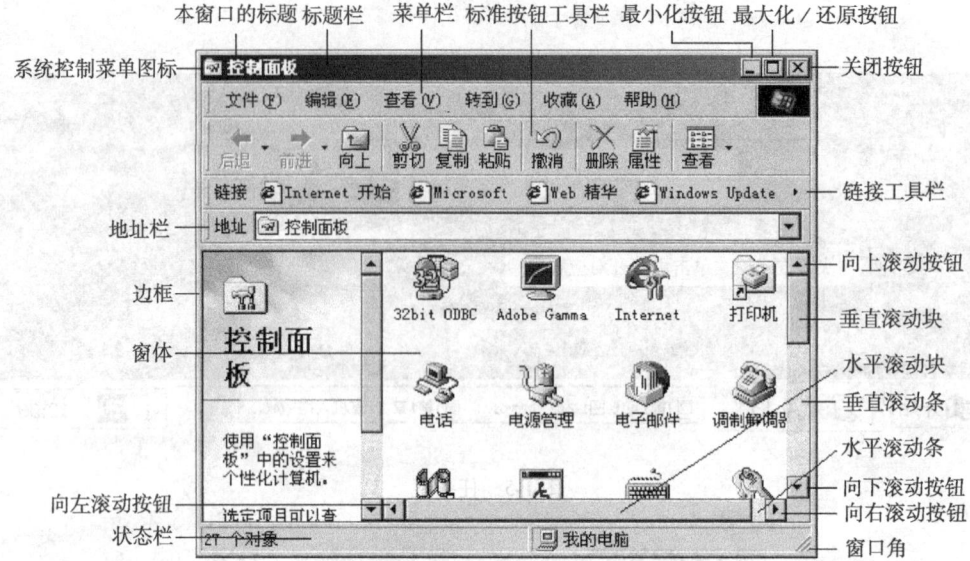

图 1-7　窗口

2）单击标题栏左侧的"控制"图标，选择"关闭"。

3）使用快捷键"Alt + F4"。

7. 系统的配置

开机自检时看硬件配置。

提示：开机时，在信息出现后立刻按 Pause 键，暂停自检，再按任意键继续。

（1）显卡相关信息　启动电脑后，系统自检首先检查的对象就是显卡，此时屏幕的左上角会显示几行文字，这就是显卡信息，如图 1-8 所示。

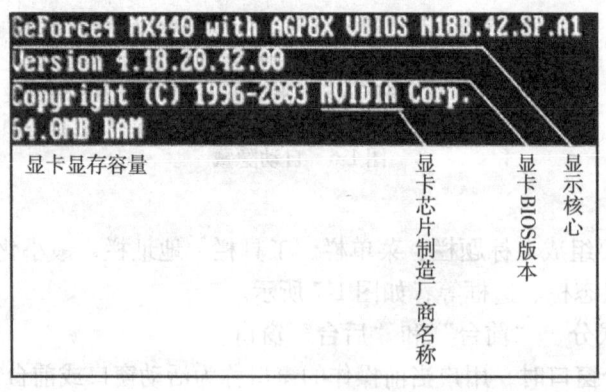

图 1-8　显卡信息

（2）CPU 及内存信息　自检画面的第一个全屏画面会显示很多硬件信息，比如 CPU 的型号、频率，内存的总容量、工作频率，驱动器型号及连接状态，主板 BIOS 类型、日期、芯片组类型，主板 BIOS 代码等（见图 1-9）。

（3）主板信息　在第一幅全屏自检画面的最下方显示了一行关于主板的信息。前面的

6

日期显示的是当前主板的 BIOS 日期，中间的"i848P"说明该主板采用的是 Intel 的 i848P 芯片组。最后面的几个符号是主板代码，如图 1-9 所示。

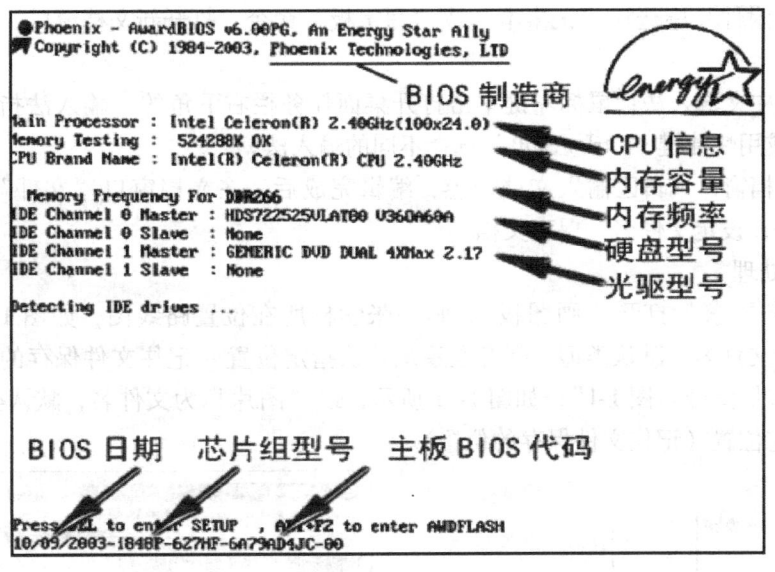

图 1-9 系统信息

1.2 计算机的基本功能

计算机能做什么？

概括起来计算机有六大基本功能：数字计算、文字处理、图形处理、声音处理、图像处理、通信功能。根据这些基本功能人们开发出了大量的应用程序，使得计算机在各个行业得到广泛的应用，计算机与通信的结合使我们跨入了信息时代。

本节通过 Windows 操作系统的工具和附件，学习计算机的基本使用，加深对计算机基本功能的了解。

任务3 用 Windows 的附件功能做 5 件事

单击"开始"按钮，打开"开始"菜单，选择"程序"下的"附件"中的功能项，完成：

1. 数字计算

任务要求：

（1）打开"附件"的"计算器"，计算本课程木学期总课时数：

周学时数×上课周数

（2）单击"计算器"的"查看"菜单项，选择"科学型"显示方式，输入：

十进制数：300——转换为二进制数——再转换为十六进制

二进制数：1101101110——转换为十六进制——再转换为十进制

2. 文字处理

（1）任务要求 打开"附件"的"记事本"或"写字板"，输入自己的班级、学号、姓名，用自己的姓名设定文件名，用计算机默认的类型、位置保存文件（记住文件保存的位置）。

(2) 操作步骤

1) 从"附件"中选择"记事本"或"写字板"命令，打开新文档窗口。

2) 切换中文输入法：鼠标左键单击打开桌面任务栏右下角的"输入法指示器"，选择不同输入法或用快捷键"Ctrl + Shift"选择不同的输入法。

3) 在文档窗口编辑区输入文档内容，编辑完成后，在文档窗口"文件"菜单中选择"保存"命令，设定文件名，保存文档。

3. 图形处理

(1) 任务要求　打开"画图板"，画一张学校所在位置路线图，如图 1-10 所示，以"路线图"为文件名，默认类型，保存在系统默认指定位置（记住文件保存的位置）。抓取一张图片，添加图号"图 1-1"，如图 1-11 所示，以"图片"为文件名，默认类型，保存在系统默认指定位置（记住文件保存的位置）。

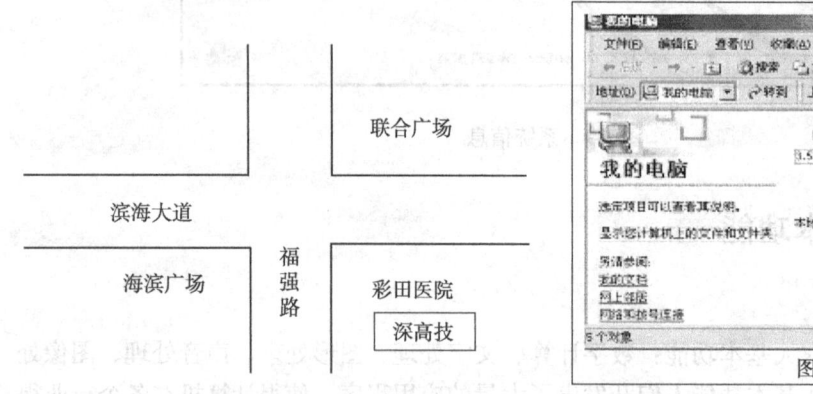

图 1-10　位置图　　　　　　　　图 1-11　图片

(2) 操作步骤

1) 从"附件"中选择"画图"命令，打开"画图"窗口。

2) 在"画图"窗口左侧的工具箱中选择"直线"、"矩形"、"文字"等工具，按照图 1-10 的样式画出学校的位置路线图，完成后，选择"文件"菜单的"保存"命令保存文档。

3) 在桌面上打开"我的电脑"窗口，按"Alt + Print Screen"键抓取窗口图片。

4) 打开"画图"窗口，用"文件"菜单的"新建"命令打开一个新窗口，在画布中单击鼠标右键，使用其中的"粘贴"命令或用"编辑"菜单中的"粘贴"命令，将抓取的图片粘贴到画布中。

5) 按住"Alt"键，同时用鼠标拖动图片到画布中央位置，再使用左边工具箱中的"文字"工具，按照图 1-11 的图片样式完成照片的编辑后，选择"文件"菜单的"保存"命令保存文档。

4. 声音处理

(1) 任务要求

1) 用媒体播放器（Windows Media Player）听一首 MP3（可以选择光盘的"项目实例"

\"第1章素材"文件夹中的MP3歌曲试听）。

2）用录音机录制一段话："书山有路勤为径，学海无崖苦做舟"，以"录音"为文件名，默认类型，保存录音文件（电脑需配有麦克风）。

（2）操作步骤

1）打开"开始"菜单选择"程序"→"附件"→"娱乐"→"录音机"命令。

2）在打开的"录音机"面板中单击"录音"按钮，开始录制上面任务要求中的一段话，录制完毕，单击"停止"按钮，停止录音。

3）打开"录音机"面板的"文件"菜单，选择"保存"命令，保存声音文件。

5. 玩一个游戏（图像处理）

在"附件"中查看系统自带的几种游戏。

任务4 计算机状态的个性化设置

1. 显示器、桌面设置

（1）任务要求

1）选择一种自己喜欢的桌面墙纸。

2）任选一种屏幕保护程序，等待10分钟没有操作就进入屏幕保护。

3）设置屏幕显示颜色数：增强色（16位），分辨率：800×600像素。

（2）操作步骤

1）在桌面空白处单击鼠标右键，选择"属性"打开"显示属性"对话框，选择"背景"项。

2）选择系统提供的一种墙纸（或从光盘的"项目实例"\"第1章素材"文件夹中选择一张图片，作为桌面墙纸，单击"浏览"按钮选择图片）。

3）在"显示属性"对话框中，选择"屏幕保护程序"项，任选一种屏幕保护程序，"等待"选"10分钟"。

2. 鼠标设置

（1）任务要求 选择左手或右手习惯，调整双击速度。

（2）操作步骤

1）打开"开始"菜单，选择"设置"中的"控制面板"，打开"控制面板"窗口。

2）双击"鼠标"图标，打开"鼠标属性"对话框。

3）选择左手或右手习惯。

4）调整双击速度。在"测试区域"双击鼠标，有弹出动作，表示调整双击速度有效，没有反映，表示设定速度不合适。

5）通过"指针"标签，选择"方案"，可以改变鼠标指针的形状。

鼠标指针含义如图1-12所示。

3. 调整日期/时间

操作步骤如下：

1）将鼠标指向"任务栏"最右端的"时间"，双击左键，打开"日期/时间属性"对话框。

2）选择调整年、月、日、时间。

3）单击"确定"按钮。

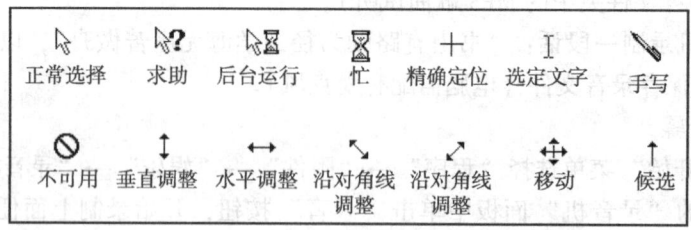

图 1-12 指针含义

4. 在桌面创建"快捷方式"

（1）任务要求　为了方便快速启动 Word、Excel、PowerPoint 应用软件，在桌面上创建相应的"快捷方式"图标（如果桌面已经存在，此任务可以省略）。

（2）操作步骤

1）打开"开始"菜单，用鼠标选择"程序"下的"Microsoft Word"。

2）按住鼠标右键将选项拖到桌面，松开鼠标，在快捷菜单中选择"在当前位置创建快捷方式"。

3）其余两个的创建方法同上。

5. 安装或删除程序和 Windows 组件

（1）任务要求　使用"控制面板"中的"添加/删除程序"命令，可以安装或删除常用软件及打开或关闭 Windows 组件。

（2）操作步骤

1）打开"控制面板"，选择"添加/删除程序"命令，打开"添加/删除程序"窗口。

2）如果要删除已有的程序，则选择"更改或删除"程序按钮，打开已安装的程序列表，选择要删除或更改的程序，单击"更改"或"删除"按钮。

3）如果要安装新软件，则选择"添加新程序"命令，打开安装窗口，插入要安装的软件的光盘或软盘，单击"光盘或软盘"按钮。再按提示的步骤操作。

4）如果要添加或删除 Windows 组件，则单击"添加或删除 Windows 组件"按钮，打开"Windows 组件向导"对话框，在"组件"列表中选择要添加或删除的 Windows 组件，再按向导步骤操作。

本节知识要点

1. Windows 的附件功能

（1）记事本　只具备字体格式和其他简单文字操作功能，不能设置字间距、行间距和段落对齐等格式。文档保存类型是文本文档（.TXT）。

（2）写字板　比较适合写信、写便条，以及从不同的程序中组合信息，它的功能与 Word 十分相似。文档类型可以是 Word 文档（.DOC）或文本文档（.TXT）。

（3）画图　Windows 的"画图"板是一个位图绘制工具，可以创建一些简单图形。文档类型是位图文件（.BMP）。

（4）娱乐

1）CD 唱机：可以播放 CD 碟。

2) 媒体播放器（Windows Media Player）：可以听歌曲、MP3，播放声音文件和VCD。

3) 录音机：录制声音，保存为声音文件（.WAV）。

(5) 游戏

2. 中文输入法

(1) 常用中文输入法　微软拼音、智能ABC、全拼、五笔字型等。

(2) 选择输入法

1) 启动/关闭中文输入法：Ctrl + 空格。切换各种输入法：Ctrl + Shift。

2) 单击任务栏上的输入法图标→选择一种输入法。

3. 文件命名和类型

(1) 文件名组成　"文件名.扩展名"，文件或文件夹名字的长度基本不限（最多可包含长达255个字符）。?、\、*、<、>、| 字符不能用于文件名字中。

(2) 文件类型　扩展名表示文件的类型。常用的扩展名有：

- 程序文件（.COM 或 .EXE）
- 文档文件（.TXT、.DOC、.XLS 等）
- 图像文件（.BMP、.JPG 等）
- 多媒体文件（.WAV）
- 支持文件（.OVL、.SYS、.DLL）

(3) 通配符　可用于文件名，代替原位置字符的符号。有两种通配符：

- ?：可替代原位置的一个字符。
- *：可替代原位置以后任意多个字符。

4. 显示器属性设置

(1) 桌面背景　用现成的图片可以作为屏幕的背景，这些图片又称为"墙纸"，可以用作墙纸的图片类型有.HTML、.BMP、.GIF 和 .JPEG 等。

可以在"背景"对话框的"显示图片"框中选择显示方式如下：

1) 居中：将单个原始大小的墙纸图片置于屏幕中心位置。

2) 平铺：用多个原始大小的墙纸图片平铺排满整个屏幕。

3) 拉伸：将单个原始大小的墙纸图片横向和纵向拉伸排满整个屏幕。

(2) 屏幕保护　屏幕保护最初的确是为了保护显示器，延长寿命，现在的屏幕保护已经远远超越原有的作用，成为一种时尚，而且把"壁纸"、"图标"、"屏幕保护"称做"桌面革命"。

如果想在自己暂时离开时防止别人用自己的电脑，可以点一下"密码保护"前面的选择框，使其出现一个对钩。当启动了屏幕保护后，操作键盘或鼠标时，Windows 会提示输入解除屏幕保护的密码，这个密码是登录本机的用户密码，只有输入正确后才能使用电脑，如图1-13所示。

(3) 调整色彩和分辨率　现在许多的软件、多媒体光盘都需要在色彩更丰富、分辨率更高的条件下才能很方便地使用。

色彩一般为"增强色（16位）"，更高为"真彩色（32位）"。

"分辨率"以像素为单位，一般为 800×600，拖动滑块，改变分辨率，分辨率越大看到桌面的图标越小，桌面越开阔。

 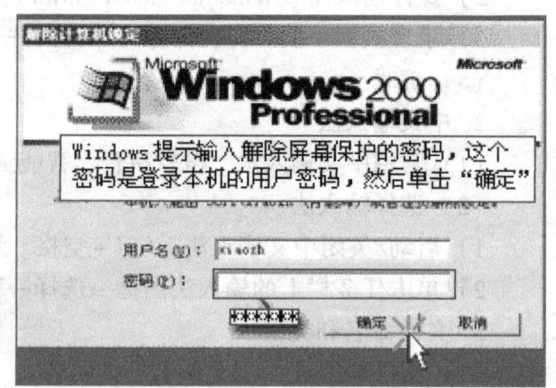

图 1-13 密码保护

1.3 计算机的基本操作

任务 5 建立自己的数据文件管理目录结构

"我的电脑"和"资源管理器"都可以进行数据文件管理,要在同一个窗口显示目录结构层次,必须使用"资源管理器"。

1. 任务要求

确定一个存放目录、文件的盘,按图 1-14 所示,建立自己文档存储目录结构,将本课程所有练习、作业分类存放到相应的文件夹(子目录)中。

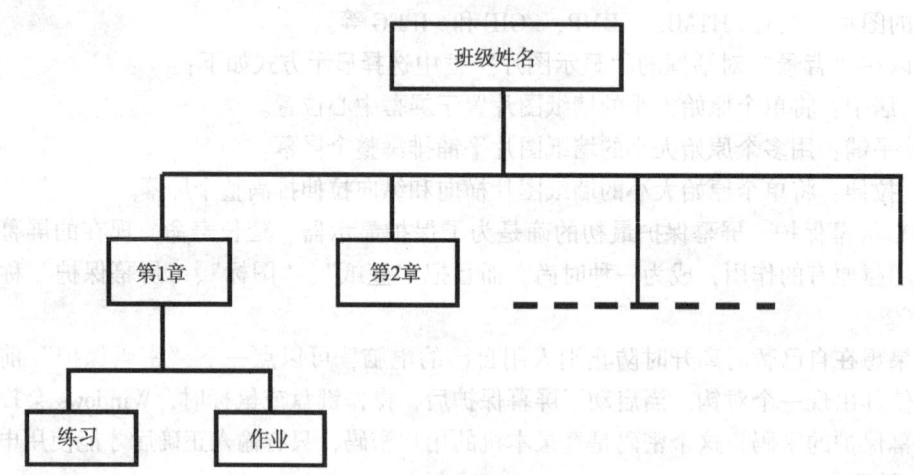

图 1-14 目录树

2. 操作步骤

打开资源管理器,方法如下:

(1)单击鼠标右键打开"开始"菜单,选择"资源管理器"。
(2)用鼠标右键单击"我的电脑",打开快捷菜单,选择"资源管理器"命令。

（3）在"资源管理器"指定的地方用"文件"菜单中的"新建"文件夹命令或单击鼠标右键在弹出的快捷菜单中选择"新建"文件夹命令，新建第一级文件夹"班级姓名"。

（4）使用步骤3中的相同方法在第一级文件夹下建立第二级文件夹"第1章"和"第2章"及建立第三级文件夹"练习"和"作业"。

（5）查找"任务3"中保存的4个文件："（姓名）.TXT"、"路线图.BMP"、"照片.BMP"、"录音.WAV"，将其移到"第1章\练习"子目录中。

单击"开始"按钮，选择"搜索"下的"文件或文件夹"打开"搜索结果"对话框，在"要搜索的文件或文件夹名为"栏中输入要查找的文件名，如"（姓名）.TXT"，指定"搜索范围"，单击"立即搜索"按钮，搜索结果显示在窗口右边的栏中，将文件移到建立的"第1章\练习"子目录中，其他文件操作同上，如果自己记得文件存放的位置，可直接移动。

任务6　利用局域网下载、上交本章作业

在机房有局域网的条件下，利用网络功能进行作业的收、发操作，没有局域网环境，本任务可以省略，通过磁盘进行传递。

1. 任务要求

（1）从教师机下载"第1章作业"，保存到"第1章\作业"文件夹中，课后完成。

（2）在"第1章\作业"文件夹中，新建一个子文件夹"×××作业1"，将"第1章\练习"文件夹中的"路线图"、"照片"文件复制到"×××作业1"中，将该文件夹上传到教师机，交第1次作业。

2. 操作步骤

（1）下载作业

1）打开"我的电脑"窗口。

2）在地址栏输入教师机的IP地址，如FTP：//用户名@169.254.0.2或FTP：//169.254.0.2。

3）在出现的对话框中输入用户名和密码，按回车键后将教师机窗口的"下载"文件夹中"第1章作业"复制到本人计算机"第1章\作业"文件夹中。

（2）上交作业

1）在地址栏输入教师机的IP地址，如FTP：//用户名@169.254.0.2或FTP：//169.254.0.2。

2）在对话框中输入用户名和密码，将作业文件夹复制到教师机窗口的"上传"文件夹。

3）作业文件要注明姓名、作业标题。

任务7　整理磁盘

1. 任务要求

（1）清理回收站，将需要保留的文件还原或移走，然后清空回收站。

（2）清理C盘。

(3) 整理自己目录所在磁盘的碎片。

(4) 将"第1章\作业"文件夹中的"×××作业1"文件夹压缩保存。

2. 操作步骤

(1) 打开"回收站"窗口，选择要还原或移走的文件，使用"还原"或"剪切"命令将其还原或移走，再用"清空回收站"命令清空回收站。

(2) 打开"开始"菜单，使用"附件""系统工具"中的"磁盘清理"命令，打开"磁盘清理"对话框，在"驱动器"下拉选项菜单中选择"C盘"，再单击"确定"按钮进行清理。

(3) 打开"开始"菜单，使用"附件""系统工具"中的"磁盘碎片整理程序"命令，打开"磁盘碎片整理程序"窗口，在"目录列表"中选择自己目录所在的磁盘，单击"碎片整理"命令按钮，整理磁盘碎片。

(4) 打开"第1章\作业"文件夹，选择"×××作业1"文件夹，单击鼠标右键，在弹出的快捷菜单中选择"添加到压缩文件"命令，打开"压缩文件名和参数"对话框，输入或设置相应的参数信息，完成压缩后保存文件夹。

本节知识要点

1. 菜单栏

菜单栏列出了本窗口可用的菜单名，每个下拉菜单有若干菜单项，每一项就是一条命令。浅色菜单项表示该命令当前暂时不能使用，如图1-15所示。

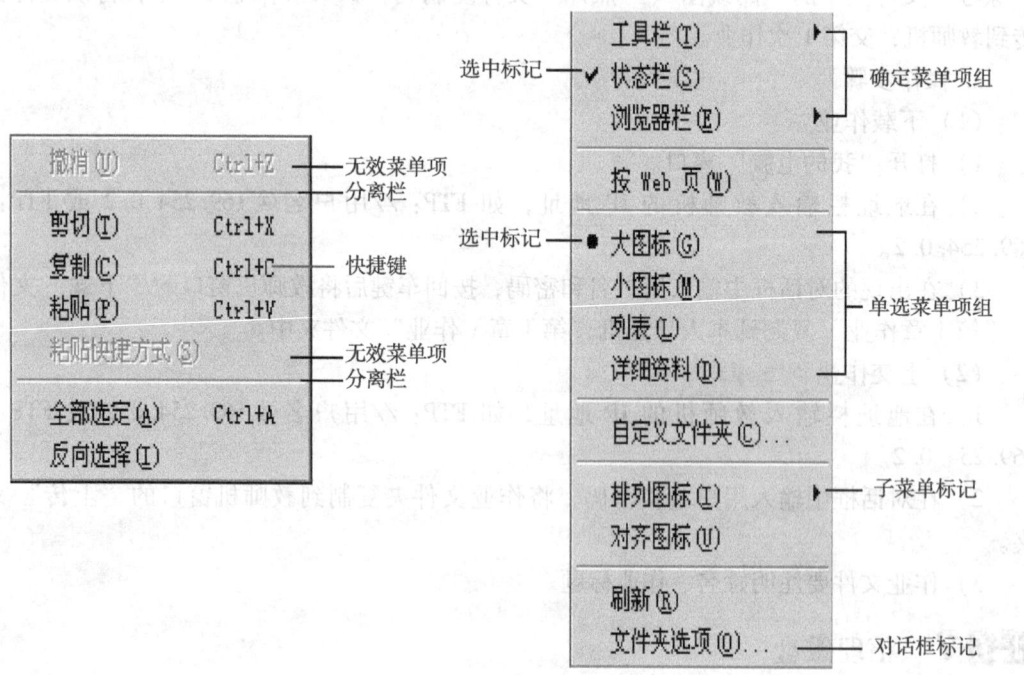

图1-15 下拉菜单及分类菜单

菜单中的命令项见表1-1。

表 1-1　菜单命令

命 令 项	说　　明	命 令 项	说　　明
浅色	暂不可用	带"●"符号	被选中项
带"…"符号	打开一个对话框	带组合键	命令快捷键
带"√"符号	命令有效	带"▶"符号	有下拉菜单

2. 对话框

单击带"…"的菜单项，打开一个对话框，如图 1-16、图 1-17 所示，对话框的大小不能改变。

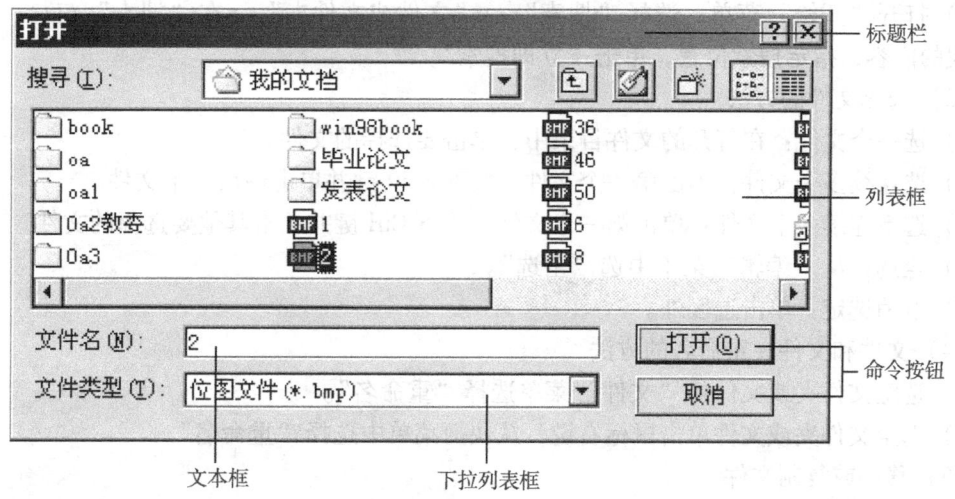

图 1-16　对话框 1

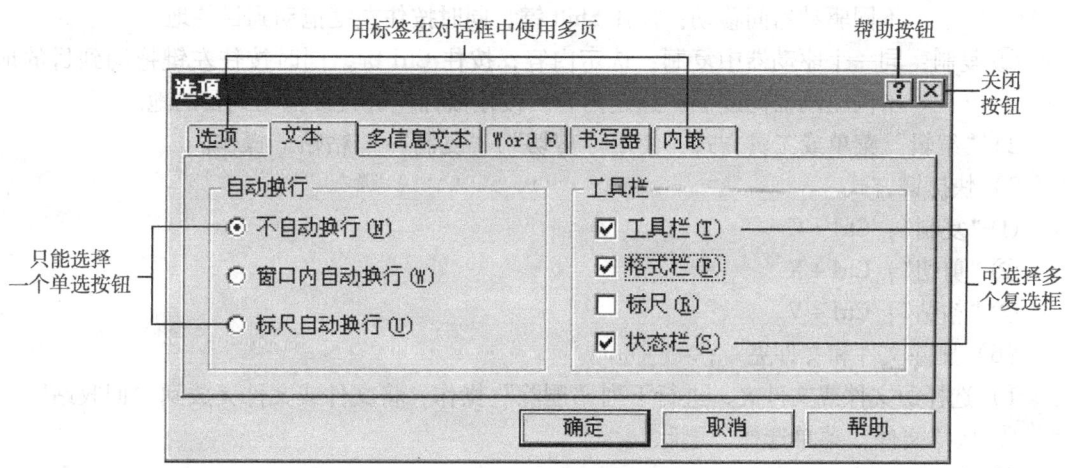

图 1-17　对话框 2

3. 资源管理器

资源管理器窗口分为：

（1）左区域　显示所有的驱动器、文件夹结构、文件夹。

（2）右区域　当前文件夹中的内容。

4. 文件和文件夹操作

一种组织文件层次的结构，也称目录、子目录，是用来存放文件或下一级文件夹的存储空间。文件夹命名规定与文件名相同，但不加扩展名。

注意：同一层文件夹中不可有同名的文件夹或文件。

（1）创建文件夹　选择创建位置，再从"文件"菜单"新建"命令的下拉菜单中选择"文件夹"，给新文件夹命名，单击"确定"按钮。

（2）查找文件或文件夹的方法

1）在"我的电脑"窗口查找文件，单击"搜索"按钮。

2）打开"开始"菜单，选择"搜索"→"文件或文件夹"→在"搜索"窗口，输入要查找的内容，指定搜索位置，单击"立即搜索"。

（3）选择文件的方法

1）选一个文件：在打开的文件目录中，单击要选择的文件。

2）选连续多个文件：单击第一个文件，按下 Shift 键并单击最后一个文件。

3）选不连续多个文件：单击第一个文件，按下 Ctrl 键并单击其他要选择的文件。

4）全选：从"编辑"菜单中选"全选"。

5）取消选定：单击选区外。

（4）文件和文件夹重命名的方法

1）选定文件夹或文件从"文件"菜单选择"重命名"。

2）选定文件夹或文件单击鼠标右键，从快捷菜单中选择"重命名"。

（5）移动或复制文件

1）拖放方式

① 移动：同一个驱动器中移动：选定内容，按住左键拖动到目的地

　　　　　不同驱动器间移动：按住 Shift 键，同时按住左键拖动到目的地。

② 复制：同一个驱动器中复制：选定内容，按住 Ctrl 键，同时按住左键拖动到目的地

　　　　　不同驱动器间复制：选定内容，按住鼠标左键直接拖动到目的地。

2）"编辑"菜单或工具方式　使用"剪切"、"复制"、"粘贴"操作。

3）快捷键方式

①"复制"：Ctrl + C

②"剪切"：Ctrl + X

③"粘贴"：Ctrl + V

（6）删除文件和文件夹

1）选择源文件或文件夹，进行下列"删除"操作，将文件或文件夹放到"回收站"

① 从"文件"菜单选择"删除"。

② 从工具栏单击"删除"按钮。

③ 按键盘的"Delete"键。

④ 用鼠标将它们拖至桌面上的"回收站"。

2）直接真正删除方法

① 在删除时使用"Shift + Delete"。

② 向"回收站"拖动时按住"Shift"。

(7) 查找文件夹和文件　查找"任务3"中保存的4个文件，将其移到"第1章 \ 练习"文件夹中。

查找命令的使用方法如下：

1) 打开"开始"菜单，选择"查找"或"搜索"命令，打开"搜索"窗口。

2) 在"要搜索的文件及文件夹名称"、"搜索范围"、"搜索选项"等相应的文本框或选项菜单中输入相应信息。

3) 单击"立即搜索"按钮，系统开始查找文件或文件夹，搜索完毕，在"搜索结果"窗口的右侧窗口会列出相应的文件和文件夹。

5. 回收站

回收站属于硬盘上的一块区域，用来暂存硬盘上删除的文件。每个硬盘分区中都有系统自动设置的回收站空间。

删除回收站全部文件，清空回收站，释放硬盘空间。

当硬盘上的文件被误删除时，可以进入"回收站"，选中被误删除文件，单击"文件"菜单中的"还原"命令恢复文件。

6. 磁盘清理、整理碎片

打开"开始"→"程序"→"附件"→"系统工具"，选择"磁盘清理"或"磁盘碎片整理"命令。

磁盘清理的目的是清理垃圾文件，释放硬盘空间，这些垃圾文件大都是系统运行中自动生成的文件，删除这些文件不会影响系统的正常运行。

磁盘在使用中，由于多次进行删除或保存操作，文件可能会被分割成许多"碎片"存放，磁盘碎片整理的目的是将被分成"碎片"的文件集中，以提高读盘的效率和速度。

7. 常用文件压缩工具

(1) 文件压缩工具 WinRAR　WinRAR 是在 Windows 环境下对压缩文件进行管理的软件，它支持包括".rar"和".zip"格式在内的很多压缩格式。

用鼠标右击选中压缩对象，弹出快捷菜单，有关选项有：

1) 添加到档案文件：表示将对象添加到一个已经存在的压缩文件或新建一个档案文件。

2) 添加到"×××.rar"：表示将对象添加到一个新压缩文件中，该文件名为×××。

3) 压缩并邮寄：表示将对象添加到一个新建压缩文件中，并作为电子邮件的附件发送。

4) 压缩到"×××.rar"并邮寄：表示将对象添加到以"×××.rar"命名的新压缩文件中，并作为电子邮件的附件发送。

(2) 磁盘文件压缩工具 WinZip　一种通用的压缩工具软件，可压缩文件或对多个文件解压缩。允许外挂 ARJ、ZHT 和 ARC 等压缩程序进行相应格式的文件压缩与解压。

启动 WinZip，打开 WinZip 窗口，如图 1-18 所示，使用功能按钮进行操作。

8. 有关局域网的知识在"第6章"总结，本章只要求学会操作。

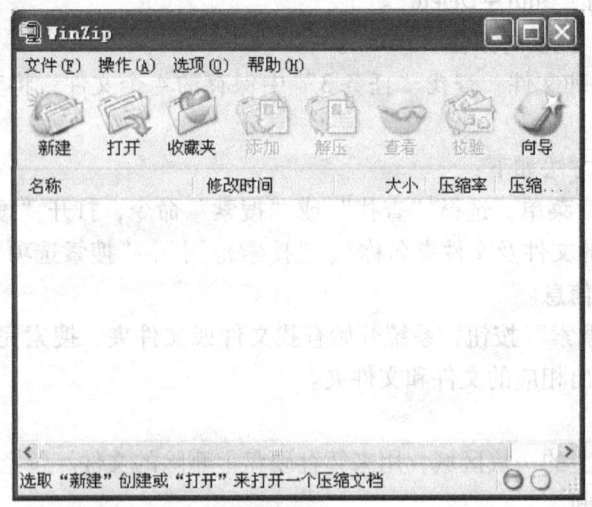

图 1-18 WinZip 窗口

1.4 计算机病毒及防治

任务 8 杀毒软件的安装、使用、升级

1. 任务要求

（1）查看你所使用的计算机中安装了哪些杀毒软件。

（2）使用一种杀毒软件分别扫描硬盘分区 C 盘和软盘，观察最后结果。

（3）练习安装一种杀毒软件。

2. 操作步骤

（1）通过"资源管理器"或"我的电脑"查看本地机所安装的杀毒软件。

（2）打开所查到的一种杀毒软件的主窗口，分别选择硬盘分区 C 盘和软盘，选择"杀毒"命令按钮，分别查杀 C 盘和软盘。查杀完成后，观察最后结果：文件数和病毒数。

（3）打开"控制面板"，使用"添加或删除程序"命令按向导操作步骤安装杀毒软件，或根据杀毒软件的安装步骤自动安装。

本节知识要点

1. 计算机病毒

计算机病毒是一种有很强破坏力和感染力的计算机程序，这些程序能以自我复制或寄附在其他程序的方式通过磁盘或计算机网络传播。

2. 病毒的防治

（1）不使用盗版软件。

（2）尽量保持写保护状态。

（3）避免有病毒的磁盘接触系统，使用前先杀毒。

（4）不打开、下载不清楚的文件。

（5）使用防病毒工具等。

3. 常用计算机杀毒软件

（1）瑞星杀毒软件 "瑞星杀毒软件"是北京瑞星电脑科技开发有限责任公司研制，其技术特点和性能如下：

1）具有实时监控计算机病毒和"黑客"病毒的"防火墙"功能。

2）可对压缩和自解压缩格式文件进行检测，如 ZIP、ARJ 等。

3）可彻底清除 CIH 病毒，同时可以完整修复被 CIH 病毒破坏的 D 盘、E 盘等，还可以恢复 C 盘中的数据。

4）能彻底清除目前流行的"黑客"程序。

5）可检测和清除未知宏病毒。

6）在国内惟一采用"解密引擎"技术，可准确识别"幽灵"病毒的任何变形。

7）提供用于保存和恢复用户计算机硬盘引导扇区（BOOT 区）信息的功能。

（2）金山毒霸 提供在线增量更新、网站下载等多种升级方式及途径，方便用户及时跟踪更新病毒库。金山毒霸 2005 最新功能：主动实时升级、主动漏洞修复、抢先启动防毒系统。

（3）KV3000 杀毒软件 KV3000 系列反病毒软件是北京江民技术公司研制的，其软件特点如下：

1）采用独特的开放式系统。用户可自行抽取新病毒特征码扩充查毒或增加杀毒代码。

2）采用了能扩充功能的开放式外部病毒广谱特征库过滤法查病毒和接口编程加载法杀新病毒的原理和方式。也采用了以往常规的封闭式内部定位法的查病毒原理和方式。

3）拥有独特的病毒特征代码过滤器，很容易查出部分变种和变换自身代码的变形病毒。

4）在对抗病毒时，具有"特征代码过滤法"、"步步跟踪法"、"逻辑判断法"和"逆转显影法"等几套不同的查毒方法，使病毒难以逃脱。

5）能在软盘上保存硬盘正常的主引导信息，以备日后被病毒破坏后的再恢复，能直观地查看硬盘物理扇区主引导和 BOOT 引导信息是否正常。

6）能安全杀除所有主引导区病毒。在杀主引导区新病毒前，会先备份原主引导信息到软盘，以防不测时可再安全恢复原样。

7）最有特点的高效广谱智能检测系统可查出许许多多引导区和文件类未知名新病毒。

8）KV3000.EXE 具有自我检查、自我修复、自我解除感染自身的病毒，即具有金蝉脱壳之功能，以保自身清洁和完整。

9）测试、修复和重建硬盘分区表功能，使丢失了分区表的硬盘几秒内就可起死回生，使硬盘上被封闭的重要数据存取如意。

（4）诺顿（Norton Anti Virus） 反病毒软件 Norton Anti Virus 是 Symantec 公司的产品。现在 Symantec 推出了 Norton Antivirus for NT 版本，它自动实时进行病毒的检测，并在操作有毒文件时自动报警，而且会隔离受到病毒感染的文件，禁止用户操作，特点如下：

1）具有专门针对 CIH 病毒的模块 KILL _ CIH。

2）全面抵制 ActiveX 及 Java Applet 的邪恶病毒，能侦测出特洛伊木马，100% 侦测 "in-the-world" 病毒。

3）不但对已知的所有病毒可彻底清除，其专利技术"引擎狗"能够杀死未知病毒，对病毒的变异有智能识别功能，对变形病毒的识别非常准确。

习 题 1

一、单选题

1. 在 Windows 2000 中，下面有关窗口操作的叙述中，正确的是(　　)。
   A. 最小化后的窗口将不能再移动位置
   B. 最大化后的窗口仍然可以移动位置
   C. 将鼠标指针指向窗口的边框或一角再拖动鼠标，可以改变窗口的大小
   D. 将鼠标指针指向窗口的边框或一角再拖动鼠标，可以移动窗口

2. 窗口菜单栏中呈浅灰色的菜单选项表示(　　)。
   A. 该菜单项当前不可以选择　　　　B. 该菜单项当前可以选择
   C. 该菜单项已被选择过　　　　　　D. 该菜单项不能在 Windows 2000 中使用

3. 下面关于对话框的叙述中，正确的是(　　)。
   A. 既不能移动，也不能改变大小　　B. 对话框与窗口一样也有菜单栏
   C. 只能移动，但不能改变大小　　　D. 对话框可以缩小成图标

4. 下面关于中文 Windows 2000 的叙述中，正确的是(　　)。
   A. 中文 Windows 2000 必须在 UCDOS 汉字系统支持下运行
   B. 中文 Windows 2000 必须在 MS—DOS 操作系统支持下运行
   C. 中文 Windows 2000 必须在 Windows3.2 操作系统支持下运行
   D. 中文 Windows 2000 是一个独立的操作系统，可独立运行

5. 在"开始"菜单的(　　)菜单项中包含了最近打开过的文档文件名，用鼠标左键单击其中的文件名即可打开相应的文档。
   A. 附件　　　　B. 程序　　　　C. 查找　　　　D. 文档

6. 双击文件"PICT.BMP"时，默认情况下系统调用打开它的程序是(　　)。
   A. CD 播放器　　B. 画图　　　　C. 写字板　　　D. 录音机

7. 用鼠标右键单击一个对象时，(　　)。
   A. 弹出该对象所对应的快捷菜单　　B. 打开该对象
   C. 关闭该对象　　　　　　　　　　D. 无反应

8. Windows 2000 中的桌面，指的是(　　)。
   A. 整个屏幕　　B. 电脑台面　　C. 每一个窗口　D. 我的电脑

9. 快捷方式可由用户创建在(　　)。
   A. 我的电脑　　B. 桌面　　　　C. 控制面板　　D. 任何地方

10. 在"资源管理器"中选择若干个文件后按 Ctrl + C，则这些文件(　　)。
    A. 被删除　　　B. 被复制到当前位置　C. 被复制到剪贴板　D. 被隐藏

11. 应用程序窗口被最小化后，该程序(　　)。
    A. 在后台运行　　　　　　　　　　B. 被关闭
    C. 暂停运行　　　　　　　　　　　D. 仅在任务栏上显示程序名，以便重新启动

12. 所谓"后台打印方式"是指(　　)。
    A. 计算机关机后打印机仍继续打印
    B. 打印机在打印文档的同时，计算机可以做其他工作
    C. 计算机关闭显示，让打印机在后面打印
    D. 将文档打印在磁盘上

13. 双击"回收站"中的文件图标，则（   ）。
A. 系统打开"回收站"的窗口   B. 该文件将被彻底删除
C. 弹出该文件的属性对话框   D. 该文件会被还原到原来位置
14. Windows 2000 的"我的电脑"和"资源管理器"是（   ）。
A. 同一个应用程序   B. 不同的应用程序，基本功能相同
C. 不同的应用程序，菜单完全相同   D. 不同的应用程序，基本功能也不同
15. Windows 2000 操作系统是（   ）。
A. 单用户单任务系统   B. 单用户多任务系统
C. 多用户多任务系统   D. 多用户单任务系统
16. 在 Windows 2000 的"资源管理器"窗口中，其左部窗口中显示（   ）。
A. 当前打开的文件夹的内容   B. 相应磁盘的文件夹树
C. 当前打开的文件夹名称及其内容   D. 当前打开的文件夹名称
17. 创建一个新文档，使用（   ）命令。
A. 常用工具栏中的"打开"   B. "文件"下拉菜单中的"新建"
C. 快捷方式"Ctrl + S"   D. 快捷方式"Ctrl + O"
18. Windows 2000 的桌面常见图标有（   ）。
A. 我的电脑   B. 驱动器   C. 打印机   D. 程序
19. 在 Windows 2000 中，可以按（   ）弹出"开始"菜单。
A. Ctrl + Tab   B. Alt + Tab   C. Alt + Esc   D. Ctrl + Esc
20. 在 Windows 2000 中，可以按（   ）切换输入法。
A. Alt + Tab   B. Ctrl + Shift   C. Alt + Esc   D. Ctrl + Esc

二、操作题

1. 在 A 盘上建立如下目录（大写为文件夹，小写为文件）：

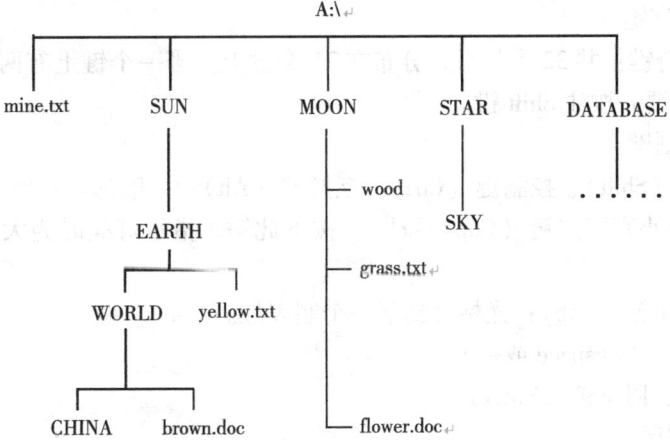

2. 将文件夹 CHINA、brown.doc 复制到 SKY 文件夹下。
3. 将文件 grass.txt、flower.doc 移到 CHINA 文件夹下。
4. 修改 DATABASE 的名字为 RED。
5. 将文件扩展名为 .txt 的文件移到 RED 中。
6. 删除文件夹 WORLD
7. 将文件 mine.txt 的属性更改为只读。

第 2 章 文 字 录 入

学习目的和要求 熟练掌握键盘的使用方法，英文录入训练达到熟练程度，初步掌握"智能 ABC"和"五笔字型"两种常用中文输入法的基本功能和技巧。

文字录入是学习计算机使用的第一步，是熟练掌握计算机操作的基本功。键盘打字是一门技巧性和实践性较强的技术。本章学习只能初步掌握中英文录入的基本方法和技巧，要熟练掌握这门技术还需要更多的训练。

2.1 键盘的使用

任务1 掌握键盘各键位的使用功能

1. 任务要求

（1）熟悉键盘各键的功能。

（2）训练键盘的基本操作。

2. 键盘使用练习

目前常用键盘为 104/102 个键，可分成 4 个区：

（1）主键盘区　位于键盘中部，包括：

1）26 个英文字母键。

2）10 个数字键。

3）常用字符键：共 32 个符号，分布在 21 个键上。当一个键上有两个字符时，上方的字符输入时，需要先按住 Shift 键。

4）专用控制键

- 换档键（Shift）、控制键（Ctrl）、互换键（Alt）：一般都与其他键组合使用。
- 字母大/小写锁定键（Caps Lock）：按下此键，指示灯亮时为大写英文字母输入状态。
- 制表定位键（Tab）：光标移到下一个制表位。
- 退格键（Backspace 或←）。
- 空格键、回车键（Enter）。

（2）功能键区

1）12 个功能键 F1～F12：各有特殊含义，也随着系统不同而有所改变。

2）中断/消除键（Esc）：通常用于退出某种环境或状态。

（3）光标移动控制键区

1）光标移动键：光标上下左右移动。

2）快速移动键：快速移动光标到行首、行尾、向上翻页、向下翻页。

3）删除键（Delete）：删除光标所在位置后面的一个字符。

4）插入/改写转换键（Insert）：可以在"插入"和"替换"状态之间切换。

5）屏幕锁定开关键（Scroll Lock）。

6）打印屏幕键（Print Screen）：将屏幕上正显示的内容暂存到剪贴板。

7）暂停键（Pause Break）：与 Ctrl 组合可以中断当前命令或程序的执行。

（4）数字/编辑键区

1）数字快速输入常用键。

2）数字/编辑锁定开关键（Num Lock）：按一下，Num Lock 指示灯亮时，可以输入小键盘的数字。再按一下，Num Lock 指示灯灭，则小键盘上各键面上排的符号生效，用于移动光标。

3. 指法的基准键位

小指	无名指	中指	食指	食指	中指	无名指	小指
A	S	D	F	J	K	L	：

←左手　右手→

4. 键盘操作练习

（1）键盘指法练习

WinZip brings the convenience of Windows to the use of Zip files and other compression formats. Windows 95, NT, and Windows 3.1 versions are shipped on the same disk. WinZip features include：

（2）数字练习

```
45 +6    230.    4688    03.5    5564    5. -65    326 +    .02/    /*88    ? 9 (^
3465     4322    4456    0325    5687    (341)     0..6     1466    1555    0993
56%      #974    4536    35@3    567 +   345 =     ! 567    +94 -   234 =   345 ~
234 =    22 +3   44&4    2%5 *   3#2@    @578      &993     $ 341   98 $ =  245^
```

2.2 英文录入训练

任务2　英文录入练习

目前，有许多流行的英文打字训练软件，这些训练软件有一定的科学性及合理性，建议初学者用这些打字训练软件进行练习，如："金山打字通"、"TT"、"CTTWIN"、"DT"等。

本任务需完成下列操作：

（1）选择一种训练软件，软件的使用随堂介绍，练习2课时。

（2）测试一（用"写字板"录入下列内容，限时 10 分钟，保存文件名："测试一.txt"）。

WinZip brings the convenience of Windows to the use of Zip files and other compression formats. Windows 95, NT, and Windows 3.1 versions are shipped on the same disk. WinZip features include:

Windows 95 support: WinZip includes long filename support and tight integration with the Windows 95 shell. Drag and drop to or from the Explorer, or Zip and unzip without leaving the Explorer.

Internet support: WinZip features built-in support for popular Internet file formats: TAR, gzip Unix compress, UU Encode Xxencode, Bin Hex, and MIME. ARJ, LZH, and ARC files are supported via external programs. You can use WinZip to access almost all the files you download from the Internet. In addition, the freely downloadable WipZip Internet Browser Support Add-On lets you download and open archives with one click using Microsoft Internet Explorer or Netscape Navigator. WinZip interfaces to most virus scanners.

2.3 中文录入训练

任务3 掌握"智能ABC"输入技巧,提高拼音法录入速度

1. 任务要求

(1) 选择一种训练软件,用"智能ABC"输入法练习中文输入,4课时。

(2) 测试二(用"写字板"录入下列文字,限时20分钟,保存文件名:"测试二. txt")。

孔 乙 己

鲁镇的酒店的格局,是和别处不同的:都是当街一个曲尺形的大柜台,柜里面预备着热水,可以随时温酒。做工的人,傍午傍晚散了工,每每花四文铜钱,买一碗酒,——这是二十多年前的事,现在每碗要涨到十文,——靠柜外站着,热热的喝了休息;倘肯多花一文,便可以买一碟盐煮笋,或者茴香豆,做下酒物了,如果出到十几文,那就能买一样荤菜,但这些顾客,多是短衣帮,大抵没有这样阔绰。只有穿长衫的,才踱进店面隔壁的房子里,要酒要菜,慢慢地坐喝。

我从十二岁起,便在镇口的咸亨酒店里当伙计,掌柜说,样子太傻,怕侍候不了长衫主顾,就在外面做点事罢。外面的短衣主顾,虽然容易说话,但唠唠叨叨缠夹不清的也很不少。他们往往要亲眼看将壶子放在热水里,然后放心:在这严重的监督之下,羼水也很为难。所以过了几天,掌柜又说我干不了这事,幸亏荐头的情面大,辞退不得,便改为专管温酒的一种无聊职务了。

我从此便整天的站在柜台里,专管我的职务。虽然没有什么失职,但总觉有些单调,有些无聊。掌柜是一副凶脸孔,主顾也没有好声气,教人活泼不得;只有孔乙己到店,才可以笑几声,所以至今还记得。

2. "智能ABC"输入法

(1) "智能ABC"输入法的特点

1) 内容丰富的词库。智能ABC的词库以《现代汉语词典》为蓝本,同时增加了一些新

的词汇,共收集了大约六万词条。另外,也收入了一些常见的方言词语和专门术语,例如:中外三百多名人、国家名称及大都市、名胜古迹、中国的城市、地区一级的地名,约 2000 条。

2)允许输入长词或短句。智能 ABC 允许输入 40 个字符以内的字符串,如图 2-1 所示,还可以使用光标移动键进行插入、删除、取消等操作。

图 2-1　短句输入示例

3)自动记忆功能。智能 ABC 输入法能够自动记忆词库中没有的新词,这些词都是标准的拼音词,可以和基本词汇库中的词条一样使用,智能 ABC 允许记忆的标准拼音词最大长度为九个字。

使用自动记忆功能的两个注意事项:

① 刚被记忆的词并不立即存入用户词库中,至少要使用三次后才有资格长期保存。新词栖身于临时记忆栈之中,如果记忆栈满了它还不具备长期保存资格,就会被后来者挤出。

② 刚被记忆的词具有高于普通词语、低于常用词的频度。

4)强制记忆。强制记忆一般用来定义那些非标准的汉语拼音词语和特殊符号。利用该功能,只需输入词条内容和编码两部分,就可以直接把新词加到用户库中。

5)频度调整和记忆。所谓频度,是指一个词的使用频繁程度。智能 ABC 标准词库中同音词的排列顺序能反映它们的频度,但对于不同使用者来说,可能有较大的偏差。所以,智能 ABC 设计了词频调整记忆功能。

6)中文输入中输入英文。在输入拼音的过程中("标准"或"双打"方式下),如果需要输入英文,可以不必切换到英文方式,只需键入"v"作为标志符,后面跟随要输入的英文。

例如:在中文输入过程中希望输入英文"windows",键入"v windows",按空格键即可

7)以词定字输入功能。无论是标准库中的词,还是用户自己定义的词,都可以用来定字。用以词定字法输入单字,可以减少重码。

方法:用"["取第一个字、"]"取最后一个字。

例如:键入"fudao",即"辅导"的全拼输入码,如图 2-2 所示。若按空格键得到"辅导";若按"["得到"fu"拼音的字,取"辅",如图 2-3 所示,按"]"取"导"。

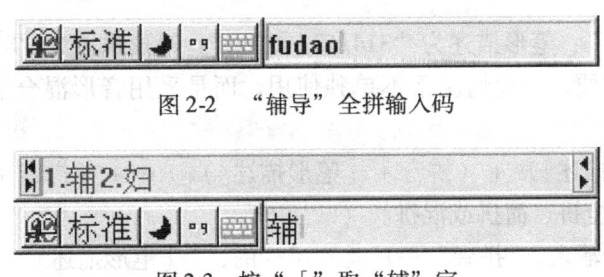

图 2-2　"辅导"全拼输入码

图 2-3　按"["取"辅"字

25

（2）智能 ABC 输入法的使用技巧和建议

1）以实际选择输入方式。如果你拼音不错，键盘也熟练，可以采用标准变换方式，输入过程以全拼为主，其他方式为辅。如果你对拼音不熟，而且有方言口音则建议以简拼加笔形的方式为主，辅之以其他方法。如果完全不懂拼音，就只能按笔形输入了。

2）简拼与混拼相结合。简拼的规则为取各个音节的第一个字母输入。对于包含 zh、ch、sh（知、吃、诗）的音节，也可以取前两个字母组成。混拼输入是两个音节以上的拼音码，有的音节全拼，有的音节简拼。

例如：词汇"战争"：

全拼码　　　　　　简拼码　　　　　　　　　　混拼码

"zhanzheng"　　"zhzh"或"zhz"、"zzh"、"zz"　　"zhanzh"或"zzheng"

在简拼和混拼时，隔音符号的作用进一步增强。

例如，"西宁"：

混拼码应该为"xi'n"，如果写成"xin"则不正确，它是"新"的拼音码。

3）笔形与音形相结合。按照基本的笔划形状，将笔划分为八类，见表 2-1。

表 2-1 基本的笔划

笔形代码	笔形	笔形名称	实例	注解
1	一（✓）	横（提）	二、要、厂、政	"提"也算作横
2	丨	竖	少、同、师、党	
3	丿	撇	但、箱、斤、月	
4	丶（㇏）	点（捺）	冗、忙、定、间	"捺"也算作点
5	乛（𠃍）	折（竖弯勾）	对、队、刀、弹	
6	ㄴ	弯	七、妈、线、以	逆时针方向弯曲，多折笔画，以尾折为准，如"乙"
7	十（乂）	叉	黄、希、档、地	交叉笔画只限于正叉
8	口	方	困、跃、是、吃	四边整齐的方框

取码时按照笔顺，最多取 6 笔。

含有笔形"十（7）"和"口（8）"的结构，按笔形代码 7 或 8 取码，而不将它们分割成简单笔形代码 1~6。

例如：汉字"簪"：笔形描述为"314163"，"果"：笔形描述为"87134"。

笔形输入并不方便，一般情况下不单独使用，而是采用音形混合输入的方法。其规则为：

（拼音+[笔形描述]）+（拼音+[笔形描述]）+…+（拼音+[笔形描述]）。其中，"拼音"可以是全拼、简拼或混拼。

对于多音节词的输入，"拼音"一项是不可少的，"[笔形描述]"项可有可无。

下面举几个音形混合输入的例子，见表 2-2。

表 2-2　音形混合输入实例

汉字	输入	笔形描述注释
的	d	简拼，不加笔形
对	d5	简拼，加 1 笔：折
刀	d53	简拼，加 2 笔：折、撇
藨	dao7	全拼，加 1 笔；叉
形式	xs	简拼，不加笔形
迅速	xs7	简拼，第二字加 1 笔：叉
现实	xs44	简拼，第二字加 2 笔：点
显示	x8s	简拼，第一字加 1 笔：口
蟋蟀	x8s8	简拼，每个字加 1 笔：口

4）使用双打输入。在双打方式下输入一个汉字，只需要击键两次：奇次为声母，偶次为韵母。复合声母的定义见表2-3。

表 2-3　复合声母定义表

键位	E	V	A	O (')						
声母	ch	sh	zh	O声母						
键位	Q	W	E	R	T	Y	U	I	O	P
声母	ei	ian	e	iu er	uang iang	ing	u	i	uo o	uan üan
键位	A	S	D	F	G	H	J	K	L	
声母	a	ong iong	ua ia	en	eng	ang	an	ao	ai	
键位	Z	X	C	V (ü)	B	N	M			
声母	iao	ie	in uai		ou	un (ün)	üe (ue) ui			

使用双打能减少击键次数，提高输入速度，实例见表2-4。

表 2-4　双打实例

汉字	全拼	简拼	双打
明枪暗箭	mingqian'ganjian	mq'aj	m'Q'aj
淘汰	taotai	tt（有重码）	tktl（无重码）
重量	zhongliang	zl（重码多）	aslt（重码少）

注意：在双打方式中，由于字母"v"替代声母"sh（诗）"，所以不能使用"v + 区号"的方式来输入 1~9 区的字符，也不能使用"v + ASCII 码字串"输入西文。

5）利用朦胧回忆功能。朦胧回忆的功能是通过按 Ctrl + "-"键完成的。

如果不久前输入过下面这些词汇：电子计算机、彩色电视机、全自动洗衣机，要想再次输入"彩色电视机"，先键入"彩"字的声母"C"，如图 2-4 所示，再按 Ctrl + "-"，就可以看到不久前曾输入的词汇，选择相应的条目即可，如图 2-5 所示。

图 2-4 键入"彩"字的声母"C"

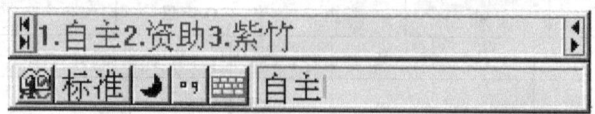

图 2-5 再按 Ctrl + " – "

6）把握按词输入的规律。建立比较明确的"词"的概念，尽量地按词、词组、短语输入。最常用的双音节词可以用简拼输入，一般常用词可采取混拼或者简拼加笔形描述。

注意：少量双音节词，特别是简拼为"zz、yy、ss、jj"等结构的词，需要在全拼基础上增加笔形描述。

例如：输入"自主"时，如果键入"zz"，要翻好多页才能找到这个词，如果键入"ziz"，就可以直接选择该条目，如果键入"zizhu"，那么直接敲空格键就行了，如图 2-6 所示。

图 2-6 混拼输入"自主"

重码高的单字，特别是"yi、ji、qi、shi、zhi"等音节的单字，可以全拼加笔形输入。

例如：要输入"师"，可以键入"shi2"，重码数量大大减少。

7）中文数量词简化输入。智能 ABC 提供阿拉伯数字和中文大小写数字的转换能力，对一些常用量词也可简化输入。

"i"为输入小写中文数字的前导字符。"I"（按住"Shift"再按 I）为输入大写中文数字的前导字符。

例如：输入"i3"，则键入"三"；输入"I3"，则键入"叁"。

如果输入"i"或"I"后直接按中文标点符号键，则转换为"一" + 该标点或"壹" + 该标点。

例如：输入"i3 \ "，则键入"三、"；输入"I3 \ "，则键入"叁、"。

8）输入特殊符号。在标准状态下，按字母 v + 数字（1～9），即可获得"GB—2312 字符集"（中华人民共和国国家标准通信用汉字字符集）1～9 区各种符号的简便方法。

例如：输入"‰"，可以键入"v1"，再按若干下" + "，就可以找到这个符号，如图 2-7 所示。

9）输入不会读的字。在输入法状态条上单击鼠标右键，在快捷菜单中选"属性设置"，然后选中"笔形输入"，单击"确定"按钮。

例如：输入"乜"：键入数字"56"；

输入"矗"：键入数字"71125"再按空格键。

图 2-7 输入特殊符号

3. 中文输入练习操作

选用一种专业文字录入训练软件练习中文输入。

练习一

中国古代科学的辉煌

翻开《中国科技史》，每一页，每一项辉煌的成就都令世人瞩目、惊叹：完备准确的天象记录、世界一流的数学成果、博大精深的中医药学、饮誉世界的四大发明……英国哲学家、近代实验科学的始祖培根曾指出：印刷术、火药和指南针"已经改变了世界的面貌"，"没有一个帝国，没有一个宗教教派，没有一个赫赫有名的人物，能比这三种发明在人类的事业中产生更大的力量和影响。"马克思更是精辟地指出："火药、罗盘针、印刷术——这是预告资产阶级社会到来的三大发明"。我国古代文明、科学技术以四大发明为代表，对人类文明做出了伟大贡献。我国古代科学技术长期领先于世界。

中国古代卓越的科学技术成就，是由中国古代特定的经济、社会和文化环境滋育的。

练习二

战国时期，激烈的变革、频繁的战争，谁拥有足够的粮食，谁就具备了战胜对手的法宝，所以"农本"思想也就成为统治者驾驭天下的治国思想。此后，历代统治者皆以农为天下之根本：汉文帝曾下诏说："农，天下之本务莫大焉"，唐太宗说："农时最急，不可失也。"农业是国家财富的根本，农业发展的好坏，维系着国家、王朝的命运。于是农学发展起来了，有了保护生态环境、资源的意识。因此，与农业有密切关系的天文历法学也随之发展起来。封建帝王认为，天象直接关系着王朝的命运，《易》曰："天垂象，见吉凶……"王室的兴衰是天象在人间的反映，"天人感应"，"君权神授"，所以历法的准确与否，被看作是王朝是否顺应天意的标志。自然经济条件下的农民，在长期靠天种地的劳作中积累了丰富的经验。这就是古代天文历法起步早、成就显著的原因。

要制定精确的历法，就要准确地测天，就得精于计算，于是数学伴随着天文学发展起来；中国有广袤的土地、众多的人口，中央政府为有效地管理国家，发展了地理学。古代自然经济螺旋式的发展，农业生产力的提高，手工业技术的改进，商业、城市的繁荣，为科技文化的发达创造了重要的条件。

任务 4 学习"五笔字型"输入法的基本功能，强化中文录入速度训练

1. 任务要求

（1）掌握"五笔字型"输入法的基本功能。

（2）强化中文录入速度训练，为以后章节项目制作的文字录入打好基础。

（3）测试三（用"写字板"录入下列文字，限时 20 分钟，保存文件名："测试三．txt"）。

火车刚从震得发颤的橘红色岩石的隧道里开出来，就进入了一望无际，两面三刀边对称的香蕉林带。这里空气湿润，海风消失得无影无踪。不时从车窗外吹进一股令人窒息烟气。和铁路平等的狭窄的小道上，有几辆牛车拉着一串串碧绿的香蕉。铁路的另一边是光秃秃的空地，那里有装着电风扇的办公室、红砖盖的兵营和一些住宅，住宅掩映在沾满尘土的棕榈树和玫瑰丛之间，阳台上摆着乳白色的椅子和小桌子。这时候正是上午十一点，天气还不太热。

"你最好把车窗关上，"一个女人说。"要不，你会弄得满头都是煤灰的。"

小女孩想把窗子关上，可是车窗锈住了，怎么也拽不动。

她们俩是这节简陋的三等车厢里仅有的两名乘客。机车的煤烟不停地吹进窗子里来。小姑娘换了个座位。她把她们随身带的东西——一个塑料食品袋和一束用报纸裹着的鲜花——放在靠窗口的座位上。她离开车窗，坐到对面的位子上，和妈妈正好脸对脸。母女二人都穿着褴褛的丧服。

小姑娘十二岁，这是她第一次出远门。那位妇女身材矮小孱弱，身上没有一点儿线条，穿的衣服像件法袍。要说她是小姑娘的妈妈，好像显得太老了一些。在整个旅途中，她一直是直挺挺地背靠着椅子，两手按着膝盖上的一个漆皮剥落的皮包。她脸上露出那种安贫若素的人惯有的镇定安详的神情。

十二点，天气热起来了。火车在一个荒凉的车站上停了十分钟，加足了水。车厢外面的香蕉林里笼罩着一片神秘的静谧，树荫下显得十分洁净。然而，凝滞在车厢里的空气却发出一股没有硝过的臭皮子味。火车慢腾腾地行驶着。又在两个一模一样的镇上停了两次，镇上的木头房子都涂着鲜艳的颜色。那位妇女低着头，昏昏沉沉地睡着了。小姑娘脱掉鞋子，然后到卫生间去，把那束枯萎的鲜花浸在水里。

2．"五笔字型"输入法

"五笔字型"输入法是以汉字字型为基础进行编码，它将汉字的基本笔划概括为五种，并由这五种笔划组成 130 个字根，将 130 个字根按首笔划的特点安排在 A—Y 的 25 个键位上，按"五笔字型汉字编码规则"输入汉字。

（1）汉字的三个层次　笔划、字根和单字。

1）笔划。按书写顺序汉字是由五种基本笔划构成的，分别为横、竖、撇、捺、折，见表 2-5。

表 2-5　汉字的五种笔划构成

代表键位	笔划代号	书写方向	笔划名称	笔划及变形
G	1	左→右	横	一
H	2	上→下	竖	丨丿
T	3	右上→左下	撇	丿
Y	4	左上→右下	捺	、
N	5	转折	折	乙乚ㄅㄑㄒㄥ→

在五笔字型中,笔划是指在书写汉字时,不间断地一次连续写成的一个线条段,只考虑笔划的运笔方向,不计其轻重长短,所以将一些变形笔划归类于基本笔画,例如:

"现"的"王"字旁,提笔是横的变形;"村"的"木"字旁,"、"属于捺;"利"的"刂"字旁,竖笔向左带钩"刂"属于竖;其余一切带转折、拐弯的笔画,都归"折"类。

2)字根。字根是由若干笔划构成的相对不变的结构,而且,大多数字根是由汉字的偏旁部首衍变而成的,它是构成汉字的最重要、最基本的单位。

五笔字型的基本字根共优选 130 种,分布在除 Z 键外 25 个键位上。25 个字根键盘又分为五个区,根据字根的第一笔,按横、竖、撇、捺、折分为:

横区(1)、竖区(2)、撇区(3)、捺区(4)、折区(5)五个区号。

每区有五个键位,根据字根的第二笔,按横(1)、竖(2)、撇(3)、捺(4)、折(5)编号为五个位号,组成字根区位号,如图 2-8 所示。

键位表字根分布:

1 区:横区共有 27 种字根,其第一笔为横笔开始,分"王土大木工"五个位。

2 区:竖区共有 23 种字根,其第一笔为竖笔开始,分"目日口田山"五个位。

3 区:撇区共有 29 种字根,其第一笔为撇笔开始,分"禾白月人金"五个位。

4 区:捺区共有 23 种字根,其第一笔为捺笔开始,分"言立水火之"五个位。

5 区:折区共有 28 种字根,其第一笔为折笔开始,分"已子女又纟"五个位。

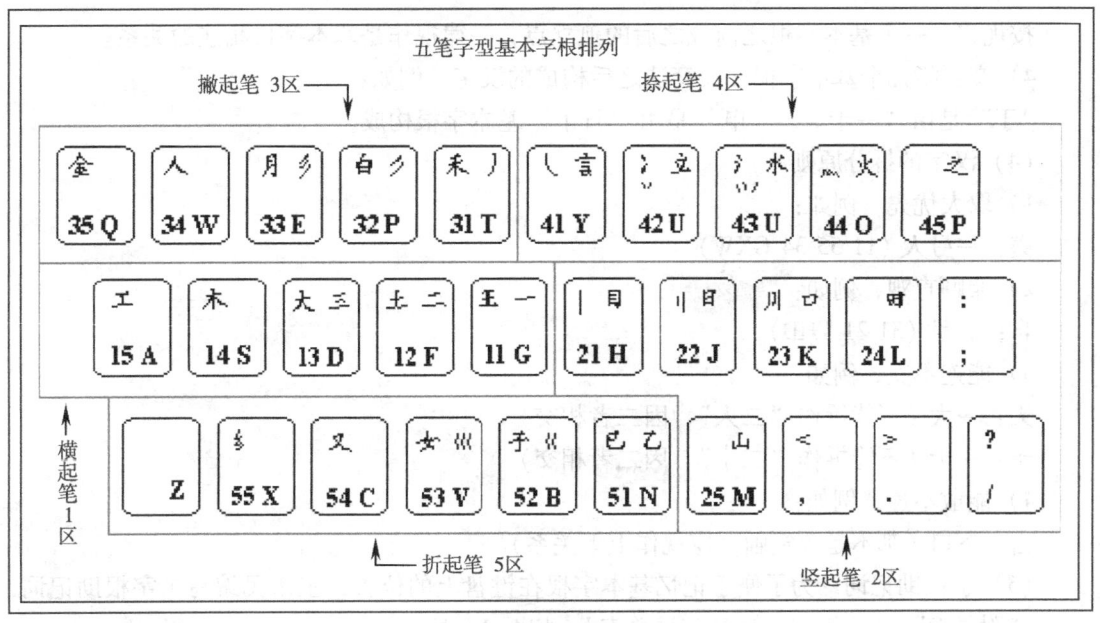

图 2-8 五笔字型区位分布

3)单字。单字由基本字根经组合、叠加而成。

例如:"汉"字由"氵"、"又"字根组成。

(2)汉字的三种字型。根据构成汉字的各字根之间的位置关系,可以把成千上万的方块汉字分为三种类型,见表 2-6。

表2-6 汉字的三种字型

字型代号	字型	图示	字例	说明
1	左右		桂 陶 结 到	字根之间可有间距，总体左右排列
2	上下		字 室 花 李	字根之间可有间距，总体上下排列
3	杂合		韦 月 凶 天 年 且 果 因	字根之间虽有间距，但不分上下左右，即不分块

（3）字根组成汉字的四种结构　基本字根在组成汉字时，按照它们之间位置关系也可以分为四种类型。

1）单：即基本字根本身就单独成为一个汉字，例如：

口，木，山，田，马，寸等

2）散：指构成汉字的基本字根之间可以保持一定距离，例如：

吕，足，困，汉等

3）连：指一个基本字根连一单笔划，例如：

"丿"下连"目"即成为"自"，

连的另一种情况，所谓"带点结构"，例如：

"勺，术，太"。

按规定，一个基本字根之前或之后的孤立点，一律视作是基本字根相连的关系。

4）交：指几个基本字根交叉套迭之后构成的汉字，例如：

"于"是由"一十"，"申"是由"日丨"基本字根构成。

（4）汉字的拆分原则

1）取大优先，例如：

夷：一弓人（11 55 34 GXW）

2）兼顾直观，例如：

自：丿目（31 21 THD）

3）能连不交，例如：

天：一大（不能拆作"二人"，因二者相交）

于：一十（不能拆作"二丨"，因二者相交）

4）能散不连，例如：

占：卜口（都不是单笔画，应视作上下关系）

（5）字根助记词　为了便于记忆基本字根在键盘上的位置，王永民编写了字根助记词，参见"附录D"，"五笔字型键盘字根总表"，如图2-9所示。

3. 用五笔字型输入汉字

1）键名汉字输入。键名汉字指王、土、大、木、工、目、日、口、田、山、言、立、水、火、之、禾、白、月、人、金、子、女、又、纟，共25个，其中绝大多数本身就是汉字。

输入方法：在所在键连敲四次。

例如：王：11 11 11 11（GGGG）　立：42 42 42 42（UUUU）

2）成字字根的汉字输入。在字根表里的字根，本身就是一个汉字。

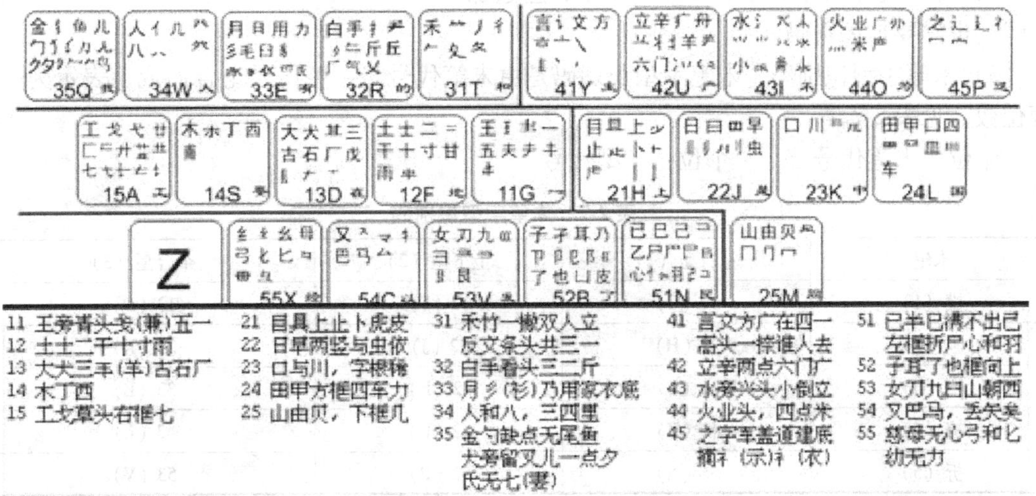

图 2-9 五笔字型键盘字根总表

输入方法：键名代码 + 首笔代码 + 次笔代码 + 末笔代码。

例如："石"第一键为"石"字根所在的 D，第二键为首笔"横"G 键，第三键为次笔"撇"T 键，第四键为末笔"横"G 键，编码为 13 11 31 11（DGTG）。

3）五种单笔划的输入。输入方法为键名代码 + LL，例如：

一：11 11 24 24（GGLL）

｜：21 21 24 24（HHLL）

丿：31 31 24 24（TTLL）

丶：41 41 24 24（YYLL）

乙：51 51 24 24（NNLL）

4）单字输入。除键名汉字和成字字根汉字之外的汉字，需要拆成字根或笔划。

① 刚好拆成四个字根码

输入方法：依次取该四个字根的编码输入。例如：

"到"字拆分成"一、厶、土、刂"，则其编码为 GCFJ

型：GAJF　　照：JVKO　　到：GCFJ

② 超过四个字根码

输入方法：取一、二、三、末四个字根的编码输入。例如：

"酸"字取"西、一、厶、文"，编码为 SGCT。

藏：ADNT　　游：IYTB　　赣：UJTM

③ 不足四个字根码

五笔字型基本法规定，每个汉字的输入要打满四码，在不足四个字根的情况下，要追加识别码。

例如：副：一　口　田　驭：马　又　汉：氵　又

另外，有些不同的汉字，从拆分的字根编码输入顺序是相同的，所以要加识别码。

例如：沓、旭——日、九　　　只、叭——口、八

又如，S键上有木、丁、西三个字根，左边加"氵"的汉字有：沐、洒、汀，编码都是"IS"，也需要加识别码。

5）末笔字型识别码。末笔字型识别码是由末笔代号与字型代号组合而成，表示为一个两位数，见表2-7。

十位：末笔代号　　　个位：字型代号

表2-7　末笔字型识别码

末笔	左右型（1）	上下型（2）	杂合型（3）
横（1）	11（G）	12（F）	13（D）
竖（2）	21（H）	22（J）	23（K）
撇（3）	31（T）	32（R）	33（E）
捺（4）	41（Y）	42（U）	43（L）
折（5）	51（N）	52（B）	53（V）

例如：汉：43 54 41（ICY_）　　末笔代号4，字型代号1（左右型），41为Y
　　　字：45 52 12（PBF_）　　末笔代号1，字型代号2（上下型），12为F
　　　沐：IST　　洒：ISG　　汀：ISH

注意：1. 加识别码后仍不足四码，用空格补齐。
　　　2. 对末笔有几点规定：

① 为了有足够多的区分能力，对于"进"、"连"等带"辶"的字和全包围字，它们的"末笔"规定为被包围部分的末笔。

例如："圆"：末笔"、"，代号4；字型：杂合，代号3；识别码为43（I）
　　　"远"：末笔"乙"，代号5；字型：杂合，代号3；识别码为53（V）

② 对于字根"刀、九、力、七"，末笔一律用它们向右下角伸得最长最远的笔划"折"来识别。

例如：仇 34 54 51　　化 34 55 51

③ "我，贱，成"等字的末笔，遵从"从上到下"的原则，撇"丿"应为末笔。

④ 单独点字："义，太，勺"等，均被认为与附近字根"连"的关系，故为杂合型。其末笔代码为43（I）。

6）Z键的用法。Z键用于辅助学习。当对汉字的拆分一时难以确定用哪一个字根时，不管它是第几个字根都可以用Z键来代替。

符合条件的汉字都显示在提示行中，再键入相应的数字，则可把相应的汉字选择到当前光标位置处。

在提示行中还显示了汉字的五笔字型编码，可以作为学习编码规则之用。

4. 简码、词组输入法

为了提高输入速度，将常用汉字只取前边一个、两个或三个字根构成简码。

（1）一级简码字　输入方法：敲一键后再敲一空格键，共有25个高频字，如图2-10所示。键左上角为键名字，键右下角为高频字，即一级简码字。

（2）二级简码字　输入方法：单字全码的前两个字根代码+空格键。最多能输入25×

键名	Q	W	E	R	T	Y	U	I	O	P
简码	我	人	有	的	和	主	产	不	为	这
键名	A	S	D	F	G	H	J	K	L	
简码	工	要	在	地	一	上	是	中	国	
键名	Z	X	C	V	B	N	M			
简码	经	以	发	了	民	同				

图 2-10 一级简码

25 = 625 个汉字。例如：

吧：口巴（23，54，KC）   给：纟人（55，34，XW）

（3）三级简码字 输入方法：单字前三个字根 + 空格键。

凡前三个字根在编码中是惟一的，都选作三级简码字，一共约 4400 个。

（4）词组简码 一个词组仍只需四码，取码规则如下：

1) 双字词：分别取每个字的前两个字根编码。

例如："计算"取"言、十、目"构成编码（YFIH）

2) 三字词：前两个字各取一个字根，第三个字取前两个字根编码。

例如："操作员"取"扌、亻、口、贝"构成一个编码（RWKM）

"解放军"取"刀、方、冖、车"作为编码（QYPL）

3) 四字词：每字取第一个字根编码。

例如："程序设计"取"禾、广、言、言"（TYYY）

4) 多字词：取一、二、三、末四个字的第一个字根编码。

例如："中华人民共和国"取"口、人、人、囗"（KWWL）

"电子计算机"取"日、子、言、木"（JBYS）

5. 词组练习

（1）双字词组

阿姨	动脉	癌症	按摩	齿轮	陈旧	憧憬	成败	对比
腹泻	港币	根本	肝癌	复查	隔绝	个别	积压	帆船
高昂	概况	辅导	法治	坚持	发展	属于	动力	待业
行业	盎然	伴随	彩灯	城市	深圳	广州	上海	材料
绑架	法律	持久	担保	夫妇	刺激	电脑	学校	电大
垃圾	学生	学习	奠定	雕刻	学报	聪明	插入	愤愤
稿件	告诫	负担	动荡	磁场	化学	数学	生物	实验
初中	大学	领导	守护	短波	厕所	键盘	干部	总结

（2）三字词组

战斗机	营业额	卫生部	委员长	孙中山	青海省
人民币	严重性	县政府	先锋队	重工业	招待所
运动场	手工业	前不久	门市部	门诊部	圣诞节
那时候	周恩来	再生产	夏令营	突击队	实际上

民政局	什么样	明信片	注意力	众议员	诸葛亮
专案组	针对性	真实性	争夺战	之所以	中低档
系统性	王府井	统计表	疗养院	林业部	奖学金
接班人	解放后	解放前	敬老院	意大利	无党派

（3）四字词组

引进技术	千方百计	黑龙江省	四化建设	千方百计
化整为零	面面俱到	针锋相对	保卫祖国	自始至终
实事求是	生态平衡	意识形态	时时刻刻	供不应求

6. 中文录入（要求每分钟不低于45个字）

（1）10分钟，约340字

战国时期，正如清初思想家王夫之所说的，是"古今一大变革"。诸多矛盾纷纭复杂，思想界空前活跃，各国君主为战胜自己的敌人，广揽人才，出现了"百家争鸣"的局面，在这样的文化氛围中，农业水利科技、天文历法、医学等各方面都得到了相当的发展。

隋唐时期是封建社会的繁荣时代，封建经济高度发展，统治者采取了一系列安邦治国的政策，出现了政治清明、社会安定，百姓乐业的"贞观之治"、"开元盛世"。在科技的各个领域硕果累累：保存至今的世界上最古老的石拱桥——赵州桥；世界上第一部由国家编定颁布的药典——《唐本草》；僧一行的天文成就以及雕版印刷术的发明。公元868年（咸通九年）雕印的《金刚经》长卷，是世界上保存最早的有图画的雕版印刷品，此卷雕刻精美、刀法纯熟，字体浑朴厚重，墨色均匀，已达到相当高的工艺水平。

（2）10分钟，约440字

北宋建立至公元979年，基本上统一了中原地区和南方，结束了五代十国分裂割据的局面。以隋唐经济为基础，北宋的商品经济发展起来。北宋造纸业的发展给印刷业的繁荣创造了必要的条件。宋代的雕版印刷业进入了全盛时代。一些富于实践经验的劳动者尝试改革，毕升创造了活字的印刷术，对世界印刷术的发展、文化的传播有着重要的影响。

唐朝发明了火药，北宋将火药应用在军事上，火药武器在战争中显示了巨大的威力。恩格斯说："在十四世纪初，火药从阿拉伯人那里传入西欧，它使整个作战方法发生了变革，这是每一个小学生都知道的。"

北宋时期，对外贸易较前代更为繁荣，这时的造船业已相当发达，海外贸易不断扩大，由于航海的需要，我国重要的发明之一——指南针，从此时起就普遍在海船上应用。不久，阿拉伯人从中国人这儿学会了使用指南针，并传入欧洲人手中。马克思说："火药把骑士阶层炸得粉碎，罗盘针打开了世界市场并建立了殖民地，而印刷术却变成了新教的工具，并且一般地说，变成科学复兴的手段，变成制造精神发展的必要前提的最强大的推动力。"

（3）10分钟，约560个字

在古代，尤其是唐宋，知识分子能真正起到社会头脑的作用。隋朝开始，唐朝完善的科举制，形成了官僚一定的社会流动性。魏晋北朝时期的士族阶层已经腐朽，出身卑微，有真才实学的庶族地主阶层，逐渐取代了士族的地位。科举制给当时的人们提供了一定的竞争机会，以满足更高的需要。科举制在初建时，给知识分子提供了广阔的舞台，积极参与政事，发挥自己的专长，潜心研究，所以唐宋时期，科技成就辉煌。

中世纪的西欧，由于宗教神学意识形态一统天下，扼杀了人性和创造力，孕育了中世纪西欧"片面的道德型人格"。恩格斯说:"中世纪的历史只知道一种形式的意识形态,即宗教和神学。"这种单一的意识形态,"片面的道德型人格",使得西欧的中世纪成为科技发展的阴霾时代。因而,也使得中国古代的科技成果卓然鹤立,璀璨夺目。

此外,中国地广人多,各民族间的交往频繁,中国人特有的文化素质,使得中国文化源远流长,在前人的基础上,不断发展、创造。中国文化是世界上惟一没有中断的文化。再者,历朝的开放政策,在传播中国文化成就的同时,又注意吸收外来文化,形成了博大精深的中国文化圈。在西方,虽曾有过灿烂的古希腊文明、罗马文明,然而由于地质的变迁,外族的入侵,日尔曼人潮水般的涌入,摧垮了一切。中世纪的西欧是在文化的废墟上重建的,缺乏坚实的文化基础。所以,中国古代科技走在世界的前列。

习 题 2

一、字型练习

练习分析下面汉字的字型结构。

例如:章　上下

方＿＿＿	只＿＿＿	口＿＿＿	若＿＿＿
军＿＿＿	占＿＿＿	闭＿＿＿	有＿＿＿
和＿＿＿	呀＿＿＿	狼＿＿＿	国＿＿＿
罹＿＿＿	民＿＿＿	了＿＿＿	共＿＿＿

二、填空

如字例所示,首先将字体按照五笔字型的拆分原则,拆成应有的字根,然后在五笔字型键盘表中找出相应的键位。

例如:发(乙丿又)(NTCY)

的(　)(　)	为(　)(　)	过(　)(　)
国(　)(　)	这(　)(　)	社(　)(　)
同(　)(　)	度(　)(　)	委(　)(　)
家(　)(　)	革(　)(　)	型(　)(　)
长(　)(　)	多(　)(　)	增(　)(　)
深(　)(　)	架(　)(　)	南(　)(　)
海(　)(　)	本(　)(　)	药(　)(　)
面(　)(　)	线(　)(　)	劳(　)(　)
说(　)(　)	阶(　)(　)	器(　)(　)
学(　)(　)	级(　)(　)	洞(　)(　)

三、词组练习

1. 双字词组

符号	调整	高速	纺织	弟弟	村长	垂直	平等	健康
向上	程度	宣战	抽查	搏斗	车队	布局	胳膊	佛教
耳朵	分辨	渡过	端正	漂亮	多少	图形	窗口	阐明
遍布	比分	比赛	才干	驳斥	半路	高级	国徽	国旗
国歌	中国	日本	美国	欧洲	亚洲	非洲	赌博	初步

37

计算机操作与应用基础教程

灿烂	笑容	明亮	玻璃	上下	柴油	诚恳	差别	残疾
钞票	繁多	杜绝	烦恼	现时	读报	调拨	唱歌	跳舞
汽车	火车	飞机	飞船	监察	重量	律师	老师	教师

2. 三字词组

工程师	奥运会	负责人	革命化	加工厂	干什么	广东省
邓小平	备忘录	乘务员	闭幕式	编辑部	辅导员	公安部
工程兵	飞行员	复印机	党代表	驾驶员	技术员	继承人
纺织厂	打电话	房地产	当事人	附加费	哈尔滨	风景区
福建省	服务部	服务员	计划内	计划外	归功于	故事片

3. 四字词组

五笔字型	奥林匹克	澳大利亚	报告文学	本报记者
闭路电视	读者来信	兢兢业业	经济基础	上层建筑
丰富多彩	共产党员	无产阶级	总参谋部	资本主义

4. 多字词组

民主集中制	人大常委会	四个现代化	西藏自治区
广西壮族自治区	现代化建设	中央人民广播电台	坚持四项基本原则
新疆维吾尔自治区	全国人民代表大会		

四、中文录入（约800字）

自远古至史前，我们这个星球上出现了几个自成体系的人类文明策源地巴比伦、埃及、罗马和中国。其中范围之大、人口之多、成就之丰、延绵之久远者，首推中华文明。

我们似乎可以这样简略地解析她的历史成因和基本特点：

其一，中国位于欧亚大陆东部，地域广袤，两大河流横贯东西，中部平原辽阔，原始各部落人民较自然地趋于统一，虽偶有分割，但毕竟以和为主，且在社会、经济、文化上愈合愈广，愈合愈紧，逐渐形成了中华民族的和合特征，及以汉字为代表的、包含历史人文信息最为丰厚的汉语言文化；

其二，在中国大陆的四围，有着对于原始人类难以逾越的天然障碍东南海疆万里，西南高原深壑，西北沙漠戈壁，北临荒原冻土，使得在这里生息繁衍的人民专心耕织，不谋拓殖，更形成安平温顺、消纳异端之秉性；

其三，中国多数地区处于温带，四季分明，林木繁茂，物产丰富，使中国人最早发现并使用石油和煤炭，又早在公元前便发展了对后世影响很大采矿、冶炼术和炼丹术（被视为原始化学）及其他制造业，随之出现了若干重大科技发明；

其四，虽然中国有2万公里的海岸线，也有悠久的航海史和辉煌一时的造船业，但中国人民依然以大陆为本，以海内为家。这里的人们安守故土，勤奋劳作，宗族亲和，协调团结，谦和包容，进而在多个地域、各个层次上形成了作为整体民族的强大凝聚力。

应该说，以和合为核心的、博大精深的中华文化，在其源远流长的历史中，充满了辉煌与苦难、成就与挫折。这一切，不仅深刻地联系着每个华人的心，决定着他们的思想感情，而且影响着众多其他外国民族和异域文化的发展进程（公元7世纪日本的大化革新便是一个典型）。因此可以说，中华文化既是海内外中国各族人民的精神支柱和文化基础，也是历史、现代和未来人类共同的宝贵财富。中华文明蜿蜒奔腾了五千年，当她进入第六个千年之际，人们在回顾，在反思，在警醒。要让她更加繁荣，更加勃发，为这个越来越多元化的世界作出新的贡献，是我们每个华夏民族成员不可推卸的历史责任。

第 3 章　文字处理软件 Word 的应用

学习目的和要求　通过用 Word 编辑一本电子文档杂志的项目练习，掌握计算机的常用文档编辑技能。

Word 是美国微软公司开发的办公自动化软件（Microsoft Office）集合体中的组件之一，也是目前 Windows 平台上最流行的文字处理软件，具有操作方便、编辑排版功能齐全、"所见即所得"等一系列优点。

项目1　编辑一本"九州漫游"电子文档杂志

本项目精选了部分中国的世界遗产及名菜系资料，模拟一本杂志的格式，编辑一个电子文档，通过目录链接，可随意阅读电子杂志各栏目的内容。

1. 项目要求

（1）本杂志以"九州漫游"为名，内容包括：

1）封面：用艺术字作杂志名，彩色封面。

2）卷首语：单页文字内容格式。

3）目录：可以链接阅读各栏目。

4）栏目1：标题"精品游记"，一篇单页单篇游记，以文本格式编排为重点。

5）栏目2：标题"神州大地"，介绍部分中国的世界遗产资料，以小块文章加多图片混排格式编排为重点。

6）栏目3：标题"中国食文化"，介绍中国菜系，以插入表格为主，图、文、表混排格式编排为重点。

7）栏目4：标题"中华五千年"，选一篇多页长文章，以页面格式及脚、尾注等专业格式编排为重点。

（2）要求本杂志内容丰富，格式多样，可以发挥自己的创造性，对版面格式进行修改、调整。

（3）本杂志内容，在编辑制作时可按栏目分别存放在不同的文档中，最后应按以上顺序合并在一个文档中，或通过目录页统一链接各栏目文档。

（4）本杂志所有页面一律采用 A4 纸版面。

（5）杂志内容按全面、系统学习 Word 软件编辑功能设计，每个内容都包含新的技能操作，必须完成整个项目的所有任务才能达到本课程的学习要求。

2. 项目说明

本杂志中所需的文字、图片等素材在本书附带的光盘"项目实例"\"项目1"\"素材"文件夹中查找，也可以自己制作或从网上下载。

本项目的制作过程按 Word 软件的编辑功能模块划分成若干个单元，每个单元的制作内容分若干个任务完成。

每个单元结束,对本单元所使用的编辑功能做系统的概括、总结,巩固所学知识点和操作技能。

3.1 创建项目文档文件夹,输入文字资料

任务1 为保存项目中的所有文档文件建立一个项目文件夹

1. 任务要求

在指定盘建立一个新文件夹,取名"项目1",保存本项目所有文件备用。

2. 操作步骤

创建文件夹的具体步骤如下:

1)用鼠标左键双击"我的电脑"图标,打开"我的电脑"窗口。

2)选择存放文件夹的磁盘位置,单击"文件"菜单,选择"新建"→"文件夹"命令,或在窗口空白处单击鼠标右键,选择"新建"→"文件夹"命令,创建一个新文件夹。

3)输入"项目1"作为新文件夹的名字,回车。

任务2 建立"卷首语"页文档,输入文字资料

1. 任务要求

创建"卷首语"文档,输入文字资料,保存到"项目1"文件夹中。

2. 操作步骤

(1)启动 Word,系统自动打开一个 Word 文档。

(2)输入标题"卷首语",回车。

(3)将光盘中"项目实例"\"项目1"\"素材"文件中的"卷首语文字资料"复制到标题下,或自己选择一篇有关旅游的散文输入到标题下。

(4)以"卷首语"为文件名,保存到"项目1"文件夹中。

本节知识要点

1. Word 的启动、退出

(1)启动 单击"开始"按钮,在"程序"子菜单中单击 ![Microsoft Word] 启动 Word,Word 启动后,自动打开"文档1"新文档窗口。

(2)退出 单击 Word 主窗口右端的关闭按钮 ![X] 或单击"文件"菜单,选择"退出"命令。

2. Word 窗口

Word 窗口主要包括:标题栏、菜单栏、工具栏、标尺、状态栏等部分,如图 3-1 所示。

(1)标题栏 位于窗口最上端,显示 Word 的控制菜单图标、当前活动文档的文件名、软件名和右端3个按钮。

(2)菜单栏 位于标题栏下,共有9个菜单项,包括执行 Word 的所有操作命令。

(3)工具栏

第 3 章　文字处理软件 Word 的应用

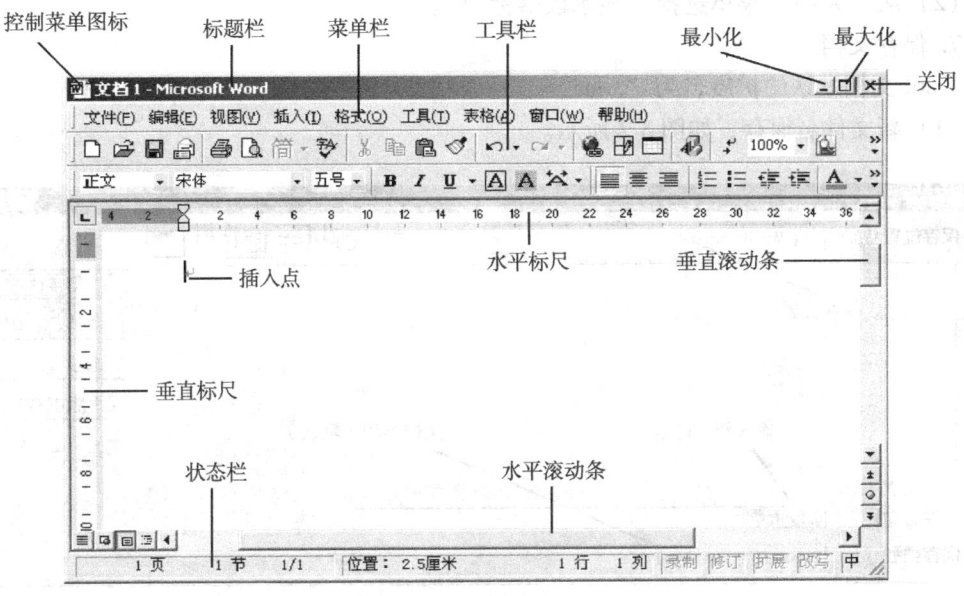

图 3-1　Word 的窗口组成

- 通常系统自动打开"常用"和"格式"工具栏。
- 通过选择"视图"菜单的"工具栏"命令，从下拉菜单中选择打开相应的工具栏项。
- 将鼠标移到工具栏最左端"｜"处，按下左键可以拖到工具栏。
- 单击工具栏中按钮右侧的"▼"，可以展开其他工具按钮。

（4）标尺　标尺包括水平标尺和垂直标尺。

使用水平标尺可以设置首行和段落缩进、制表位，调节文本的左右边距；使用垂直标尺可以调节文本的上、下边距；单击"视图"菜单中的"标尺"命令，可以选择标尺的显示或隐藏。

（5）状态栏　位于窗口的底部，显示当前光标所在的页、节、行、列等信息。

3. Word 文档窗口的关闭

单击 Word 窗口菜单栏右端的关闭按钮或单击"文件"菜单，选择"关闭"命令，都可以将 Word 文档窗口关闭。

4. 创建文档

（1）Word 启动后，自动打开"文档 1"新文档。

（2）单击"常用"工具栏的 按钮，创建一个新的空白文档。

（3）单击"文件"菜单，选择"新建"命令，打开"新建"对话框，使用模板建立新文档。

5. 输入文字

在光标位置插入字符，满一行自动换行，按 Enter 键，重起一个自然段。

6. 显示/隐藏段落标记。

（1）从"常用"工具栏按钮切换选择。

41

(2) 从"视图"菜单选择"显示段落标记"。

7. 保存文档

Word 文档默认的扩展名为".doc"。

(1) 新文件名保存，如图3-2所示。

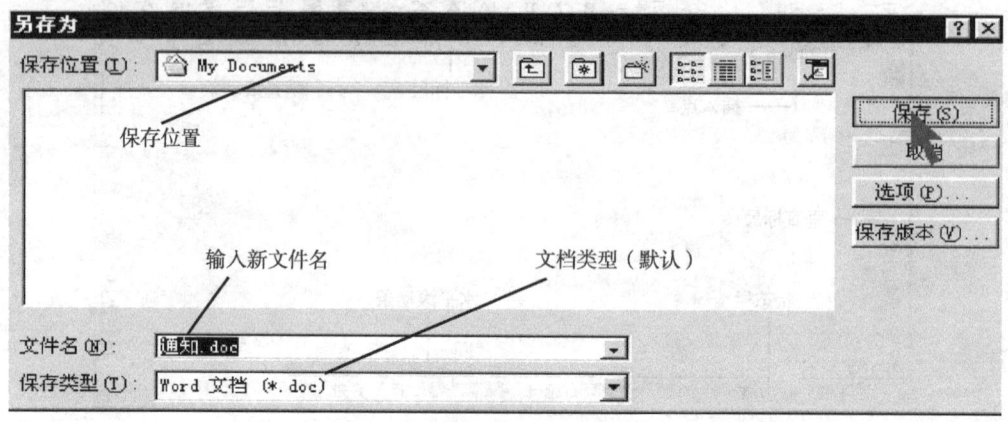

图3-2 保存文档

1) 单击工具栏 ![] 按钮。
2) 单击"文件"菜单，选择"保存"命令。

在打开的对话框中，选择保存位置、文档类型、输入新文档名，单击"保存"按钮。

(2) 已经命名的文档保存

1) 单击工具栏 ![] 按钮，自动保存到原位置。
2) 单击"文件"菜单，选择"另存为"命令，将内容保存为另一个文件。

3.2 文档格式设置和页面的编排

任务3 "卷首语"页文档编排

1. 任务要求

(1) 第1行插入符号修饰标记，格式为：红色、初号、加粗、居中、加粗蓝色下划线、字间距加宽10磅。

(2) 标题"卷首语"文字格式：仿宋体、初号、加粗、蓝色、居中、字间距加宽5磅，段前1行。

(3) 文章标题格式：黑体、四号、加粗、黑色、居中；段前、后各0.5行（或6磅）。

(4) 文章作者格式：宋体、五号，左起30厘米处开始。

(5) 正文文字：与作者名空一行，宋体、五号，首行缩进2个字符，分2栏。

(6) 每个自然段前加项目符号。

(7) 本页加入页面边框，任选一种"艺术型"；以文字页边距为宽度依据。

(8) 参照"项目1样文"所示，给个别字加拼音。

2. 操作步骤

（1）打开"卷首语"文档。

（2）在"卷首语"标题前插入一空行，参照"卷首语样文"插入修饰符号。

1）单击"插入"菜单，选择"符号"命令，打开"符号"对话框，选择如"卷首语样文"中所示的符号，单击"插入"。

2）选中插入文档中的修饰符号，单击"格式"菜单，选择"字体"命令，打开"字体"对话框，设置符号格式。

（3）选择"卷首语"，单击"格式"菜单，选择"字体"命令，按要求设置文字格式；单击"格式"菜单，选择"段落"命令，打开"段落"对话框，调整段前距离。

（4）选择文章标题行，按要求设置格式，操作同（3）。

（5）将鼠标放在作者名前，在横标尺 30 厘米处单击左键，设定"制表位"，单击 Tab 键，将作者姓名移到指定位置，文字格式设置同上。

（6）选择正文全文

1）单击"格式"菜单，选择"段落"命令，打开"段落"对话框，在"特殊格式"选项中选择"首行缩进"，度量值设为"2字符"。

2）单击"格式"菜单，选择"项目符号和编号"命令，打开"项目符号和编号"对话框，选择一种"项目符号"。

3）单击"项目符号和编号"中的"自定义"按钮，在对话框中的"项目符号位置"中选择 0.8 厘米，"文字位置"中选择"0 厘米"。

4）单击"格式"菜单，选择"分栏"命令，打开"分栏"对话框，选择"两栏"。

（7）添加页面边框

1）单击"格式"菜单，选择"边框和底纹"命令，打开"边框和底纹"对话框；选择"页面边框"项；在"设置"栏，选择"方框"；在"艺术型"栏，选择一种边框形状，宽度默认；在"应用范围"栏，选择"本节-只有首页"。

2）单击"选项…"按钮，打开"选项"对话框，在"度量依据"中，选择"文字"。

（8）选择文章中的一个词，如"蒙恬"，单击"格式"菜单，选择"中文版式"中的"拼音指南"命令，打开"拼音指南"对话框，如图 3-3 所示，Word 自动给这两个字添加

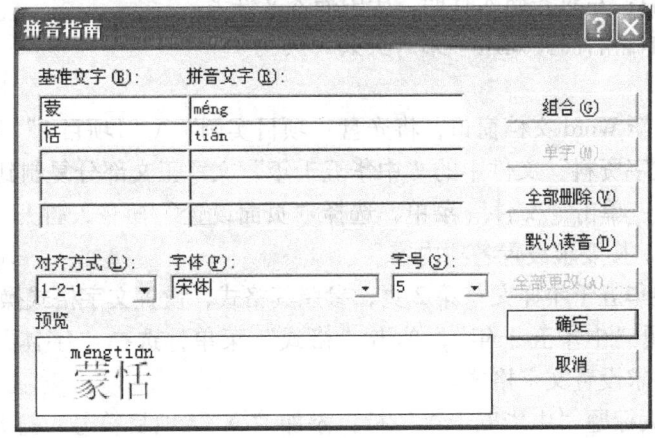

图 3-3　拼音指南

了拼音,单击"确定"按钮。其他文字加拼音,方法同上。

(9)保存文档,完成本文档的编排。

任务4 "中华五千年"栏目文档的编排

1. 任务要求

(1)该项目所使用的文字素材在光盘"项目实例"\"项目1"\"素材"文件夹的"中华五千年文字资料"文件中。

(2)页面设置为A4纸,纵向、上下左右页边距设置均为2厘米,页眉、页脚距边界均1厘米。

(3)参照"中华五千年"样文第2页后的格式对文档进行编排,要求如下:

1)文章标题:隶书、二号、左对齐、褐色、加"●"项目符号。

2)全篇正文首行缩进2个字符。

3)将标题"一…"、"二…"、"三…"下的3部分文字分别放在3页纸上。

4)标题"一…"、"二…"、"三…"标题行的文字为:楷体、四号、加粗、橘黄色、字间距加宽1.5磅,用"灰色-10%"的底纹加以修饰。

5)对标题"一、"段中的文字,使用"项目符号和编号"对相应的段落进行标识,最后一个自然段设置"段落"边框、底纹,文字红色加粗。

6)标题"二"段中的文字,每行用"行号"标识。

7)标题"三"段中的文字,每个自然段设"段前0.5行"间距,正文第一自然段"首字下沉"。

(4)在大标题"中华五千年"后加尾注,尾注文字从"中华五千年文字资料"文件中复制,字号为"小五"。

(5)为"二、中国历史"小标题下的"元谋猿人"加脚注,脚注文字从"中华五千年文字资料"文件中复制,小五号字、蓝色。

(6)设置页眉页脚,要求如下:

1)在本文档前加一页空白页,预留添加彩色栏目首页内容。

2)首页不设页眉页脚,奇偶页页眉不同,页脚的居中位置加入页码。

3)偶数页页眉:左对齐插入日期,居中插入文件名。

4)奇数页页眉:右对齐插入"第×页共×页"。

2. 操作步骤

(1)打开一个新Word文档窗口,将光盘"项目实例"\"项目1"\"素材"文件夹的"中华五千年文字资料"文件中的"中华五千年"文章正文部分复制到新文件中。

(2)页面设置 单击"文件"菜单,选择"页面设置"命令,打开"页面设置"对话框,如图3-4所示,按要求设置各项内容。

(3)打开"中华五千年样文"第2页,参照其格式,设置文字格式操作如下:

1)选择大标题"中华五千年",单击"格式"菜单,选择"字体"命令,打开"字体"对话框,按要求设置文字格式。

2)光标放在大标题"中华五千年"行,添加"●"项目符号:打开"项目符号和编号"对话框,选中"●"符号项,单击"自定义"按钮,打开"自定义项目符号列表"对

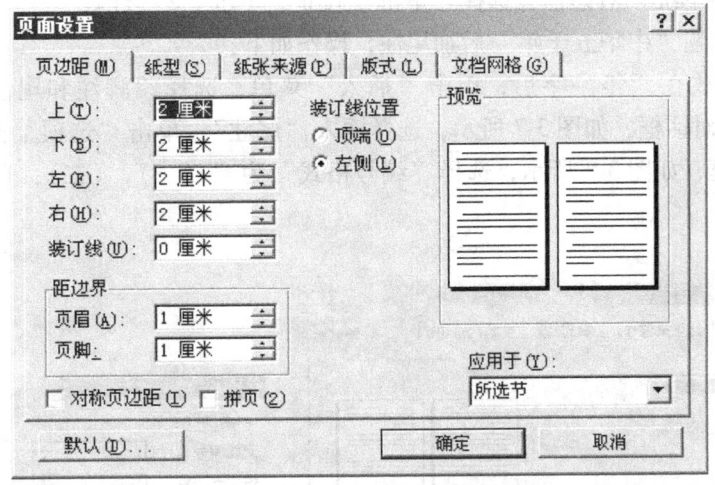

图 3-4　页面设置

话框，单击"字体"按钮，设置符号颜色，单击"确定"按钮，返回"项目符号和编号"对话框，单击"确定"按钮。

3）选择全篇文章，设置"首行缩进"2 个字符。

4）选择"一、中国和中华民族"小标题，按要求设置字体、字号、字的颜色，操作如下：

① 单击"格式"菜单，选择"字体"命令，打开"字体"对话框，选择"字符间距"选项，在"间距"的下拉菜单中选择"加宽"，磅值设定为"1.5 磅"，单击"确定"，关闭对话框。

② 再单击"格式"菜单，选择"边框和底纹"命令，打开"边框和底纹"对话框，选择"底纹"选项，"填充色"选择"灰色 –10%"，"图案"下的"样式"选择"10%"，"颜色"选择"自动"，"应用范围"选择"文字"，单击"确定"，关闭对话框。

5）将"二、"、"三、"标题及其以下内容分别放在另一页。

6）选中文字"一、中国和中华民族"，点击工具栏上的格式刷按钮 ，用"格式刷"对标题"二、"、"三、"行复制标题"一"行的格式。

7）参照样文设置标题"一、"下的 1、2、3 部分中的"项目符号和编号"。

8）设置第 2 页"二、中国历史"各段的行号，操作如下：

① 将光标放在上一页文字最后的下一行，单击"插入"菜单，选择"分隔符"命令，打开"分隔符"对话框，选择"分节符类型"为"下一页"，在本页文字后插入一个分节符。

② 将光标移到第 2 页"二、中国历史"段的文字最后，按以上步骤，选择"分节符类型"为"连续"，插入一个分节符。

③ 光标放在"二、中国历史"段任意位置，单击"文件"菜单，选择"页面设置"命令，打开"页面设置"对话框，在"应用于"栏选择"本节"，如图 3-5 所示，单击"行号"按钮，打开"行号"对话框，如图 3-6 所示，选择"添加行号"项，单击"确定"，这样，在本页的每一行前加入了行号。

9）选择第 3 页"三、中国地理"标题下的所有文字，设置每个自然段，"段前 0.5 行"间距，方法同前；鼠标放在正文第一自然段中，单击"格式"菜单，选择"首字下沉"命令，打开"首字下沉"对话框，选择"下沉"位置，下沉"2"行。

（4）在大标题"中华五千年"后加尾注，操作如下：

1）将光标放在"年"字后，单击"插入"菜单，选择"脚注和尾注"命令，打开"脚注和尾注"对话框，如图3-7所示，选择插入"尾注"，单击"选项"按钮，打开"注释选项"对话框，如图3-8所示，选择"编号格式"为"（一），（二），（三）…"，单击"确定"。

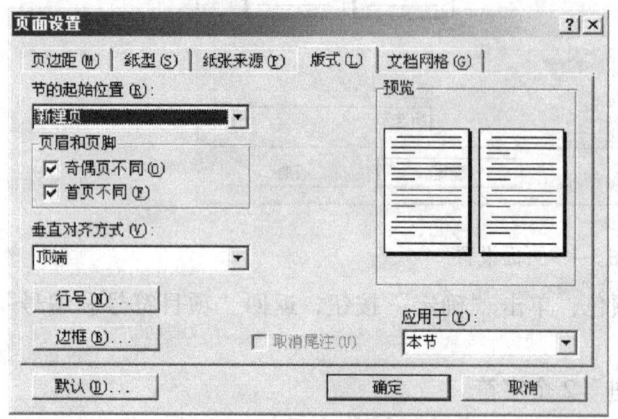

图3-5 页面设置

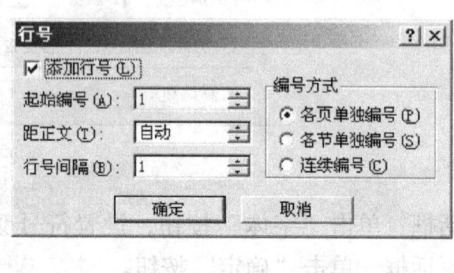

图3-6 行号

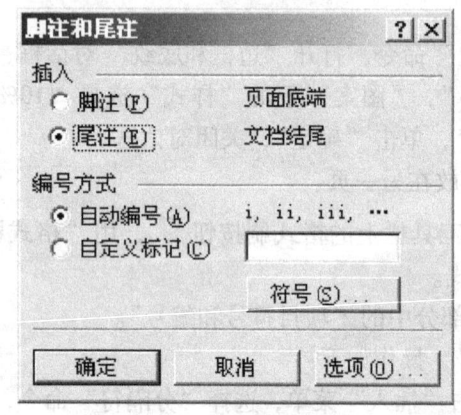

图3-7 脚注和尾注

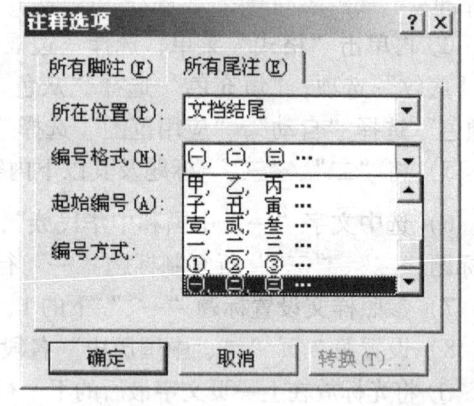

图3-8 注释选项

2）"年"字后添加了一个"（一）"上标符号，文章的最后加了一条横线，下面显示一个"（一）"，光标在其后；从"中华五千年文字资料"文件中复制尾注的说明文字，选择插入的尾注说明，将字号改为"小五"号。

（5）为"二、中国历史"小标题下的"元谋猿人"加脚注：在"脚注和尾注"对话框中选择插入"脚注"，选择"编号格式"为"1"，脚注字号为"小五"、"蓝色"，方法同上。

（6）给文档加页眉和页脚，操作如下：

1）光标放在第1页"中华五千年"标题前，单击"插入"菜单，选择"分隔符"命令，在对话框中选择"分节符类型"为"下一页"，在文章前插入一页空白页。

2）光标放在空白页，单击"视图"菜单，选择"页眉和页脚"命令，窗口变为页眉和页脚设置画面，Word 文档窗口中的正文将变成灰色，弹出"页眉和页脚"工具栏，单击工具栏上的"页面设置"按钮，打开"页面设置"对话框，在"版式"标签中，选择"奇偶页不同"、"首页不同"，"应用于"栏选择"整篇文档，如图 3-9 所示。

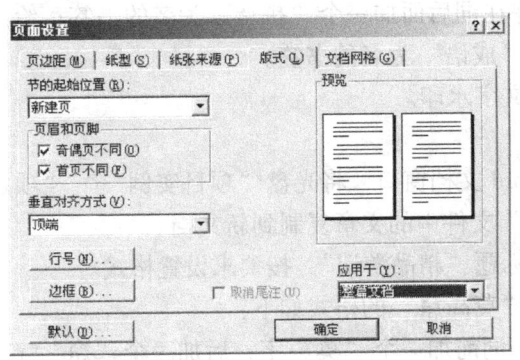

图 3-9　页面版式设置

3）首页不设页眉和页脚，单击"页眉和页脚工具栏"的"下一项"按钮，转到第二页偶数页。

4）在"偶数页页眉"中间位置插入"文件名"和日期：单击"页眉和页脚工具栏"的"插入'自动图文集'"按钮，打开下拉菜单，选择"文件名"或"Filename"；将光标定位在页眉行左端，单击"页眉和页脚工具栏"的"插入日期"按钮，在左端插入当前日期。

5）单击"页眉和页脚工具栏"的"在页眉和页脚间切换"按钮，转到偶数页页脚，在页脚行中间用"页眉和页脚工具栏"的"插入页码"按钮插入页码。

6）再单击"页眉和页脚工具栏"的"在页眉和页脚间切换"按钮，回到偶数页页眉，单击"页眉和页脚工具栏"的"下一项"按钮，转到奇数页页眉，按要求设置页眉、页脚，方法同上。

(7) 以"中华五千年"为文件名，保存到"项目1"文件夹中。

任务5　"精品游记"栏目文档的编排

1. 任务要求

(1) 使用光盘"项目实例"\"项目1"\"素材"文件夹的"精品游记文字资料"文件中的文字素材。

(2) 在文章标题前，插入一行栏目标题"精品游记"：华文中宋、初号加粗、红色、阴影字体、居中。

(3) 参照"精品游记样文"，巧用"中文版式"的"纵横混排"功能，设置文章标题"莫高窟"的格式。

(4) 作者姓名：四号、宋体、居中。

(5) 全篇文章首行缩进 2 个字符、宋体、小四号字。

(6) 第 1 自然段第 1 个字格式为"带圈字符";第 1 句话和最后"它究竟…。"句的文字设字间距,加宽 1 磅;中间的文字格式为"双行合一"。

(7) 第 2 自然段分 3 栏,加分隔线。

(8) 第 3 自然段,开头"莫高窟"三个字:粉色、阴文、加"文字效果";为"莫高窟"三个字加"批注"(俗称千佛洞,位于甘肃省河西走廊西端,敦煌市东南 25 公里);给"踉踉跄跄"加拼音,并在词后面加一个"拼音"为名的书签;给"汩汩有声"加"着重"号,并在词后面加一个"成语"为名的书签。

(9) 在页面中添加文字水印。

2. 操作步骤

(1) 打开一个新 Word 文档窗口,将光盘"项目实例"\"项目 1"\"素材"文件夹的"精品游记文字资料"文件中的文章复制到新文档。

(2) 插入一行栏目标题"精品游记",按要求设置格式。

(3) 设置文章标题"莫高窟"的格式如下:

1) 在"莫高窟"一词前加一个"莫"字,后加一个"窟"字。

2) 选择这 5 个字,设置格式:华文新魏、二号、红色、加粗,文字加双线、0.5 磅边框、灰色 –10% 的底纹。

3) 选择中间的"莫高窟"3 个字,从"中文版式"中选择"纵横混排",去掉"适应行宽"的选择,如图 3-10 所示,单击"确定"按钮。

4) 设置该行"首行缩进"2 个字符。

(4) 选择全篇正文设置:首行缩进 2 个字符,宋体、小四号字。

(5) 设置第 1 自然段的文字格式如下:

1) 选择"我"字,从"中文版式"中选择"带圈字符"命令,打开对话框,选择"增大圈号"的"样式"。

2) 选择第 1 句话,打开"字体"对话框,设"字符间距"为"加宽 1 磅"。用"格式刷"将"它究竟…。"句的文字设置同样的格式。

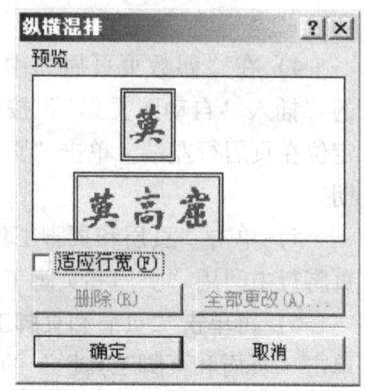

图 3-10　纵横混排

3) 选择中间的其余文字,从"中文版式"中选择"双行合一"格式。

(6) 设置第 2 自然段的文字格式:分 3 栏,加分隔线,方法同前。

(7) 设置第 3 自然段的文字格式如下:

1) 选择开头"莫高窟"三个字,按要求设置文字格式。

单击"插入"菜单,选择"批注"命令,文字自动添加了黄色底纹,窗口下方显示"批注"栏,输入"俗称千佛洞,位于甘肃省河西走廊西端,敦煌市东南 25 公里",单击"关闭"按钮,光标指向这 3 个字时,会显示出批注的文字。

2) 选择"踉踉跄跄"加拼音;光标放在词后面,单击"插入"菜单,选择"书签"命令,打开书签对话框,给"汩汩有声"加"着重"号,并加"成语"为名的书签。

(8) 在文档中添加文字水印,操作如下:

1) 将鼠标放在文档任意位置,单击"格式"菜单下的"背景"命令,选择"水印"

选项,弹出"水印"设置对话框,在"文本"框中输入"游记",如图 3-11 所示。

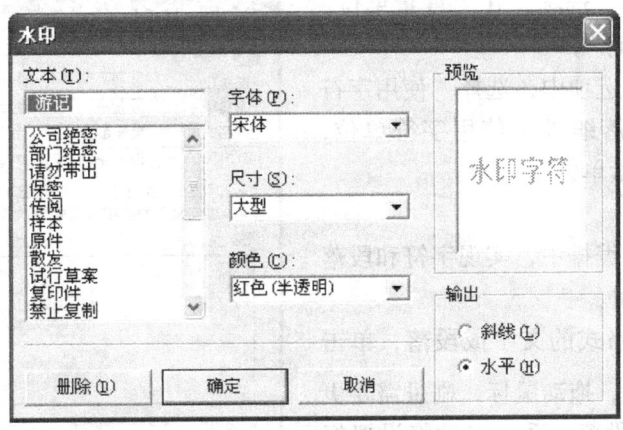

图 3-11 水印设置效果

2)设置输入文字的"字体"、"尺寸"、"颜色"和"输出"方式,单击"确定"。

(9)以"精品游记"为文件名,保存到"项目 1"文件夹中。

本节知识要点

1. 视图模式

Word 文档共有 4 种视图选择模式,最常用的是页面视图模式。

(1)普通　显示文本格式设置和简化页面的视图,便于进行大多数编辑和格式处理。

(2)版式　Web 版式视图显示文档在 Web 浏览器中的外观。

(3)页面　文档或其他对象的一种视图,与打印效果一样。

(4)大纲　用缩进文档标题的形式代表标题在文档结构中的级别,也可以使用大纲视图处理主控文档。用户可以只查看标题,也可以展开文本查看。

2. 文字格式编辑

在 Word 中,中文默认字体为"宋体",英文默认字体为"Times New Roman"。要改变文字格式,方法如下:

(1)用工具栏改变字体。

(2)单击"格式"菜单,选择"字体"命令,打开"字体"对话框,改变字体,设置"字体效果",如图 3-12 所示。

3. 段落格式编辑

(1)单击"格式"菜单,选择"段落"命令,打开"段落"对话框,设置段落格式,如图 3-13 所示。

(2)"段落"对话框中"间距"和"度量值"单位的设定如下:

1)单击"工具"菜单,选择"选项"命

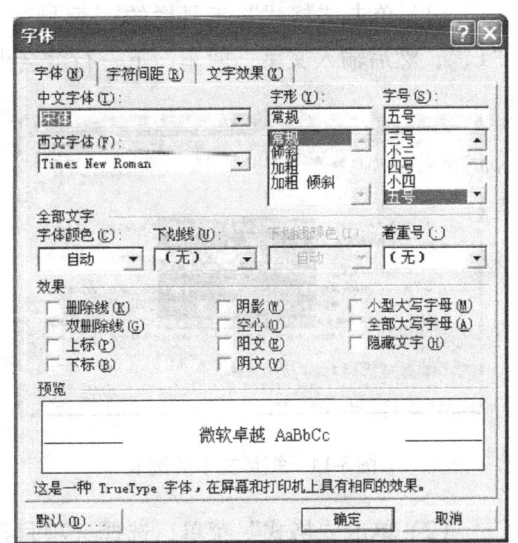

图 3-12　"字体"对话框

令，打开"选项"对话框。

2) 单击"常规"选项，在"度量单位"选择"厘米"或"磅"。

3) 在"常规"选项中，选择"使用字符单位"项，则在段落缩进中使用字符单位，不选择则使用"度量单位"。

4. 格式刷

在 Word 的格式编排中，实现字符和段落格式之间的快速复制。

选择已设置好格式的文字或段落，单击格式刷工具 按钮，拖动鼠标，刷过需要更改格式的文字或者段落，系统自动将设置好的格式套用到目标文字段上。

双击"格式刷"按钮，可以在多处复制相同的格式。

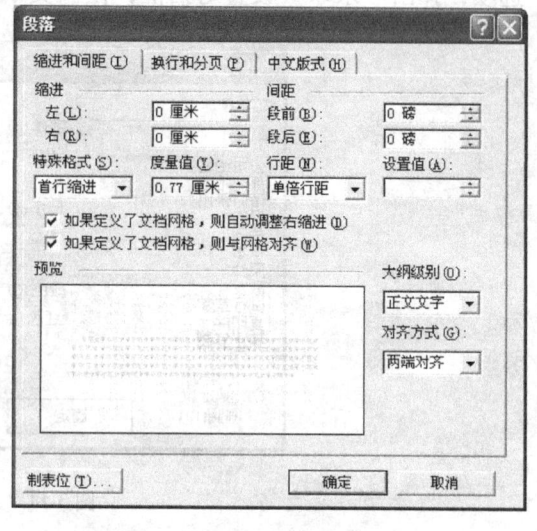

图 3-13　"段落"对话框

5. 文档中文本的选取

在 Word 中选取文本时，除了按住鼠标左键进行拖动选取之外，还可以通过以下方法快速选取：

(1) 将鼠标移动到文档左边的编辑区，当鼠标变成" "时：单击鼠标左键，则鼠标指针所在位置右边对应的一行被取中；双击鼠标左键，则鼠标指针所在位置右边对应的一段被取中；三击鼠标左键，则整篇文本被选中，相当于"编辑"菜单下的"全选"命令。

(2) 按住鼠标左键进行拖动选取的同时，如果按下键盘上的 Alt 键，则可以进行矩形文本的选取，如图 3-14 所示。

6. 项目符号和编号

(1) 单击"格式"工具栏的"编号"或"项目符号"，设置系统默认值，如：当输入"1、"，然后输入文字，回车，下一行就会出现一个"2、"，如图 3-15 所示。

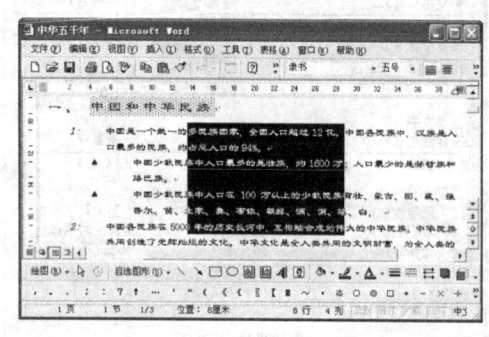

图 3-14　矩形文本的选取

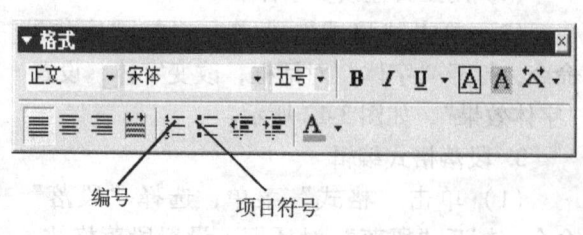

图 3-15　项目符号和编号按钮

(2) 单击"格式"菜单，选择"项目符号和编号"命令，打开"项目符号和编号"对话框，选择"项目符号和编号"的样式，如图 3-16 所示。

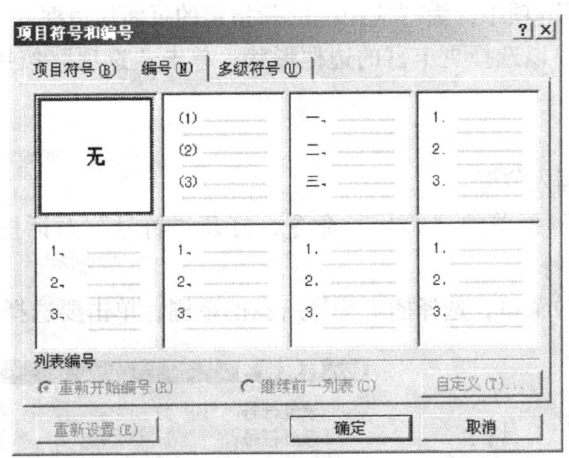

图 3-16 "项目符号和编号"对话框

（3）取消自动编号：把光标定位到项目符号的后面，按 Backspace 键，或单击"格式"工具栏的"编号"或"项目符号"，取消项目符号和编号。

7. 边框和底纹

可以为文本、段落、表格添加边框，填充底纹背景。

（1）给选定文字快速加边框和底纹：单击工具栏"字符边框"、"底纹"按钮。

（2）单击"格式"菜单，选择"边框和底纹"命令，打开"边框和底纹"对话框，如图 3-17 所示，给文字加边框和底纹需要先选定文字。

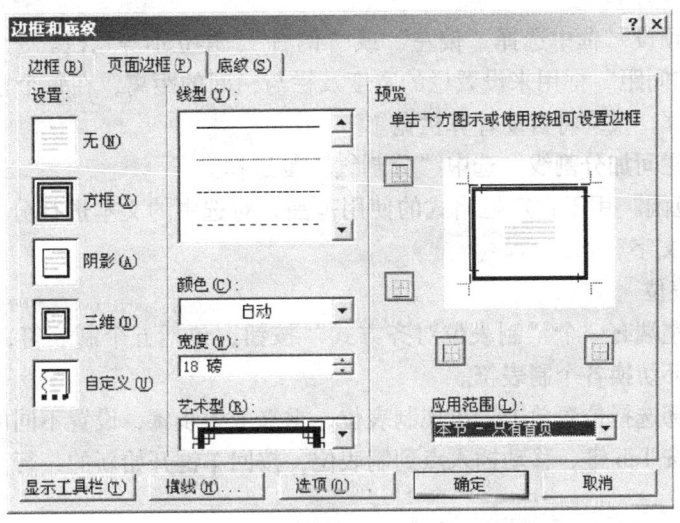

图 3-17 "边框和底纹"对话框

1）在"边框"选项中，为指定"应用范围"的内容加边框。

2）在"设置"框中选择边框格式，确定"线型"、"颜色"、"宽度"，在"预览"栏中的边框线按钮选择边框线的位置。

3）在"底纹"选项中，为"应用范围"指定的内容填充颜色。

4）在"页面边框"项中，为"应用范围"指定的页面加边框。

从"艺术型"栏可以选择更丰富的边框形状；单击"选项"按钮，可以确定页面边框的位置。

8. 插入符号

（1）将光标移到插入位置。

（2）选择"插入"菜单的"符号"命令，打开"符号"对话框，对话框中有两个选项："符号"和"特殊符号"。

（3）单击子集下拉菜单，选择插入符号所在的范围；单击要选择的符号，该符号放大；再单击"插入"按钮。

9. 插入特殊符号

（1）打开"符号"工具栏。

（2）打开"插入"菜单，单击"插入特殊符号"命令，打开对话框，对话框中有六个选项卡，分别列出了六类不同的特殊符号，如图3-18 所示。

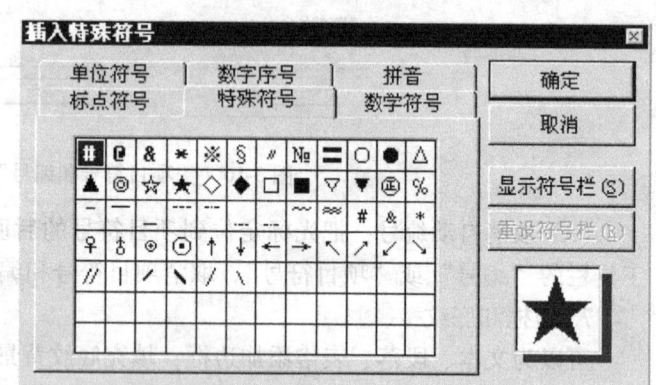

图 3-18 插入特殊符号

10. 分栏

分栏是将某页、某部分或全文的文字分成等宽或不等宽的多栏显示，只有在"页面"或"打印预览"视图下才能显示多栏版式。

（1）栏数最多为 11 栏。

（2）可从"预设"框中选择"偏左"或"偏右"，建立不等宽栏。

（3）"栏宽和间距"框用来设置栏的宽度及栏与栏间的距离，在每个栏中输入不同的数值，选中该复选框，系统将自动计算栏宽。

（4）如果在栏间加分割线，选中"分割线"复选框。

（5）"应用范围"用于指定栏格式的使用范围，对选中的文本进行分栏处理，"应用范围"选择"所选文字"。

11. 设置制表位

在水平标尺左端有一个"制表位对齐方式"按钮，包括五个制表符，只要用鼠标单击该按钮，就可循环切换各个制表符。

在标尺下半部选择位置单击，出现制表位，重复上述步骤，设置不同的制表位。

输入内容，按 Tab 键，移动插入点到制表位，按回车键开始新的一行，并继续沿用上一段的制表位。

清除某个制表位，用鼠标指向制表位，按下左键拖到标尺外。

12. 首字下沉

将一个自然段的第一个字设置为下沉格式。

鼠标置于该自然段任意位置，单击"格式"菜单，选择"首字下沉"命令，打开对话框，选择下沉格式、下沉行数。

13. 页面设置

页面设置主要是设置页面的页边距、纸型、版式等，页面设置的效果只有在页面视图下才能反映出来。

（1）打开"页面设置"对话框的方法：

1）单击"文件"菜单，选择"页面设置"命令。

2）双击标尺中的灰色区域。

（2）"页边距"的设置　在"页面设置"对话框的"页边距"选项卡中，可以设置文本距纸边上、下、左、右的距离，页眉、页脚至页边界的距离，以及装订距离、位置的设置等。

（3）"纸型"的设置　即页面的纸张大小，它与连接打印机的设置有关。在"纸型"选项卡中可以通过纸型下拉菜单选择对应规格纸张的高度和宽度。如果在列表中选择"自定义大小"，就可以设置实际用纸的高度和宽度，同时可选择纸张的方向为"横向"或"纵向"。

（4）"版式"的设置　在"版式"选项卡中，可以按需要设置文档每节不同的首页，或设置文档奇偶页不同的页眉、页脚。如果要对文档的每行文字设置行号，可单击"行号"按钮，在打开的"行号"对话框中，激活"添加行号"项进行设置。

（5）"字符数和行数"的设置　在"文档网格"选项卡中，可以设置每页中的行数和每行中的字符数，这与纸张大小的设置有关。

14. 页眉页脚

页眉页脚是每个页面页边距的顶部和底部的区域，可以插入文本或图形，除了在整个文档中使用同样的页眉和页脚外，还可以在文档的奇数页和偶数页添加不同的页眉和页脚。

单击"视图"菜单，选择"页眉和页脚"命令，打开"页眉和页脚"编辑窗口，并打开"页眉和页脚"工具栏，如图 3-19 所示。

图 3-19　"页眉和页脚"工具栏

（1）"页眉和页脚"工具栏包括了 12 个按钮，这些按钮的名称和功能见表 3-1。

表 3-1　"页眉页脚"工具栏按钮功能简介

按　　钮	功　能　介　绍
插入自动图文集	在页眉或页脚区插入自动图文集
插入页码	插入可以在添加或删除页时自动更新的页码
插入页数	插入总的页码数
设置页码格式	设置页码格式
插入日期	插入自动更新的日期域，以便打开或打印文档时显示当前日期
插入时间	插入自动更新的时间域，以便打开或打印文档时显示当前时间
页面设置	切换到"页面设置"对话框，以便设置页面
显示/隐藏文档文字	在建立页眉/页脚时，显示或隐藏文档文字

(续)

按　钮	功　能　介　绍
同前	控制本节的页眉或页脚是否与上一节相同
在页眉和页脚间切换	在页眉区和页脚区切换插入点
显示前一项	将插入点移到上一个页眉和页脚处
显示下一项	将插入点移到下一个页眉和页脚处
关闭	关闭页眉/页脚编辑窗口

(2) 在"页眉和页脚"工具栏的"插入自动图文集"中,如果插入点的字体是西文字体,则"插入自动图文集"的下拉列表框显示的是英文;如果字体是中文显示,则"插入自动图文集"中下拉列表框显示的是中文。

显示的方式可以通过"格式"工具栏上的"字体"来变换中/英文的表示方法。

由于在页面视图或普通视图中难以看清页眉和页脚,一般通过"打印预览"方式来通篇预览。

15. 中文版式

Word 2000 版本增加了一种"中文版式"格式,其中包括:"拼音指南"、"带圈字符"、"纵横混排"、"合并字符"、"双行合一"五个功能。

(1) 拼音指南　Word 自动给选中的字添加拼音。

(2) 带圈(包围)字符　可以给选中的字添加多种"圈号",做文字修饰,共有 3 种"样式"、4 种"圈号"。

如果要去掉圈,可以选中这个字,打开"带圈字符"对话框,在"样式"中选择"无",单击"确定"按钮,圈就没有了。

(3) 纵横混排　"纵横混排"实际是把选定的文字向左旋转了 90 度,如图 3-20 所示。未采用"适应行宽"的格式是保持了原字的大小,采用"适应行宽"的格式则压缩了字体的大小。

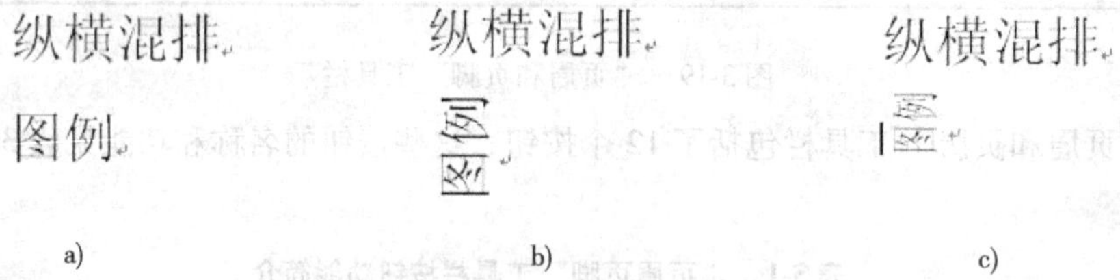

图 3-20　纵横混排

a) 原文　b) 未采用"适应行宽"　c) 采用"适应行宽"

执行该命令可以改变选择文字的显示方向,巧用这个功能,可以得到独特的效果。

(4) 合并字符　可以把几个文字、字符集中到一个字符或一个扩大的字符位置上。

可以选择已有的文字,也可以在打开的"合并字符"对话框中输入要合并显示的文字,如图 3-21 所示。

同样如果不想合并了,把光标定位在这里,打开"合并字符"对话框,单击"删除"按钮,合并字符效果就消失了。

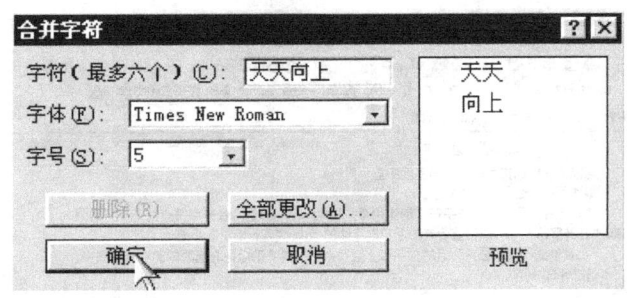

图 3-21　合并字符

（5）双行合一　可以将选中的文字在一行的高度中显示两行。

取消"双行合一"方法同上。

"双行合一"与"合并字符"的作用有些相似，不同的是，合并字符有六个字符的限制，"合并字符"时可以设置合并的字符的字体大小，"双行合一"没有。

如果要给"双行合一"后的文字带上括号，可以将"带括号"选项前的复选框选中。

16. 水印

水印是打印显示在文档后面的任何文字或图形。

打开"格式"菜单的"背景"命令，单击"水印"命令，打开"水印"对话框，可以设置文字水印。

通过文本框和图片功能还可以设置图片水印，适合于制作各种证书的应用，具体方法见"任务 6"的操作。

17. 脚注和尾注

脚注和尾注是 Word 2000 提供给用户的一种注释文字的工具，可用做书中某页上的个别词语在本页尾部集中给出进一步的解释，或用户撰写的论文在文章最后集中列出参考文献等。

脚注和尾注包含注释标记和注释文本两部分，注释标记位于文档中需要被注释的文本处，注释文本一般位于页面的底部或章节、整篇文档的末尾。人们习惯于把脚注的注释文本放在页面底部，而把尾注的注释文本放在章节、整篇文档的末尾。同时 Word 的自动编号功能方便了对脚注和尾注的管理。

插入脚注和尾注的操作步骤如下：

（1）将插入点定位在要插入脚注和尾注标记的文本位置。

（2）单击"插入"菜单，选择"脚注和尾注"命令。

（3）在随后弹出的对话框中，选择插入脚注或尾注、编号或自定义标记方式等。

（4）可以选择"选项"按钮，设置脚注或尾注的"位置"、"格式"、"编号"方式等属性。

（5）单击"确定"后，文本处出现标记符号，同时在页面底部或章节、文尾打开"脚注和尾注注释文本"窗口，用户可以在此输入注释的内容。

18. 批注

（1）将光标放在需要插入批注的位置，单击"插入"菜单，选择"批注"命令，则在 Word 下方出现"批注"对话框，如图 3-22 所示。

（2）"批注"由两部分内容组成，前半部分是批注标记，表示审阅者的姓名缩写和编号，后半部分是批注内容，其中批注标记以黄色背景出现在文档窗口，每选择一次批注文

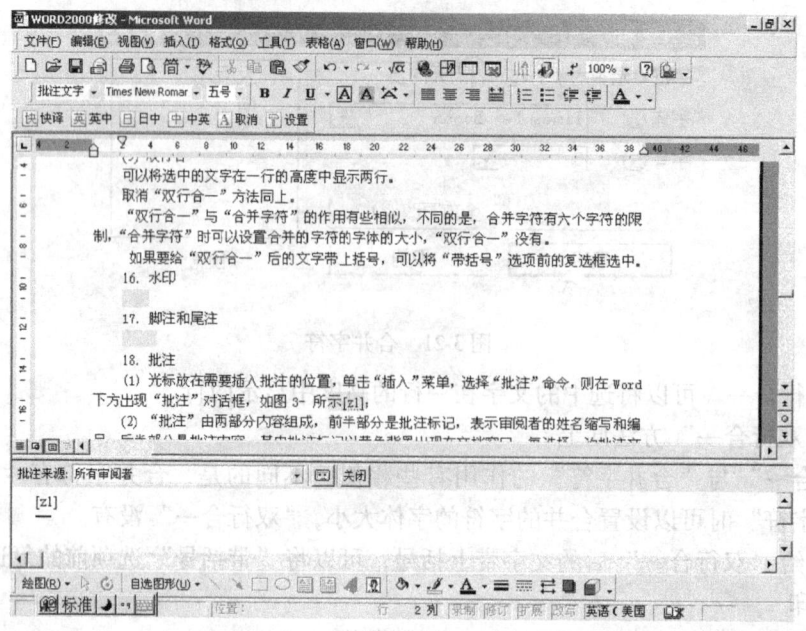

图 3-22 "批注"对话框

本,批注标记的编号将依次递增。

(3)"批注"内审阅者的姓名来自 Word 2000 的用户信息,需要修改时,可以通过选择"工具"菜单中的"选项"命令,在打开的对话框内选择"用户信息"选项,在"缩写"文本框内输入审阅者缩写内容。

19. 书签

在较长的 Word 文档中,如果想要经常浏览某一段文档或进行编辑,可以为这部分文档内容加上书签,这样访问时就很方便快捷了。方法如下:

(1)选择那部分文档的开头或全部。
(2)选择"插入"菜单下的"书签"命令。
(3)在书签对话框中填上书签名。
(4)单击"添加"完成标签制作。

当你需要用到标签的时候,用同样的方法打开"书签"对话框,然后在你的书签名上双击,就直接进入你想去的地方了。也可以按"F5"键进入"查找和替换"对话框,选择"定位",在"定位目标"处选择"书签",然后在"请输入书签名"处选择书签名,单击"定位"即可。

3.3 图文混排格式文档的编排

任务 6 在"精品游记"栏目文档中添加彩图

1. 任务要求

(1)在栏目标题位置添加一个彩色图标,参照"项目 1 样文"或自己设计。图标要求:

图片和自制图形混排组合，衬于文字下方。

(2) 在纵横混排的文章标题右侧插入一张图片，与标题同宽。

(3) 在文章的左下脚插入一张小图片，文字"四周环绕"。

(4) 在文章的最后一个自然段适当位置添加图片水印。

2. 操作步骤

(1) 打开"项目1"文件夹中的"精品游记"文档。

(2) 单击"视图"菜单，选择"工具栏"→"绘图"选项，或单击"常用"工具栏的"绘图"按钮，此时，"绘图"工具栏将出现在页面上。

(3) 单击"绘图"工具栏的"直线"按钮，按住键盘上的"Shift"键，在文档中画出一条直线，将"颜色"设置为"灰色-25%"。

(4) 复制一条相同的直线，调整两直线的位置和间距，对于位置的细微变化，可按住键盘上的"Ctrl+方向键"进行调整。按"样文"将两条直线调整到栏目标题适应位置。

(5) 下面我们用 Word 中的绘图工具绘制一个放大镜，操作如下：

1) 单击"绘图"工具栏上的"自选图形"按钮，选择"基本形状"中的"同心圆"，按住键盘上的"Shift"键，在两条直线之间的位置绘制出一个同心圆。

2) 选中该同心圆并点击鼠标右键，在"设置自选图形格式"中的"大小"选项卡中，将大小调整为"3厘米"。

3) 将鼠标放在内圆的黄色菱形控制点上，按住鼠标左键拖动，调整内圆大小到合适的位置。

4) 在"颜色和线条"选项卡中，将"线条颜色"设置为"无线条颜色"；在"填充颜色"选项卡中选择"填充效果"，如图 3-23 所示。

5) 在"过渡"选项卡中将"颜色"设定为"浅青绿"，"底纹样式"设置为"斜下"，单击"确定"按钮，关闭对话框，此时放大镜的镜面部分已经完成。

6) 选择"自选图形"下"基本图形"中的"矩形"，拖动鼠标，绘制出一个矩形，作为放大镜的手柄。

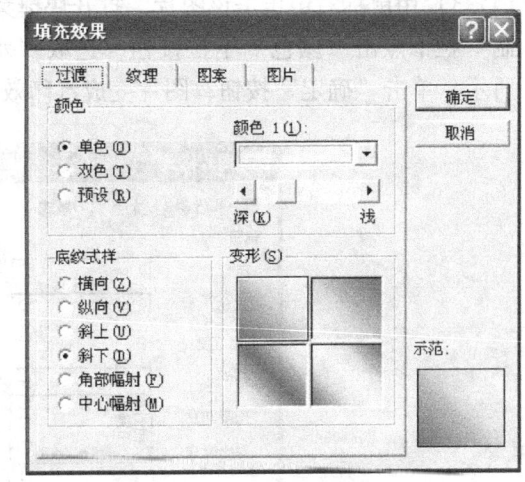

图3-23　"填充效果"对话框

7) 在"设置自选图形格式"中的"大小"选项卡中，将"高度"调整为"0.3厘米"，"宽度"调整为"2.4厘米"，"旋转"调整为"20°"。

8) 用"Ctrl+方向键"调整矩形的位置，与同心圆相配合，"颜色与线条"的设置方法与同心圆相同。

9) 按住"Shift"键，选中同心圆及矩形，点击鼠标右键，选择"组合"下的"组合"命令，将同心圆和矩形组合起来，完成放大镜的绘制。

(6) 单击"插入"菜单，选择"图片"→"来自文件"命令，选中素材库目录中的"游记栏目图片"，单击"插入"，将该图片插入到文档中。

（7）调整图片的大小，并放到合适的位置。

（8）按住 Shift 键，选中先前绘制的直线、放大镜及图片，将它们组合成一个整体。

（9）选中组合后的图形，单击鼠标右键，在"叠放层次"命令中，选择"衬于文字下方"。

（10）输入文档的标题"精品游记"，将其设置为华文中宋、初号、加粗、阴影，字体颜色设置为红色。

（11）单击"插入"菜单，选择"图片"→"来自文件"命令，从光盘"项目实例"\"项目1"\"素材"文件夹中选择一幅图片插入文档。

（12）按住鼠标左键拖动图片四周的控制点，可以改变图片的大小，将它调整到与左边的文字同高。

（13）在图片上单击鼠标右键，选择"设置图片格式"命令，在弹出的对话框中选择"版式"选项卡，将图片的环绕方式设置为"四周型"。

（14）用同样的方法，在文档的左下角插入一个图片。

（15）在文章中添加图片水印

1）在要加入图片水印的位置插入一个文本框，文字暂时被覆盖。

2）单击"插入"菜单，选择"图片"→"来自文件"命令，打开"插入图片"对话框，从光盘"项目实例"\"项目1"\"素材"文件夹中选择一幅图片插入到文本框中。

3）用鼠标右键单击该图片，打开快捷菜单，单击"设置图片格式"选项，在"图像控制"栏下点击"颜色"下拉按钮，选取"水印"项，调节"亮度"为"70%"，如图3-24所示，单击"确定"按钮，图片变成水印效果。

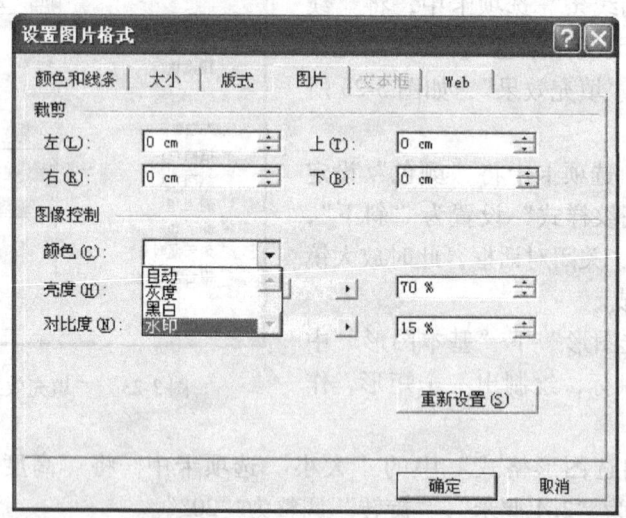

图 3-24 设置水印图片格式

4）选中文本框，单击右键，选中"叠放次序"为"衬于文字下方，被覆盖的文字重新浮现出来。

5）选中水印图片，利用"图片"工具栏的按钮可以调整图片的亮度、对比度等。

至此，栏目中的彩图添加完成。

任务 7 在"中华五千年"栏目文档前插入栏目彩页

1. 任务要求

在文章标题前插入一个空白页,参照"项目1样文"或自己设计一页栏目彩页,内容要求包括:

(1) 初号、隶书、彩色大栏目标题。

(2) 插入"素材"文件夹提供的"四大发明"的图片(或自选图片)。

(3) 在图片下插入一段文字说明,加以文字、段落格式修饰。

其他格式自定。

2. 操作步骤

(1) 打开"项目1"文件夹中的"中华五千年"文档。

(2) 在第一页空白页中输入文字"中华五千年",居中,设置为初号、隶书、加粗,颜色为金色。

(3) 单击"插入"菜单,选择"符号"命令,在弹出的"符号"对话框中,选择两次"★"形符号,将其分别插入到"中华五千年"文字的两边。

(4) 将"★"设置为初号、加粗,颜色为红色。

(5) 单击"插入"菜单,选择"图片"→"来自文件"命令,在"项目实例"\"项目1"\"素材"文件夹中找到"四大发明"图片,将其插入到文档中。

(6) 按住鼠标左键,拖动图片四周的控制点,调整图片的大小,并将其环绕方式设置为"四周型",置于文档中合适的位置。

(7) 在图片下方输入文字"自远古至史前……"。

(8) 将这段文字设置为小二号、华文仿宋、加粗、颜色为蓝色。

(9) 单击"格式"菜单,选择"边框和底纹"命令,在"底纹"选项卡中,将"填充"色设置为"灰色-5%","应用范围"设置为"段落"。

(10) 在文字下方,拖动鼠标选中两个空行。

(11) 单击"格式"菜单,选择"边框和底纹"命令,在"底纹"选项卡中,将"填充"色设置为"鲜绿",将"图案式样"设置为"深色网格","应用范围"设置为"段落"。

(12) 保存对此文档的修改。

至此,栏目彩页编辑完成。

任务 8 "神州大地"栏目文档的编排

1. 任务要求

(1) 页面设置为 A4 纸,设置上、左页边距为 2 厘米,下、右页边距为 1.5 厘米,页眉 1.5 厘米、页脚 1 厘米。

(2) 文档共分四页

1) 第一页:在页面上方居中插入一个"艺术字"栏目标题"神州大地"。格式要求:华文行楷、44 号、居中;字颜色:双色"填充效果",颜色1为红色,颜色2为棕黄;底纹式样:横向;字大小:高 1.65,宽 6.35;"艺术字形状":细上弯弧。

中间插入一张"天安门"图片("素材"文件夹提供或自选)。

页面下方插入一段栏目引文,引文标题段落设置成玫瑰红色底纹。

2)第二页:分类标题设置:仿宋、二号、加粗、段落设置粉色底纹。

分类标题下左上角插入"世界遗产"标记图片。

本页共介绍3个景点,每个景点内容要求:图文混排,用分隔线隔开,图文混排样式参考"项目1样文",也可自行设计。

3)第三页:分类标题设置同上。

第1篇"天坛"景点介绍格式:插入一张"天坛"图片,用"文本框"制作内容简介。

文本框格式要求:宋体、四号、加粗、加边框线,浅蓝色填充色,"半透明",大小与图片同大,叠放在图片上面。

第2篇"平遥古城"景点介绍格式:标题用文本框制作,放在页面右下角;内容图文混排。

4)第四页:介绍两个景点,格式图文混排。

第1篇:3张图片无缝组合,与文字"紧密环绕"。

第2篇:3张图片分散分布,与文字"四周环绕"。

2. 操作步骤

(1)在Word环境下,新建一个空白文档,以"神州大地"为文件名进行保存。

(2)单击"文件"菜单,选择"页面设置"命令,在"纸型"选项卡中选择"A4纸",在"页边距"选项卡中将上、左页边距设置为"2厘米",将下、右页边距设置为"1.5厘米",页眉"距边界"为"1.5厘米",页脚"距边界"为"1厘米"。

(3)编辑文档第一页

1)单击"绘图"工具栏上"插入艺术字"按钮,打开"'艺术字'库"对话框,如图3-25所示,选中任意一种横向的艺术字格式,单击"确定",弹出"编辑'艺术字'文字"对话框,如图3-26所示。

图3-25 "艺术字"库

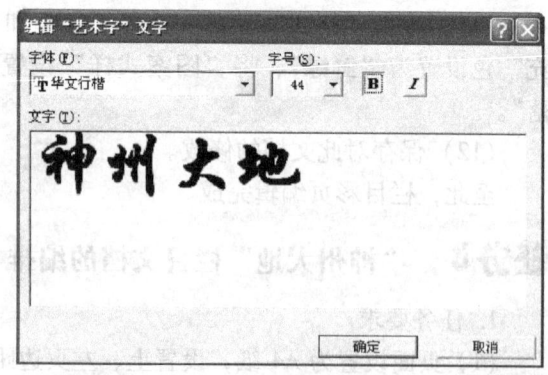

图3-26 编辑"艺术字"文字

2)在"文字"框内输入"神州大地",将"字体"设置为"华文行楷",字号设置为"44",加粗,单击"确定",在文档中插入了艺术字标题,同时打开"艺术字"工具栏。

3)单击"艺术字"工具栏的"设置艺术字格式"按钮,弹出"设置艺术字格式"对话框,如图3-27所示。

4)在"颜色和线条"选项卡的"填充颜色"下拉菜单中选择"填充效果",弹出如图3-28所示"填充效果"对话框。

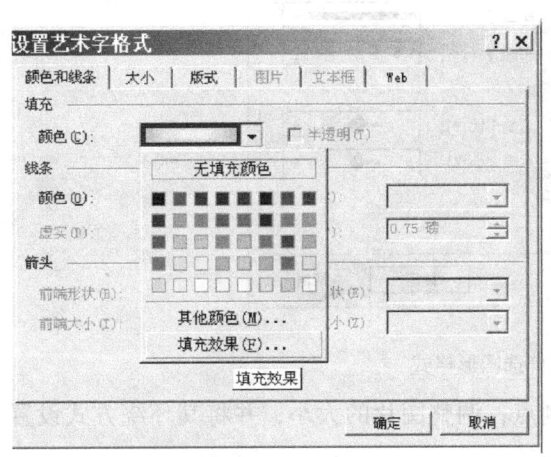

图3-27 设置艺术字格式

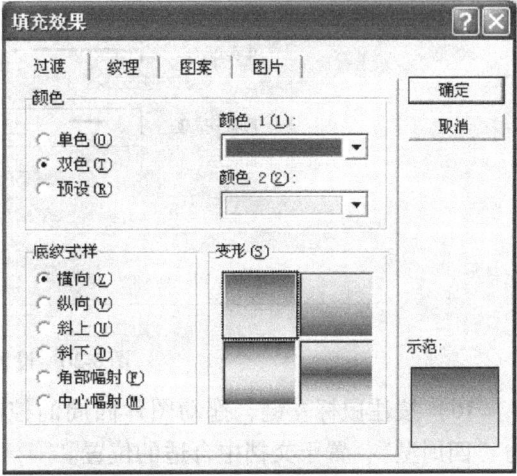

图3-28 艺术字填充效果

5)在"过渡"选项卡的"颜色"选项中,选取"双色","颜色1"选择为"红色","颜色2"选择为"棕黄","底纹式样"选择"横向","变形"选择第一种。

6)在"设置艺术字格式"对话框的"大小"选项卡中,将艺术字的高度设置为"1.65厘米",宽度设置为"6.35厘米"。

7)在"版式"选项卡中,设置环绕方式为"浮于文字上方",单击"确定"按钮,关闭对话框。

8)在"艺术字"工具栏中单击"艺术字形状"按钮,在弹出的艺术字形状选项中选择"细上弯弧",如图3-29示。

9)单击"绘图"工具栏中的"直线"按钮,在艺术字"神州大地"左侧绘出一条直线。

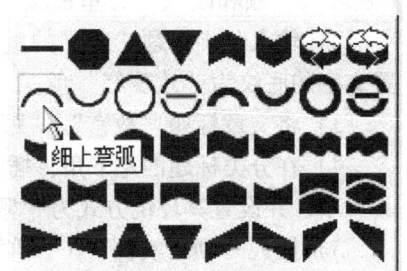

10)在直线上单击鼠标右键,选择"设置自选图形格式"命令,打开"设置自选图形格式"对话框,如图3-30所示。

图3-29 艺术字形状

11)在"颜色和线条"选项卡中,将"线条颜色"设置为"宝石蓝","4.5磅"、"单实线";箭头"前端形状"选择为直线,"后端形状"选择为菱形。

12)在"大小"选项卡中,将"宽度"设置为"4.45厘米"。

13)在"版式"选项卡中,将环绕方式设置为"浮于文字上方"。

14)用同样的方法在艺术字右侧绘制一条方向相反的直线。

15)单击"插入"菜单,选择"图片"→"来自文件"命令,在"项目实例"\"项目1"\"素材"文件夹中找到"天安门"图片,将其插入到文档中。

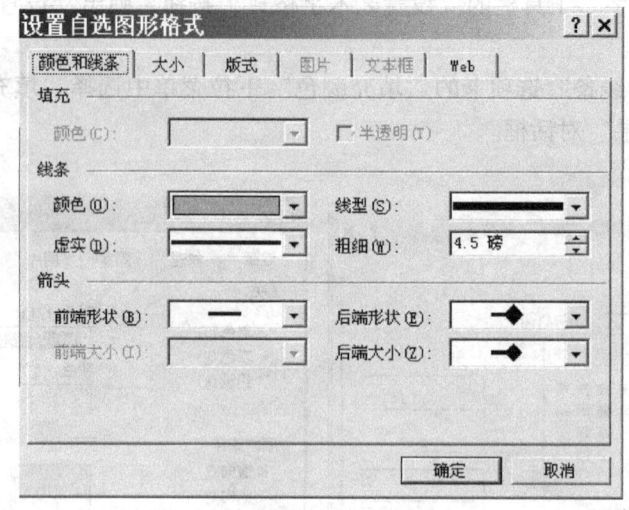

图 3-30　设置自选图形格式

16）按住鼠标左键，拖动图片四周的控制点，调整图片的大小，并将其环绕方式设置为"四周型"，置于文档中合适的位置。

17）在图片下方，插入"素材"文件夹中"我爱你中国"的歌词（或自选一篇文档），将标题设置为宋体、二号、加粗、居中，短文内容设置为仿宋、小三号、加粗。

18）选中歌词的标题，单击"格式"菜单，选择"边框和底纹"命令，将底纹颜色设置为"玫瑰红"，"应用范围"选择为"段落"，至此，文档第一页编辑完成。

（4）编辑文档第二页

1）将"项目实例"\"项目1"\"素材"文件夹的"神州大地文字资料"文档中，"故宫"、"颐和园"、"万里长城"三段文字分别插入到本文档中，每篇文章之间空两行。

2）输入分类标题"中国的世界文化遗产精选"，并将其设置为仿宋、二号、加粗，设置文字的底纹为"玫瑰红"色。

3）将文章标题"故宫"、"颐和园"、"万里长城"设置为华文行楷、三号、加粗。

4）在分类标题的左下角，插入"素材"文件夹中的图片"世界文化遗产标志"，调整其大小，并设置其环绕方式为"紧密型"。

5）插入"项目实例"\"项目1"\"素材"文件夹中的图片"故宫"，并设置其环绕方式为"四周型"，调整其大小，使其高度适应该段文字的高度。

6）在两篇文章之间用绘图工具绘制一条"3磅"粗的直线作为分隔线，设置"线条颜色"为"玫瑰红"。

7）在第二篇文章的位置插入"素材"文件夹中的2张"颐和园"的图片，将图片的环绕方式设置为"四周型"，调整两张图片的大小，将其放置在合适的位置。

8）将"故宫"和"颐和园"两篇文章之间的分隔线复制并粘贴到"颐和园"和"万里长城"两篇文章之间。

9）将"素材"文件夹下的图片"山海关"、"嘉峪关"、"万里长城1"、"万里长城2"分别插入到文章"万里长城"中，设置图片的环绕方式为"四周型"，调整图片的大小，调整图片与文字的版面，使文字和图片正好排满一页。至此，文档第二页编辑完成。

(5)编辑文档第三页

1)依照第二页的编辑方法,设置分类标题"中国的世界文化遗产精选",并插入图片"世界文化遗产标志"。

2)将"素材"文件夹中的图片"天坛"插入到当前页中,按照样文中所示,调整图片的大小,并设置图片的环绕方式为"四周型"。

3)单击"插入"菜单,选择"文本框"→"横排"命令,拖动鼠标,在页面中插入一个文本框,大小正好覆盖图片"天坛"。

4)单击"插入"菜单,选择"文件"命令,将"神州大地文字资料"文档的"天坛"文字资料插入到文本框中。

5)将文档标题"天坛"设置为楷体、二号、加粗,文字颜色为蓝色。将文档内容设置为宋体、四号、加粗,文字颜色为深红。

6)用鼠标右键单击文本框,选择"设置文本框格式"命令,在"颜色和线条"选项卡中,将"填充颜色"设置为宝石蓝,半透明。

7)在"版式"选项卡中,将文本框的环绕方式设置为"浮于文字上方"。

8)将第一页中文章之间的分隔线复制到图片"天坛"下方。

9)将"神州大地文字资料"文档中"平遥古城"文字资料插入到当前文档中。

10)将"素材"文件夹中的图片"平遥古城1"、"平遥古城2"插入到本文档中,设置图片的环绕方式为"四周型",并按照样文进行排版。

11)在第三页的右下方,插入一个横向的文本框,并设置文本框的填充颜色为"玫瑰红",在文本框中输入"平遥古城",设置为华文行楷、二号、加粗,至此,文档第三页编辑完成。

(6)编辑文档第四页

1)分类标题"中国的世界文化遗产精选"和图片"世界文化遗产标志"的编辑同前。

2)将"神州大地文字资料"文档中"九寨沟"和"黄龙"两段文字插入到当前文档中,两篇文章中间用分隔线隔开。

3)将标题"九寨沟"设置为黑体、三号。在"边框和底纹"命令中,给文字设置"淡蓝"色底纹,底纹的"应用范围"设置为"文字"。

4)将"素材"文件夹中的图片"九寨沟1"、"九寨沟2"、"九寨沟3"分别插入到当前文档中,按样文进行排列,设置图片的环绕方式为"紧密型"。

5)按住Shift键,选中这三张图片,单击鼠标右键,选择"组合"→"组合"命令,将这三张图片组合起来。

6)文档"黄龙"的排版方式同前。

至此,文档第四页编辑完成,以"神州大地"为名,将该文件保存到"项目1"文件夹中。

任务9 制作本杂志的封面

1. 任务要求

(1)在"卷首语"文档前插入一个空白页,制作本杂志的封面,另存为"九州漫游"。

(2)绘制一个与页边距大小相同的矩形框,填充"双色、斜上"效果。

（3）在页面左边插入"艺术字"标题"九州漫游"，格式为：竖排、"华文行楷"、36号放大，加阴影（阴影样示14）。

（4）右上角插入一张图片。

（5）右下角插入"艺术字"副标题"中华旅游文化资源巡礼"，加阴影，同上。

2. 操作步骤

1）打开"卷首语"文档，把鼠标指针放在文档最前面，单击"插入"菜单，选择"分隔符"命令，在弹出的对话框中选择"分页符"，单击"确定"。

2）单击"绘图"工具栏上的"矩形"按钮，此时鼠标指针变成十字形，拖动鼠标，在页面上绘制出一个矩形。

3）在矩形框上点击鼠标右键，在弹出的快捷菜单中选择"设置自选图形格式"，出现"设置自选图形格式"对话框，在"大小"选项卡中，将"高度"设置为"25.6厘米"，"宽度"设置为"17厘米"。

4）用"绘图"工具栏的"线条颜色"按钮，设置矩形框为"无线条颜色"。

5）单击"绘图"工具栏的"填充颜色"选项中的下拉菜单，选择"其他填充颜色"，出现"颜色"对话框，在"自定义"选项卡中，设置矩形框的填充色，如图3-31所示，单击"确定"，关闭"颜色"对话框。

6）在"绘图"工具栏的"填充颜色"选项中选择"填充效果"，出现"填充效果"对话框，如图3-32所示。

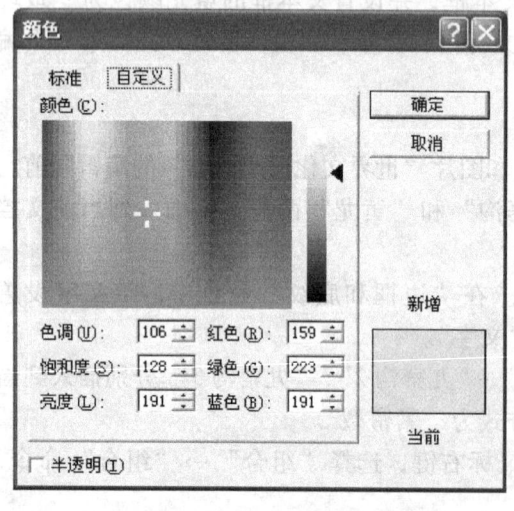
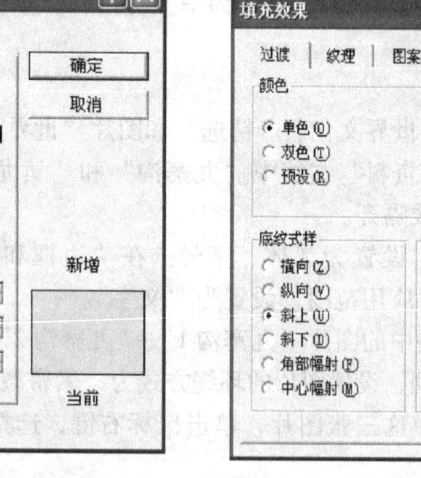

图3-31 "自定义颜色"对话框　　　　　图3-32 "填充效果"对话框

7）在"过渡"选项中，在"颜色"栏中，自选一种"单色"，拖动"颜色"设置项中的滑块，将填充色适当变浅；在"底纹样式"选择"斜上"，单击"确定"，关闭对话框。

8）在页面左侧插入艺术字标题"九州漫游"，设置为华文行楷、36号、加粗，调整标题字大小和位置，方法同上。

9）单击"艺术字"工具栏中的"设置艺术字格式"按钮，将"填充颜色"设置为红色，"线条颜色"设置为"无线条颜色"。

10）单击"绘图"工具栏上的"阴影"按钮，选择"阴影样式14"，如图3-33所示。

11）单击"绘图"工具栏上的"阴影"按钮，选择"阴影设置（s）…"，弹出"阴影设置"工具栏，如图3-34所示。

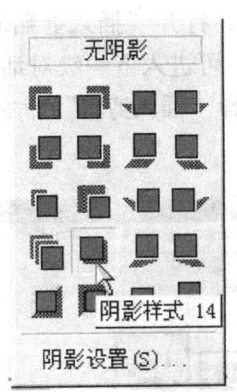

图3-33　阴影样式设置

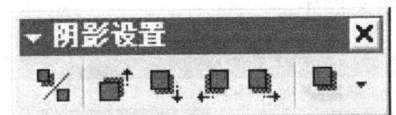

图3-34　阴影设置工具栏

12）单击最右边的"阴影颜色设置"按钮，设置为金色。

13）用同样的方法插入副标题艺术字"中华旅游文化资源巡礼"，设置为华文行楷，"填充颜色"为青色，阴影颜色为金色。

14）将"素材"库中的图片"封面黄山图"插入到文档中，调整图片的大小，将其放置到合适的位置，将图片的环绕方式设置为"浮于文字上方"。

15）按住Shift键，将背景、两组艺术汉字和图片选中，单击鼠标右键，用"组合"命令将它们组合起来，另存为"九州漫游"到"项目1"文件夹。

本节知识要点

1. 利用"绘图"工具栏绘制简单的图形

（1）单击"常用"工具栏的"绘图"按钮或单击"视图"菜单，选择"工具栏"的"绘图"命令，打开"绘图"工具栏，如图3-35所示。

图3-35　"绘图"工具栏

（2）从工具栏中或"自选图形"的下拉选项中单击"图形"按钮，鼠标变成"＋"，按住鼠标左键拖动画出所选图形。

（3）在绘制自选图形时，如果按下Shift键进行绘制，可以绘制出长、宽同比例增加的自选图形，如正方形、正圆形。

（4）复制图形　在绘图操作中，如果图形需要被重复使用，除了通过"复制"、"粘贴"操作之外，也可以通过以下方法实现：

单击选中一个创建好的图形,按住 Ctrl 键的同时,在选中的图形中按住鼠标左键,这时鼠标指针上会出现一个"+"号,拖动鼠标,就可以复制出一个和原来对象完全相同的图形。

2. 在文档中插入图片

我们在编辑文档时,为了美观,可以在文档中插入图片。

单击"插入"菜单,选择"图片"命令,再进行如下操作:

(1) 插入剪贴画　选择下拉菜单下的"剪贴画"命令,打开"插入剪贴画"对话框,如图 3-36a 所示。在"图片"选项卡中单击任意一个类别,可进入下一级对话框,如图 3-36b 所示,用鼠标单击选中的图片,在出现的快捷菜单中选择"插入剪辑"命令,即可将图片插入到文档中。

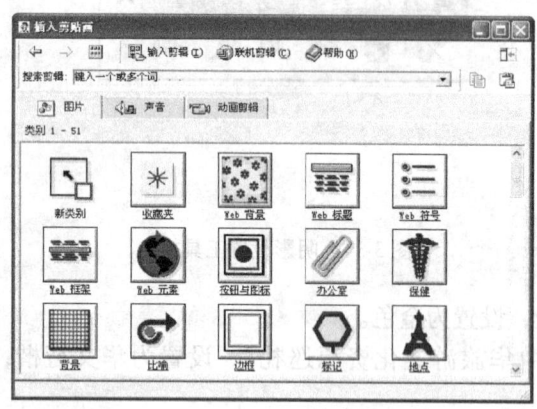
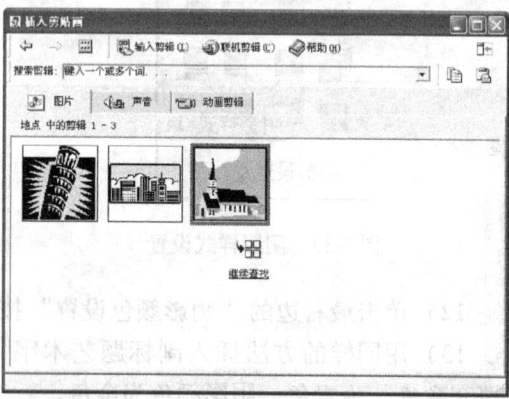

a)　　　　　　　　　　　　　　　　b)

图 3-36　"插入剪贴画"对话框

a) 插入剪贴画对话框图　b) 插入剪贴画对话框

(2) 插入其他图片　选择下拉菜单下的"来自文件"命令,打开"插入图片"对话框,如图 3-37 所示,选择图片,单击"插入"按钮,即可将图片插入到文档中。

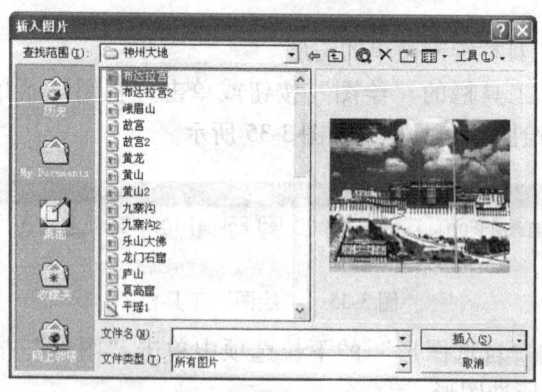

图 3-37　"插入图片"对话框

在插入多个图片时,图片的叠放次序决定于插入的先后顺序,先插入的图片在下方,后插入的图片在上面可覆盖先插入的图片,叠放次序可以调整。

(3) 编辑图片　在 Word 2000 中插入图片的默认格式为"嵌入式",即把所插入的图片作为一个字符来处理,如果想在文档中自由移动图片的位置,需要把图片的环绕方式由"嵌入式"改为"浮动式"。

双击插入的图片,出现"设置图片格式"对话框,如图3-38所示。

在"版式"选项卡中,可以根据需要来选择图片的环绕方式。

在"图片"选项卡中,对已插入的图片的大小、颜色、对比度、亮度等进行调整,如图3-39所示。

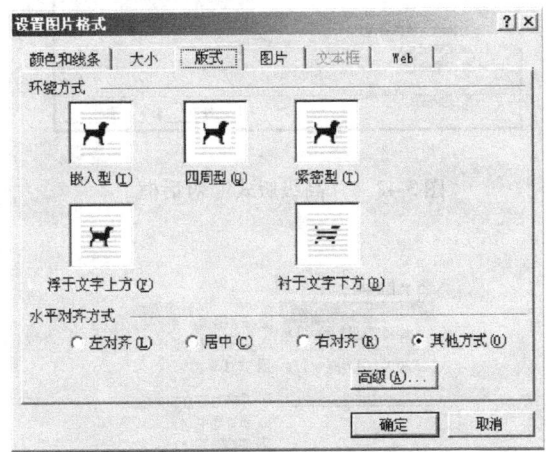

图3-38 "设置图片格式"对话框

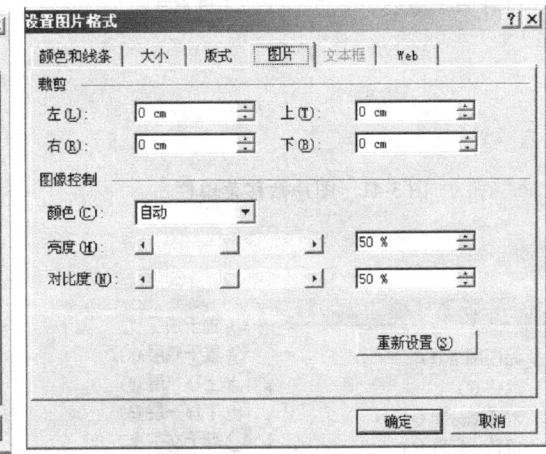

图3-39 "图片"选项

也可以使用"图片"工具栏进行编辑,如图3-40所示。

图3-40 "图片"工具栏

(4)改变图片在文档中的位置

1)首先设置图片在文档中的环绕方式,然后用鼠标将其拖动到合适的位置。

2)对于位置的细微变化,可以点击"绘图"工具栏上的"绘图"按钮,在下拉菜单中选择"微移"命令,通过"向上"、"向下"、"向左"、"向右"四种方式来调节,如图3-41所示;也可以用键盘上的"Ctrl+方向键"来进行微移。

3)还可以在"设置图片格式"对话框中的"版式"选项卡中,单击"高级"按钮,出现"高级版式"对话框,如图3-42所示,在"绝对位置"选项中,可以在水平和垂直两个方向上调整图片距离"页边距"、"页面"、"栏"、"字符"的具体位置。

(5)多个图片对象的操作 如果在同一个文档中插入多个图片,可以在"绘图"工具栏上选择"叠放次序"命令,或在图片上直接点击鼠标右键,在弹出的快捷菜单中选择"叠放次序"命令,如图3-43所示,根据需要调整图片的具体层次次序。

如果要重新对图片进行排列,可以按住Shift键,用鼠标分别选中每一个图片,单击"绘图"工具栏中的"绘图"按钮,在下拉菜单中选择"对齐或分布"命令,如图3-44所示,在此有六种对齐方式可供选择。

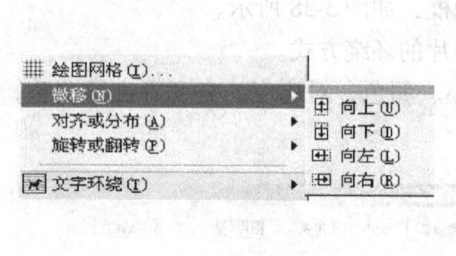 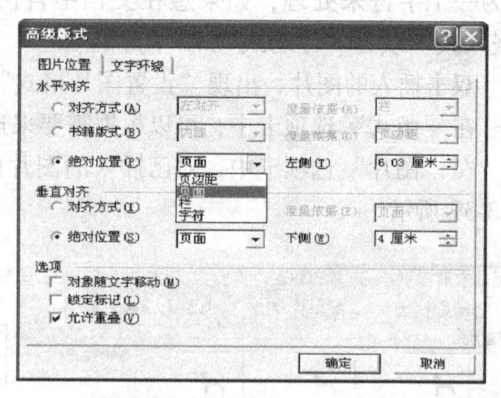

图 3-41　图片微移菜单栏　　　　　图 3-42　"高级版式"对话框

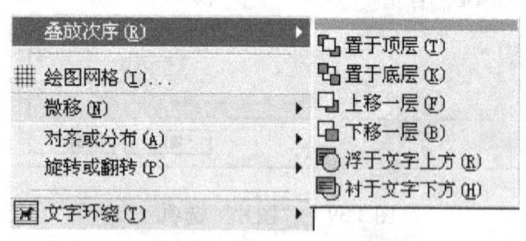 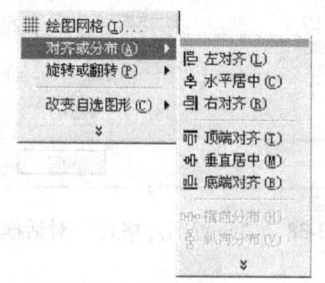

图 3-43　"叠放次序"菜单栏　　　　图 3-44　"对齐或分布"菜单栏

3.4　表格制作与计算、公式编辑编排

任务⑩　"中国食文化"栏目文档的编排

1. 任务要求

(1) 制作一个图文混排的栏目封面：用"椭圆"形图形插入引文；用文本框制作栏目标题；在右下角插入一张图片，上面叠放一张同样大小的白色、半透明图形框。

(2) 本栏目内容分 3 页

1) 第一页：图、文、表混排。第 1 个表：第 1 行填充"浅黄"色底纹，蓝色边框，外边框 1 磅宽实线，内边框 0.5 磅宽虚线，单元格间距 0.1 厘米；第 2 个表：将插入图片与下面的说明文字放在同一个单元格中。

2) 第二页："川菜"介绍部分，表格与文字"环绕"混排；"苏菜"与"粤菜"在一个表格中介绍，参照"项目 1 样文"填充单元格颜色，设置外粗、双线表格外边框。

3) 第三页：第 1 个表为绿色双外边框线，行、列标题内双实线，表格左上角单元格加斜线。"名菜典故"表为 3 行 2 列，外边框无色或白色，内边框线 3 磅、浅灰色，表格属性选项：允许调整单元格间距为 1 厘米。第 3 个表按样文设置表的格式，计算表中"总计"

行和"TDF△"列的值,在表下方标示"TDF△"的计算公式。

2. 操作步骤

(1)在 Word 环境中,新建一个文档,以"中国食文化"命名。

(2)制作"中国食文化"封面页

1)单击"插入"菜单,选择"文本框"→"横排"命令,在页面上端插入一个文本框,设置:文本框的"填充颜色"为浅橘黄、"线条颜色"为"无线条颜色"、高度为"3厘米"、宽度为"15厘米"、"四周型环绕"。

2)在文本框中输入文字"中国食文化",将文字设置为华文新魏、小初、加粗、白色。

3)在页面左侧绘制一个纵向的矩形,矩形的"填充颜色"为"浅橘黄"、"线条颜色"为"无线条颜色"、高度为"18厘米"、宽度为"3厘米"、"四周型环绕"。

4)单击"绘图"工具栏的"椭圆"按钮 ○,按住 Shift 键,在页面左侧绘制出一个圆形,圆形的"填充颜色"为"白色"、"线条颜色"为"无线条颜色"、高度为"10厘米"、环绕方式为"浮于文字上方"。

5)将圆形拖动到页面中合适的位置,使其部分遮盖页面左边的矩形。

6)在圆形图案上单击鼠标右键,选择"添加文字"命令,输入"素材"中"中国菜"文档中的说明文字,将文字设置为宋体、三号、加粗、鲜绿色。

7)将"素材"文件夹中的图片"烤鸭"和"双龙戏珠"插入到当前文档中,调整其大小,并放置在合适的位置。

8)在文档中再次绘制出一个椭圆形,其高度和宽度与图片"双龙戏珠"一样,椭圆形的"填充颜色"为"白色"、"半透明"、"线条颜色"为"无线条颜色"、环绕方式为"浮于文字上方"。

9)将椭圆形拖动到图片"双龙戏珠"上,将图片覆盖。至此,"中国食文化"栏目封面制作完成。

(3)编辑栏目的第一页

1)参照样文,在页面的编辑区录入标题"中国菜系"和说明文字,以及表格的标题"四大菜系"。

2)将标题"中国菜系"设置为楷体、二号、加粗、深红色,加浅绿色底纹。

3)(在标题)下方单击"表格"菜单,选择"插入"→"表格"命令,在出现的"插入表格"对话框中,将表格的行、列数设置为 4 列 5 行,单击"确定",退出对话框,此时文档中出现一个 4 列 5 行的表格。

4)将光标定位到表格第一行的第一个单元格中,单击"表格"菜单,选择"表格属性"命令,打开"表格属性"对话框,如图 3-45 所示。

5)在"列"选项卡中,选中"指定宽度",将表格第一列的宽度设置为"2.4 厘米";单击"后一列"按钮,分别设置第二列为 3.7 厘米,第三列为 4.6 厘米,第四列为 3.5 厘米。

6)单击"行"选项卡,如图 3-46 所示,将第一行的行高设置为"固定值"、"1.4 厘米",其他各行为默认设置。单击"确定",关闭"表格属性"对话框。

7)输入第一行标题文字。

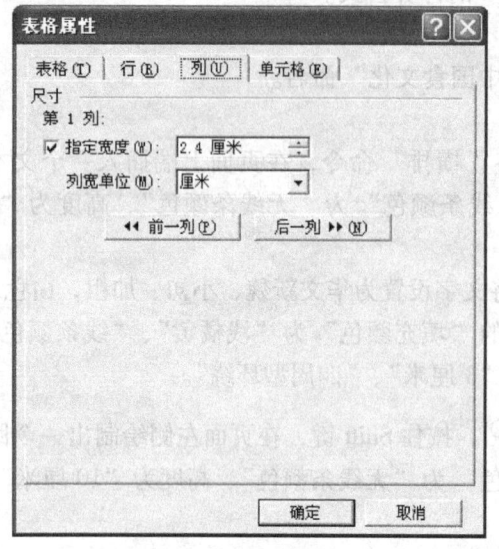

图 3-45　表格中列宽的设置

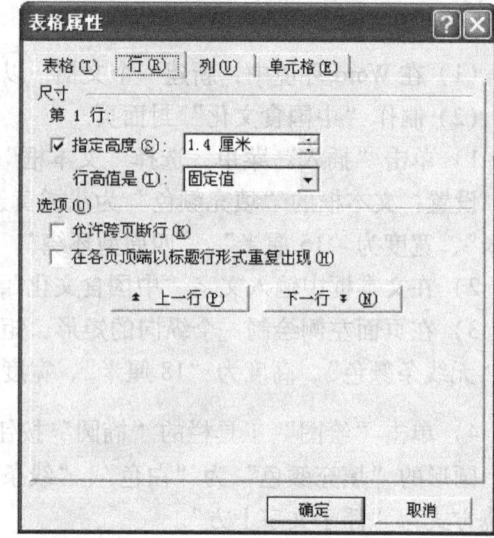

图 3-46　表格中行高的设置

8）用鼠标拖动选中表格的第一行，单击鼠标右键，在弹出的快捷菜单中：单击"单元格对齐方式"命令，选择"中部居中"按钮；单击"边框和底纹"将"底纹"填充色设置为"浅黄"。

9）用鼠标单击表格左上角的控制点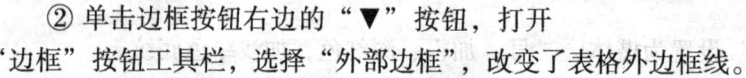，选中整个表格。

10）单击"常用"工具栏的"表格和边框"按钮，打开"表格"工具栏，如图 3-47 所示。

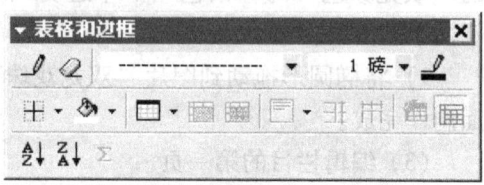

11）设置表格的外边框线，操作如下：

① 在表格工具栏设置"线型"为单实线、"粗细"为 1.5 磅、"边框颜色"为蓝色。

图 3-47　"表格和边框"工具栏

② 单击边框按钮右边的"▼"按钮，打开"边框"按钮工具栏，选择"外部边框"，改变了表格外边框线。

12）设置表格的内边框线　内边框为"0.5 磅"、"蓝色"、"虚线"，步骤同上。

13）单击"表格"菜单，选择"表格属性"命令，弹出"表格属性"对话框。

14）单击右下角的"选项"按钮，打开"表格选项"对话框，如图 3-48 所示，将"单元格间距"调整为"0.1 厘米"。

15）参照样文，在第一列第二行的单元格中输入"鲁菜"菜名，文字"加粗"；在下面插入一张代表菜的小图片，缩小图片，调整文字和图片，保持第一列的列宽。

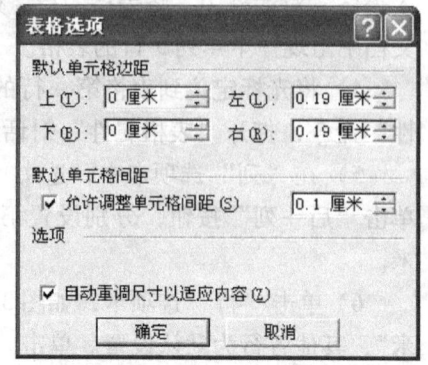

16）第一列其他单元格的内容设置方法同上。

图 3-48　"表格选项"对话框

17）选中第一列标题下的四个单元格，单击"表格"工具栏的"平均分布各行"按钮，调整四个单元格行宽相同。

18）选中第二列第二行单元格，单击"表格"工具栏的"拆分单元格"按钮，将单元格拆分成"两行一列"。

19）第二列其他单元格拆分方法同上。

20）输入表格各单元格的文字内容（文字资料在光盘中查找、复制）。

21）用鼠标选中菜名和地名单元格，单击鼠标右键，在快捷菜单的"单元格对齐方式"中点击"中部居中"按钮，文字在单元格中居中。

22）将其他单元格内容的对齐方式设置为"中部两端对齐"。

23）在本页表下方的空白处介绍一种菜系，用表格加说明推荐两种特色菜，格式参照样文或自己设置，要求内容填满一页纸，格式为图、文、表混排。

至此，栏目第一页编辑完成。

（4）编辑栏目第二页

1）输入栏目标题"中国菜系"，用格式刷将其设置成与第一页的标题相同格式。

2）页面内容分两部分

第1部分：一篇介绍"川菜"的短文（内容到光盘中复制），在文章中插入两张简单的表格，要求表格和文字环绕（在"表格属性"对话框中设置），如图3-49所示。

第2部分：用1个表格介绍两种菜系。每个菜系有一小段简要文字介绍和1张特色菜小图片，表格内容要求：有彩色文字、有图、内外边框线不同、有单元格底纹设置，内容格式参照样文，也可自行设置。

3）选中整个表格，单击鼠标右键，选择"边框和底纹"命令，打开对话框，将表格的外边框设置为"3磅"的外粗内细双实线；内边框设置为"0.5磅"单实线。

4）参照样文，将表格第一行和第三行的两个单元格底纹式样设置为"灰色-15%"。

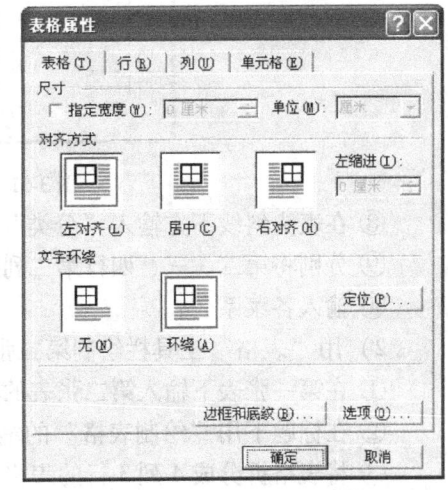

图3-49 "表格属性"对话框

5）参照样文输入各单元格中的文字，并插入"素材"文件夹中相应的图片，调整图片的大小适应表格。

6）拖动鼠标，选中文字"蟹粉狮子头"，单击鼠标右键，在弹出的快捷菜单中，选择"文字方向"命令，打开"文字方向"对话框，如图3-50所示，将表格中的文字方向设置为纵向，另一个菜名也同样改为竖排，至此，栏目第二页编辑完成。

（5）编辑栏目第三页

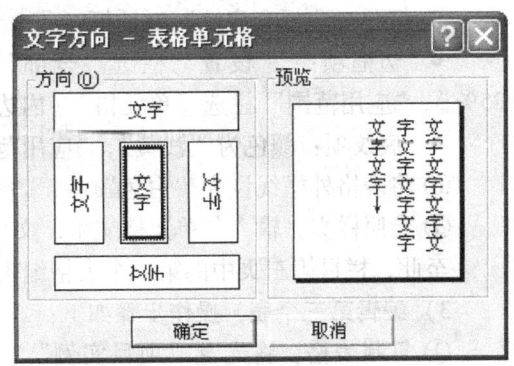

图3-50 设置表格中的文字方向

1）用"表格"工具栏绘制第一张表，操作步骤如下：

① 打开"表格"工具栏，用"绘制表格"的笔型按钮，先绘制表格的外框线，与页面同宽，设置外框线为双实线、1.5磅、绿色。

② 将表格拆分为四行一列。

③ 用笔型按钮再绘制第一列的分隔线，约2个字宽。

④ 设置黑色、双细实线，修改第一行和第一列的分隔线。

⑤ 输入第一行标题：华文隶书、二号、红色居中。

⑥ 输入第一列二、三、四行标题文字：宋体、五号，调整分隔线，每行2个字宽。

⑦ 将光标定位到表格的第一行第一个单元格内，单击"表格"菜单，选择"绘制斜线表头"命令，弹出"插入斜线表头"对话框，如图3-51所示。

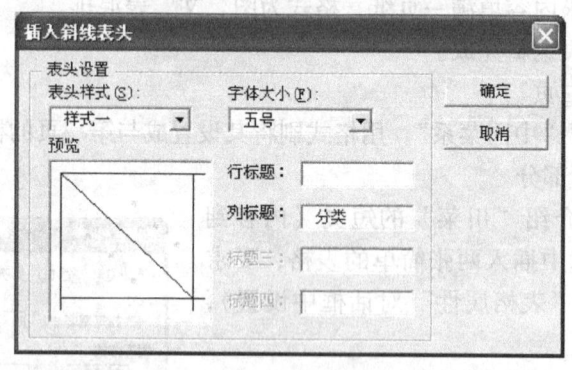

图3-51 "插入斜线表头"对话框

⑧ 在表头斜线下方输入"分类"字：宋体、小五号。

⑨ 分别将第二、三、四行第二列拆分为四、八、十列。

⑩ 输入各菜系名。

2）用"表格"工具栏绘制第二张表，操作步骤如下：

① 在第一张表下输入第二张表的标题"名菜典故"，设置为楷体、三号、加粗。

② 在标题下用"绘制表格"的笔型按钮，先绘制表格的外框线，表格大小随意。

③ 将表格拆分成4列3行的表格，将表格的列宽设置为2.15厘米，表格的行高设置为"最小值"1厘米。

④ 将"单元格的间距"调整为1厘米。

⑤ 打开"边框和底纹"对话框：

● 边框项："设置"栏选"全部"，选择线型为4.5磅单实线，颜色为"灰色-25%"，"应用范围"栏选"单元格"（内边框线），如图3-52所示。

● 底纹项：颜色为"浅黄"，"应用范围"栏选"单元格"。

⑥ 将表格外框线设为"白色"。

⑦ 参照样文，输入各单元格文字，文字格式为宋体、五号、加粗。

至此，栏目第三页中的第二个表格编辑完成。

3）编辑第三个表，操作步骤如下：

① 复制表格，将光盘"项目实例"\"项目1"\"素材"文件夹中的"健康小常识"表复制到第二张表下。

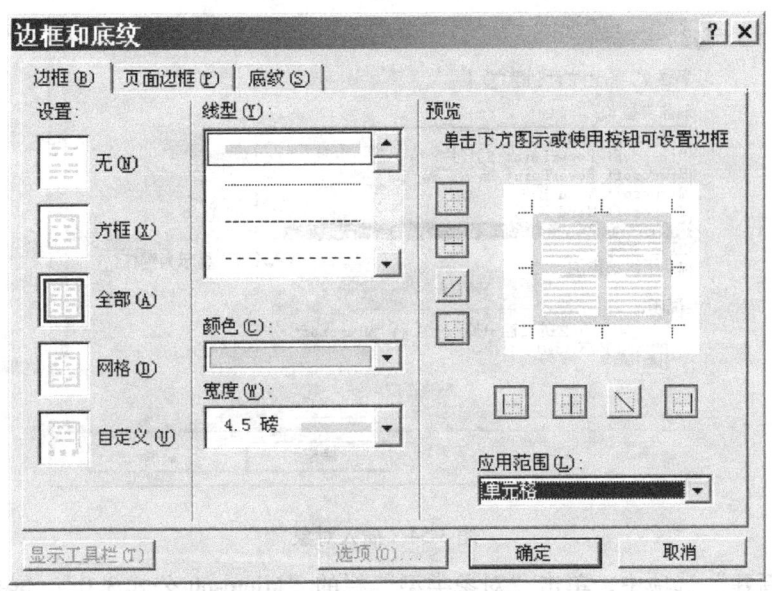

图 3-52 "边框和底纹"对话框

② 添加第三个表格的标题,插入"健康小常识"文本框,参照样文进行设置。

③ 计算表中"TDF"、"IDF"列的总计行的结果。

a. 把鼠标插入点放入需要计算"总计"行"低能量"的"IDF"单元格中,单击"表格"菜单,选择"公式"命令,弹出"公式"对话框,如图 3-53 所示,或单击"表格"工具栏的"Σ"按钮,直接计算。

b. 默认的公式为"sum(above)",即对"以上数据求和",如需改变公式,可以选择"粘贴函数"命令。

c. 单击"确定",计算结果出现在鼠标插入点所在的单元格中。

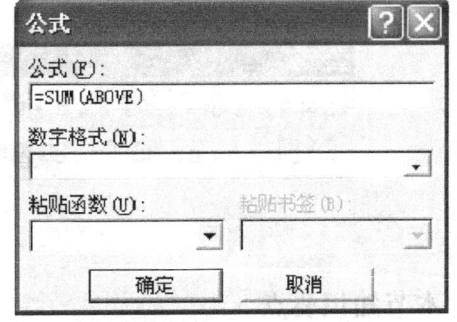

图 3-53 "公式"对话框

d. 用相同的方法计算其他"TDF"和"IDF"单元格的"总计"。

④ 计算表中"低能量"的"TDF"列的数值

a. 鼠标单击选中第三行、第三列"谷类"、"低能量"的"TDF"单元格。

b. 用上述的方法打开"公式"对话框,删除"="后面求和函数,在"="后输入"d3 * 1.54"。

注:d 代表第 4 列,3 代表第 3 行,d3 代表右边"谷类"的"IDF"单元格地址"。

c. 在"数字格式"栏中输入 0.0,表示计算结果精确到小数点后 1 位,单击"确定";

d. 用同样的方法计算出所有"TDF"单元格的数值。

⑤ 在表下输入两行注释文字

⑥ 在两行之间插入公式"(TDF) = IDF × n":

a. 单击"插入"菜单,选择"对象"命令,打开"对象"对话框,如图 3-54 所示。

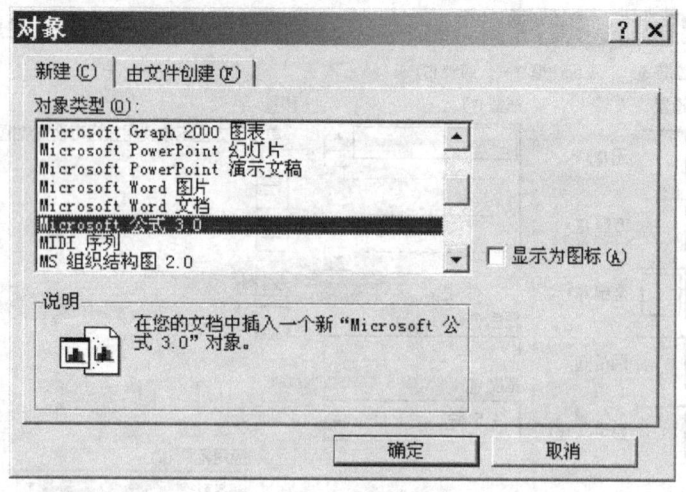

图 3-54 插入对象

b. 在"新建"选项中,单击"对象类型"栏的"Microsoft 公式 3.0",屏幕出现公式编辑框,并同时打开活动的"公式"工具栏,利用工具栏上的按钮可以输入各种公式表示符号,如图 3-55 所示,至此,中国食文化栏目编辑完成。

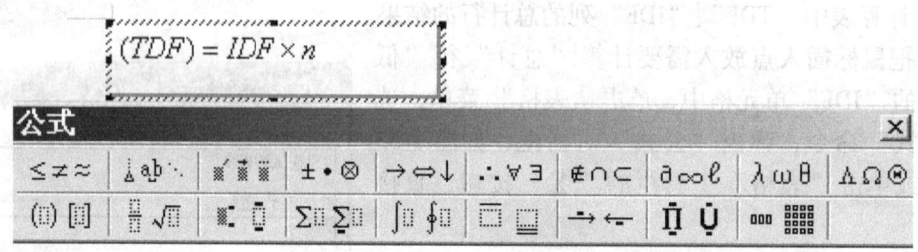

图 3-55 插入公式

本节知识要点

1. 表格的创建

(1) 通过工具栏的插入表格按钮 ▦ 来创建。
(2) 通过"表格"菜单中的"插入表格"命令来创建。
(3) 通过"表格"菜单中的"绘制表格"命令来绘制一个表格。
(4) 通过打开的"表格"工具栏绘制表格

当选择了"绘制表格"时,鼠标指针会变成 ✎,按住鼠标左键拖动,可绘制出自定义大小的表格,对于表格中不需要的边框线,可以通过擦除按钮 ⌫ 来删除。

2. 表格中文本的选取

(1) 通过鼠标选取

1) 选取一个单元格:将鼠标移动到单元格左下角,当鼠标指针变成如图 3-56 所示黑箭头时,单击鼠标左键,可选取一个单元格。

2）选取一行：将鼠标移动到要选取的行的最左侧，当鼠标指针变成如图 3-57 所示空心反向箭头时，单击鼠标左键，可选取一行。

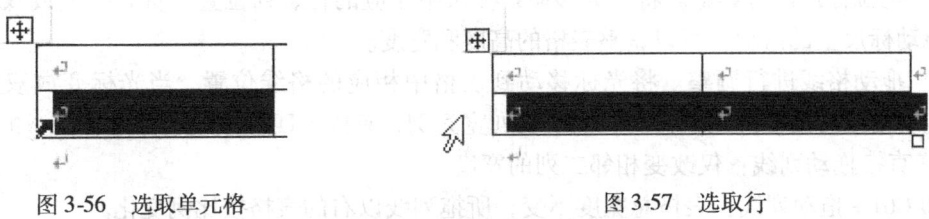

图 3-56　选取单元格　　　　　　　　　图 3-57　选取行

3）选取一列：将鼠标移动到要选取的列的顶端，当鼠标指针变成如图 3-58 所示的向下黑箭头时，单击鼠标左键，可选取一列。

4）选取整个表格：单击表格左上角的 田 图标或将光标移动到表格左侧，按 Ctrl + 鼠标左键，如图 3-59 所示。

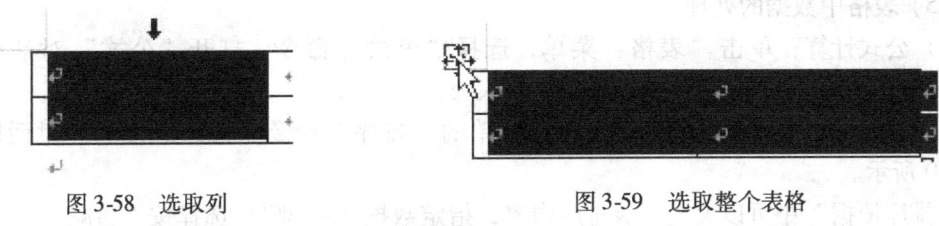

图 3-58　选取列　　　　　　　　　图 3-59　选取整个表格

（2）通过菜单选取　单击"表格"菜单，在"选定"命令下，有"表格"、"列"、"行"、"单元格"四个选项可供选择。

3. 编辑表格

（1）单元格的插入和删除

1）通过菜单进行编辑

● 单击"表格"菜单，在"插入"命令中选择"表格"、"列"、"行"、"单元格"，并可以选定所插入的"行"、"列"的位置。

● 单击"表格"菜单，在"删除"命令中选择"表格"、"列"、"行"、"单元格"，删除相应的内容。

2）通过键盘进行编辑：将光标移动到表格第一行第一个单元格中，按 Enter 键即可在表格上方加入一行文本；将光标移动到表格最后一行的最后一个单元格，按 Tab 键即可在表格后增加一行。

激活要编辑的行或列，按 Ctrl + X 可以对表格进行行、列的删除操作。

（2）单元格的合并与拆分

1）选定需要合并的几个单元格，单击"表格"菜单，选择"合并单元格"命令，或单击"表格"工具栏的"合并单元格"，可将被选定的单元格进行合并。

2）选定需要拆分的单元格，单击"表格"菜单，选择"拆分单元格"命令，或单击"表格"工具栏的"拆分单元格"，可将被选定的单元格按要求进行拆分。

（3）表格列宽和行高的调整

1）通过菜单进行调整。选定表格，单击"表格"菜单，选择"表格属性"命令，可以通过"行"、"列"选项卡对表格中各行、列的宽度和高度进行调整；还可以选中表格后，单击"表格"菜单，选择"自动调整"命令，对表格中的行宽和列高进行自动调整。

2）拖拉标尺进行调整。将光标移动到标尺中相应的行、列位置，将光标变成双向箭头时，拖动标尺上的滑块，可以调整表格的高度和宽度。

3）拖动格线进行调整。将光标移动到表格中相应的格线位置，当光标变成双向箭头时，拖动格线可改变列宽或行高，以改变列宽为例，有以下四种方式进行拖动：

① 直接拖动列线：仅改变相邻二列的宽度。

② Ctrl + 拖动列线：表格总宽度不变，所拖列线以右的表格按比例变化。

③ Shift + 拖动列线：表格总宽度会变化，所拖列线以右的表格列跟着移动，但宽度不变。

④ Ctrl + Shift + 拖动列线：表格总宽不变，但所拖列线以右的表格变成等宽。

（4）表格自动套用格式　在 Word 2000 中，提供了多种表格样式可供用户自由套用，选定表格之后，单击"表格"菜单，打开"表格自动套用格式"命令，可打开"表格自动套用格式"对话框，在对话框中可选择相应的表格样式。

（5）表格中数据的处理

1）公式计算：单击"表格"菜单，选择"公式"命令，打开"公式"对话框，在"粘贴函数"中选择要使用的公式或直接输入公式。

2）排序：选中表格，单击"表格"菜单的"排序"命令，打开"排序"对话框，如图3-60所示。

"排序依据"中可以设置三级排序内容，指定数据"类型"，选择按"递减"方式进行排序，单击"确定"。

3）表格的图表法：选中表格，单击"插入"菜单，在"图片"项中选中"图表"，便可生成所需图表，如图3-61所示。

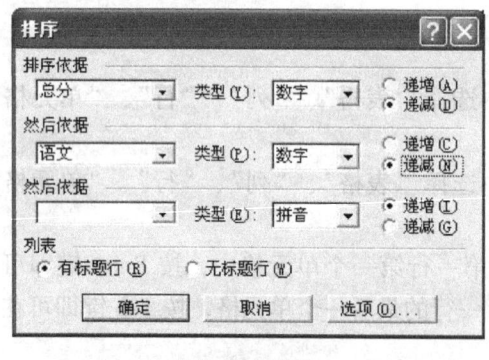

图3-60　排序

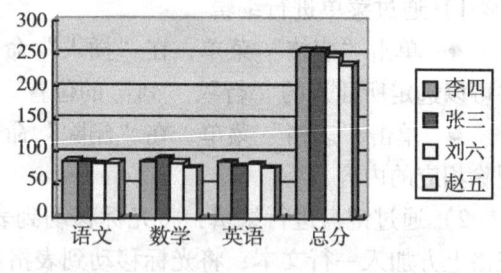

图3-61　图表成绩

4．在 Word 2000 中添加各种公式

（1）"公式编辑器"的安装　在默认的情况下，典型安装 Word 2000 时是不安装"公式编辑器"的，需要用到"公式编辑器"时，我们可以用以下的方法进行安装：

1）在光驱中放入 Word 2000 的安装盘，它将自动运行，在安装界面上选择"添加或删除功能"，如图3-62所示，进入下一个对话框，在"更新功能"中选择"Office 工具"下的"公式编辑器"，单击"公式编辑器"前的图标，并选择"从本机运行"，如图3-63所示，按提示完成安装。

图 3-62　安装公式编辑器

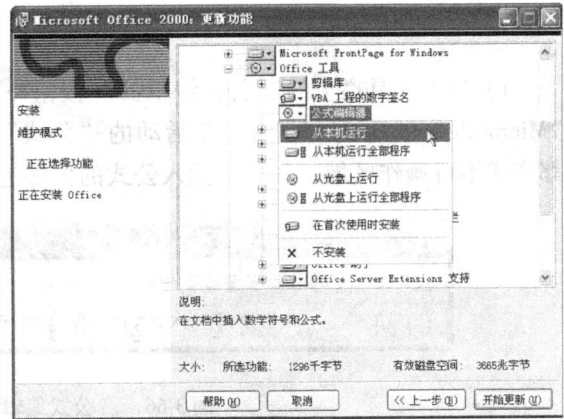

图 3-63　选择从本机运行

2)"公式编辑器"安装之后,为了方便地使用,可以在工具栏上添加"公式编辑器"的快捷图标,方法如下:

单击工具栏最右边的"▼"点击"添加和删除"按钮,在弹出的快捷菜单中选择"自定义",弹出"自定义"对话框,如图 3-64 所示。

在"命令"选项卡的"类别"中选择"插入",在右边的"命令"中选择"公式编辑器",在"保存于"栏,可以选择本篇文档的文件名或"Normal"(模板)。

关闭对话框后,在"常用"工具栏上会出现一个"公式编辑器"的快捷图标 $\sqrt{\alpha}$,如图 3-65 所示。

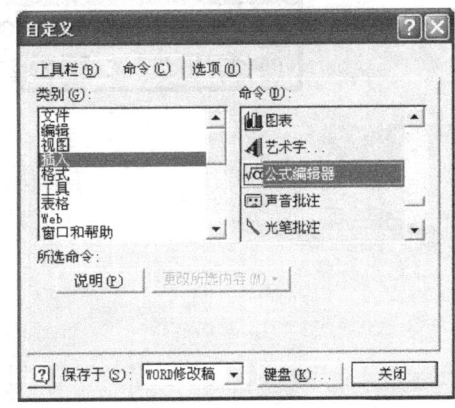

图 3-64　工具栏"自定义"对话框

(2)"公式编辑器"的使用　下面,我们利用公式编辑器编写出如下公式:

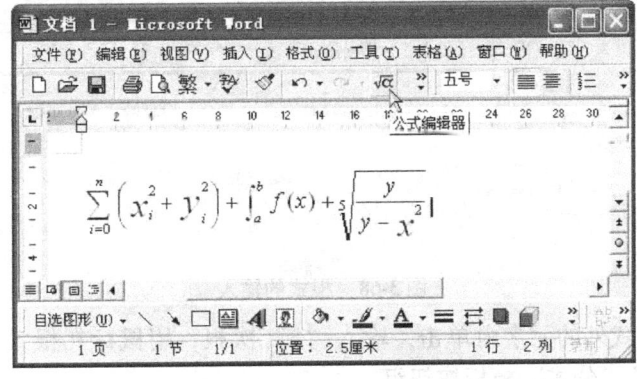

图 3-65　工具栏上的"公式编辑器"快捷图标

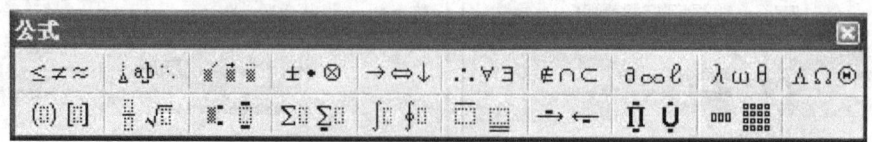

1)单击工具栏上的"公式编辑器"按钮$\sqrt{\alpha}$,或单击"插入"菜单,选择"对象"→"Microsoft 公式 3.0",出现一个活动的"公式"工具栏,如图 3-66 所示,文档的其他区域都变成不可操作区域,只能对插入公式的位置进行编辑。

图 3-66 "公式编辑器"活动工具栏

2)在公式编辑区输入"z =",单击"公式"工具栏的"积分"按钮组,如图 3-67 所示。

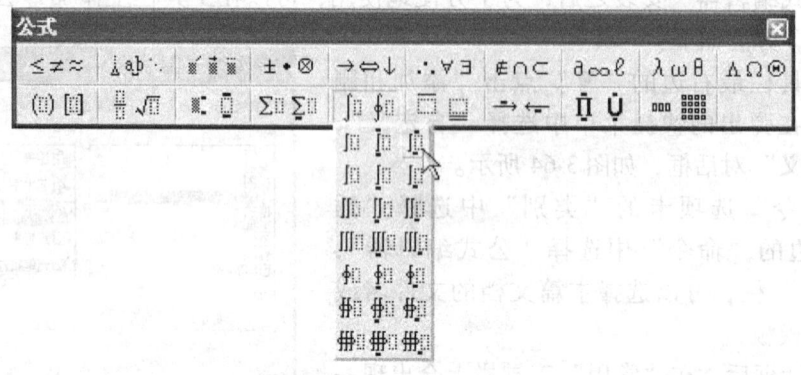

图 3-67 积分式的输入

3)用鼠标分别单击积分符号的上、下标位置,并输入相应的数值。
4)在积分符号后输入"f(x) +"。
5)单击"公式"工具栏的"根式"模板按钮组,如图 3-68 所示,选择 n 次方根按钮。

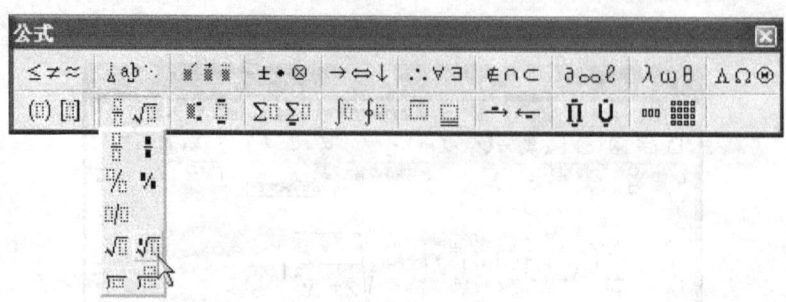

图 3-68 根式的输入

6)用鼠标在根式外的元素内单击,输入"5"次根,用鼠标在根式内的元素单击,在"公式"工具栏选择"分式"模板按钮组。

7）用鼠标在分式的分子位置单击，输入分子的内容，在分母位置单击鼠标，输入"y –"。

8）再从"公式"工具栏选择"上标和下标"模板按钮组相应的按钮，输入"X^2"。

9）用鼠标单击公式编辑框外，完成了数学公式的输入，返回文档正常编辑状态。

单击文档中的公式对象，在其周围会出现黑线边框，按住鼠标左键可以把它拖动到文档的任何位置，将鼠标移动到公式的右下角，待鼠标指针变成一个斜向 45°的双向箭头后，按住鼠标左键拖动，可以改变公式的大小，在公式上双击鼠标可以进入公式编辑状态。

3.5 目录链接页的设计制作

任务 11 在"九州漫游"文档中制作本书的目录页，链接到各栏目文档

1. 任务要求

在"九州漫游"文档中的"卷首语"页后插入一个空白页，输入 4 个栏目文档的标题，标题可用文字、文本框、艺术字等格式，设置各标题超级链接到相关文档，另存为"九州漫游电子文档杂志阅览"。

2. 操作步骤

（1）打开"九州漫游"文档。

（2）将鼠标置于"卷首语"页最后一行，单击"插入"菜单，选择"分隔符"命令，弹出"分隔符"对话框，如图 3-69 所示。

（3）在"分节符类型"中选中"下一页"，单击"确定"，关闭对话框，在最后插入一页空白页。

（4）输入 4 个栏目文档的标题，每个标题占一行。

（5）选择第一行标题，如"精品游记"，单击鼠标右键，从快捷菜单选择"超级链接"，打开"插入超级链接"对话框，如图 3-70 所示。

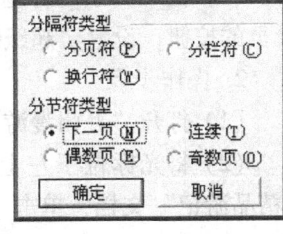

图 3-69 插入分隔符

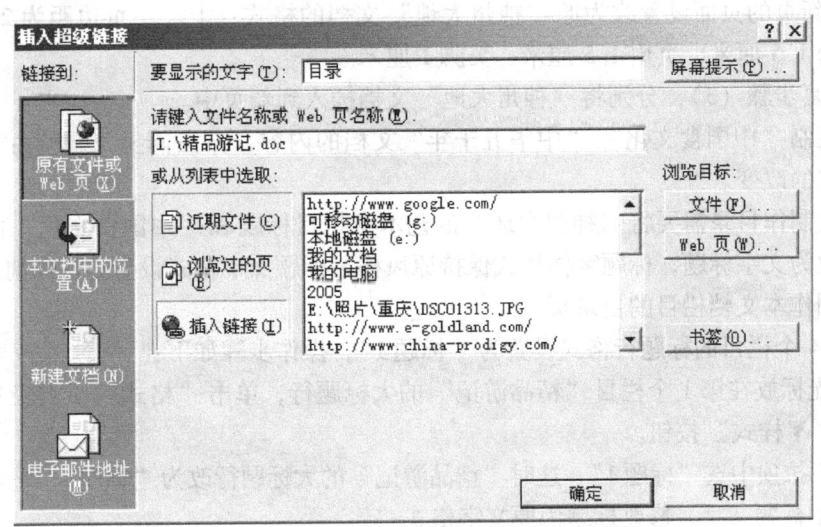

图 3-70 插入超级链接

(6)单击"浏览目标"下的"文件"按钮,打开"链接到文件"对话框,选择"精品游记"文档,单击"确定",返回"插入超级链接",单击"确定"。

在"精品游记"标题下添加了一条下划线,同时标题文字变为蓝色,用鼠标指向该标题时,鼠标变为"手"形状,单击鼠标,打开所链接的"精品游记"文档。

(7)用同样的方法制作其他标题的超级链接。

(8)将带目录的"卷首语"文档另存为"九州漫游电子文档杂志阅览"。

任务12 将各栏目内容汇编为一个带目录的电子文档

1. 任务要求

(1)在"九州漫游"文档的"卷首语"页后插入一页目录页。

(2)将"精品游记"、"神州大地"、"中国食文化"、"中华五千年"4个栏目的内容汇总到目录页后面成为一篇文档,注意保持各栏目的版面设计基本不变。

(3)先将"神州大地"、"中国食文化"栏目原来的艺术字、文本框格式修改为文字格式,再将4个栏目标题设成"标题1"格式,用插入"索引和目录"的方式在目录页制作本文档各栏目的链接目录。

(4)在"目录"标题处设置一个"目录"书签,在各栏目结束的位置设置一个返回目录页的按钮,设置"超级链接"到"目录"书签,单击该按钮可返回目录页。

2. 操作步骤

(1)打开"九州漫游"文档,在最后插入一页空白页,方法见"任务11"。

(2)将光标定位于左上角,单击"插入"菜单,选择"文件"命令,在对话框中查找"精品游记"文档,单击"插入"按钮,将该文档插入到新页中。

(3)删除"精品游记"文档中的"水印"(因为它将会在以后的文档中出现,影响文档格式)。

(4)复制"神州大地"文档的内容

1)重复步骤(2),在文档末尾插入一个分页符,文档后添加新的一页。

2)将新页的页面设置改为原"神州大地"文档的格式:上、左页边距为2厘米,下、右页边距为1.5厘米,页眉1.5厘米、页脚1厘米。

3)重复步骤(3),分别将"神州大地"文档插入到新页中。

(5)复制"中国食文化"、"中华五千年"文档的内容,方法同上,调整由于复制带来的文档格式的改变。

(6)为制作目录需要将"神州大地"的艺术字栏目标题和"中国食文化"的文本框栏目标题修改为文字标题,标题字体格式保持原风格,标题文字格式设置方法如前。

(7)制作本文档栏目的目录页

1)将4个栏目的标题行格式设置为"标题1",操作步骤如下:

① 将光标放在第1个栏目"精品游记"的大标题行,单击"格式"工具最左边的"正文"旁的"▼样式"按钮。

② 从下拉项中选"标题1",这时"精品游记"的大标题行改为"标题1"的默认格式。

③ 选中标题文字,修改标题为原文字格式。

2)按照上述方法将其他3个栏目的标题都改为"标题1"格式。

3）光标定位于"精品游记"文档的左上角，在该页前插入一页空白页，方法同上。输入标题文字"目录"。

4）单击"插入"菜单，选择"索引和目录"命令，弹出"索引和目录"对话框，如图 3-71 所示。

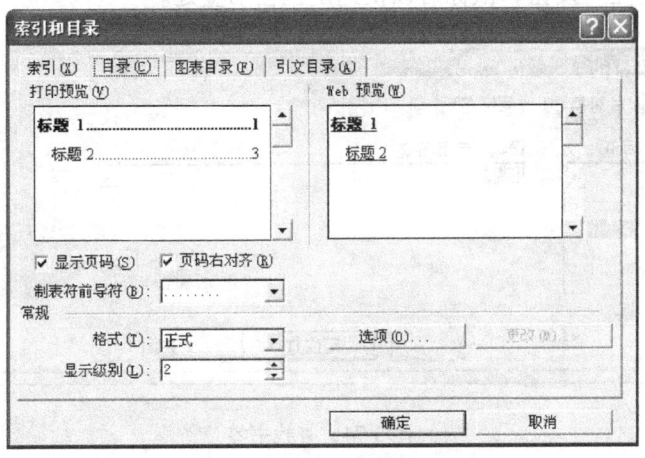

图 3-71 "索引和目录"对话框

5）选中"目录"选项卡中的"显示页码"复选框和"页码右对齐"复选框，通过上面的"打印预览"框可以看到目录格式效果。

6）设置"格式"为"正式"，"显示级别"为"1"，单击"确定"，显示目录效果如图 3-72 所示，在目录上单击各标题，可自动链接到文档上相应的内容。

（8）重新设置文档的"页眉页脚"，文档首页不设"页眉页脚"，其他页可在页眉或页脚的中间插入"页码"，方法同前。

（9）保存文档。至此，4 个栏目的内容都汇总到一个文档中，打开文档，可以通过目录随意浏览各栏目的内容。

（10）为了方便在阅读完一个栏目内容后，可再次随意浏览其他栏目，可在每个栏目的最后插入一个"返回"按钮，单击本按钮，可快速返回"目录"页，操作步骤如下：

1）将鼠标定位于"目录"页的"目录"文字后。

2）单击"插入"菜单，选择"书签"，打开"书签"对话框，输入书签名"目录"，默认"隐藏书签"项，如图 3-73 所示，单击"确定"按钮，在"目录"文字后插入了一个书签。

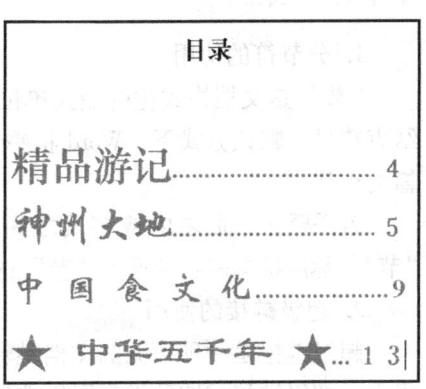

图 3-72 "目录"效果

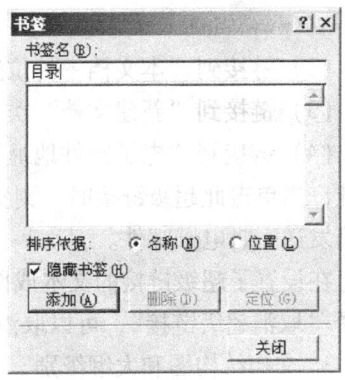

图 3-73 插入书签

3）在每个栏目的最后添加一个返回按钮（任意）用"超级链接"到"目录"书签。在文档最后可以设置一个返回"文档顶端"按钮。

因为设置成隐藏，所以文档中没有显示，如果要查找"书签"，可单击"编辑"菜单，选择"定位"，打开"查找和替换"对话框，如图 3-74 所示，选择"书签"，输入书签名"目录"，单击"定位"按钮，鼠标可以快速定位在书签处。

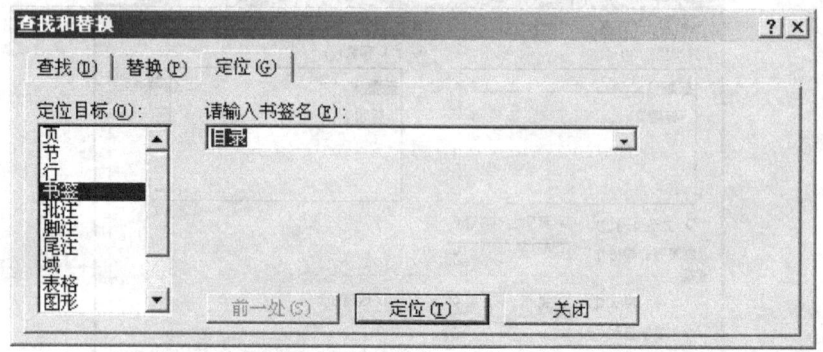

图 3-74　查找书签

本节知识要点

1. 分节符的使用

"节"是文档格式化的最大单位（或指一种排版格式的范围），分节符是一个"节"的结束符号。默认方式下，Word 将整个文档视为一"节"，故对文档的页面设置是应用于整篇文档的。

若需要在一页之内或多页之间采用不同的版面布局，只需插入"分节符"将文档分"节"，然后根据需要设置每"节"的格式即可，一定要注意分节符只控制它前面文字的格式。

2. 超级链接的使用

超级链接是一种常见的文档跳转方式，超级链接的主体可以是文本，也可以是图片、艺术字，超级链接有四种类型可供选择：

（1）链接到"原有文件或 Web 页"类：可以进一步选择"当前文件夹"中的文档、"浏览过的页"或者"近期文件"，也可以在"地址"文本框中直接输入 URL 地址，例如：http：//www.sina.com.cn。

（2）链接到"本文档中的位置"类：可以将本文档中的标题和书签作为超级链接目标。

（3）链接到"新建文档"类：可以新建一个文档并将其作为超级链接的目标。

（4）链接到"电子邮件地址"类：可以在"电子邮件地址"文本框中输入一个 E-mail 地址，当单击此超级链接时，浏览器会启动系统默认的电子邮件处理软件，用户可以向目标邮箱发送一封电子邮件。

在设置了超级链接的文本或图片上单击鼠标右键，在快捷菜单的"超级链接"命令下选择"取消超级链接"，可以取消相应的超级链接。

3. 文档结构图和大纲级别

（1）文档结构图　单击"视图"菜单，选择"文档结构图"命令，打开"文档结构图",如图 3-75 所示。

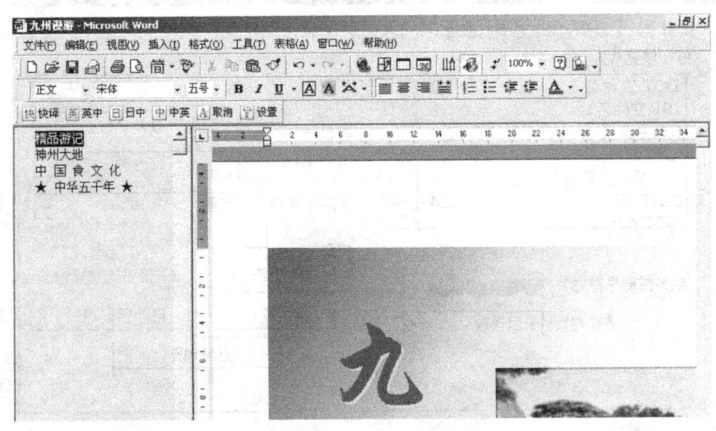

图 3-75　文档结构图窗口

左边是文档结构图,出现的是大纲级别单击条目,可以把光标定位到文档中相应的位置;右边是稿件的原稿,展示的当前级别下的正文。

(2) 大纲级别　大纲一般是文章的大小标题,Word 可将段落分成了十个级别,只有正文一级不在文档结构图中出现。

在"格式"菜单的"样式"命令选项对话框中,可以设置各级标题的格式。

4. 插入目录

在 Word 中可以对一个编辑和排版完成的稿件自动生成目录,通过单击这些目录的条目直接跳转到文档中相应的位置。

目录的生成必须在文档中各部分设置了大纲标题的基础上完成。

打开"索引和目录"对话框,除了可以插入目录还可以插入索引,下面举例说明。

5. 添加索引

索引是文档中按字母顺序排列的术语表,它可以方便阅读文档。

(1) 添加索引项

1) 选定要标记为索引的术语,如"索引"打开的"索引和目录"对话框,选择"索引"选项卡,单击"标记索引项"按钮,如图 3-76 所示,打开"标记索引项"对话框,如图 3-77 所示,单击对话框中的"标记"按钮,将所选择的术语标记为索引项。

2) 标记了索引项后,在选择的术语后显示了一些标记符号,不用关闭对话框,直接继续滚动文档来查找要标记为索引项的其他术语,在文档中选中它们,如"标记"再回到对话框中将其标记为索引项,如图 3-78 所示,在标记完了所有的索引项后,单击"关闭"按钮,关闭对话框。

(2) 建立索引

1) 在标记完了所有的索引项后,将插入点放在要生成索引的位置,选择"插入"菜单的"索引和目录"命令,打开"索引和目录"对话框。

2) 在"索引"选项卡中选择索引的类型和格式,"打印预览"框可以显示所选择的索引的外观,单击"确定",就可以生成索引了,同时会显示索引项所在的页码。

6. 书签

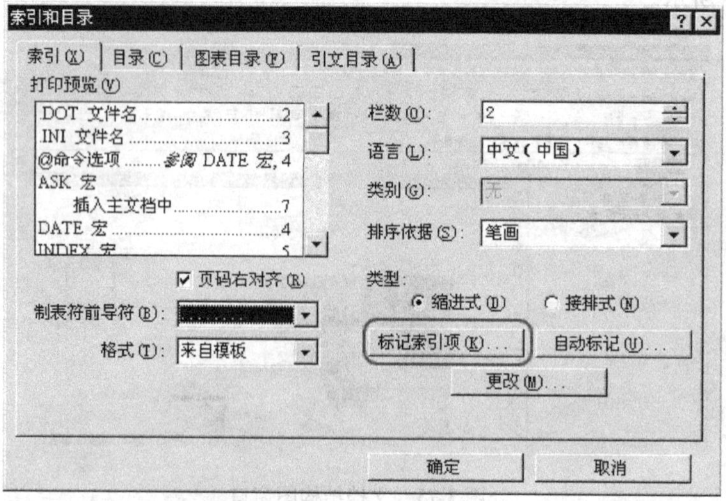

计算机操作与应用基础教程

图 3-76 索引

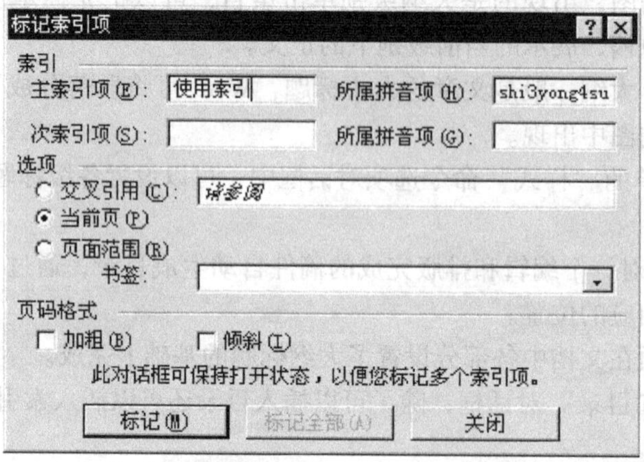

图 3-77 标记索引项

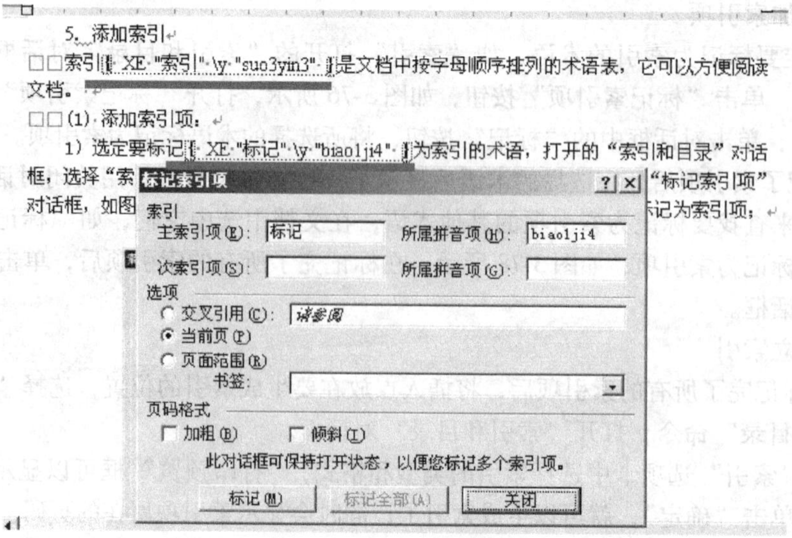

5. 添加索引

索引【 XE·"索引"·\y·"suo3yin3" 】是文档中按字母顺序排列的术语表,它可以方便阅读文档。

(1) 添加索引项:

1) 选定要标记【 XE·"标记"·\y·"biao1ji4" 】为索引的术语,打开的"索引和目录"对话框,选择"索引"选项卡,单击"标记索引项"按钮,打开"标记索引项"对话框,如图3-78所示。将选定的术语标记为索引项;

图 3-78 标记多个索引项

书签的功能可以使用户在一个长文档中的任一位置设置一个标记，利用这一标记快速定位到这个位置。

（1）添加书签 将光标定位到要添加书签的位置，单击"插入"菜单，选择"书签"命令，打开"书签"对话框，在对话框中键入书签名，单击"添加"按钮，就可以创建新的书签。要注意，书签名中不能有空格。

（2）定位书签

1）选择"编辑"菜单→"定位"命令

从"定位目标"中选择"书签"，单击要查找书签名，单击"定位"。

2）单击"插入"菜单的"书签"命令，打开对话框，选择"书签名"，单击"定位"。

3.6 Word 专用文档格式编辑

任务13 批量制作一份宣传单

1. 任务要求

在 Word 中制作一份宣传单，并通过电子邮件的方式把宣传单发送给指定的用户。

2. 操作步骤

（1）启动 Word 2000，单击"工具"菜单，选择"邮件合并"命令，进入"邮件合并帮助器"窗口，如图 3-79 所示。

（2）在"主文档"项目下点取"创建"按钮，弹出下拉列表，选择"套用信函"，在随后弹出的对话框中选择"活动窗口"按钮。

（3）再次进入"邮件合并帮助器"窗口，这时显示以下信息：合并类型为套用信函，主文档为文档1。

（4）建立数据源

1）在"邮件合并帮助器窗口"的"数据源"项目下选取"获取数据"按钮，弹出下拉列表，选择"建立数据源"，进入"创建数据源"对话框。

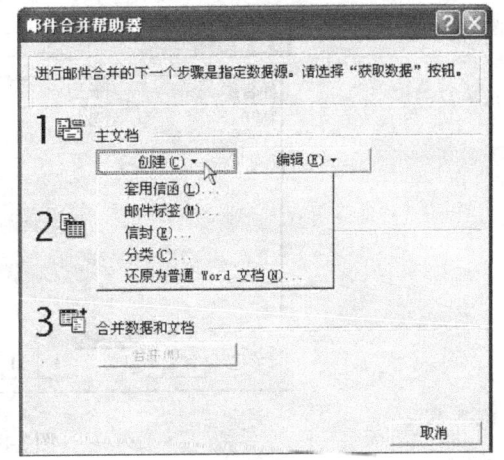

图 3-79 "邮件合并帮助器"对话框

2）在"域名行中的域名"项目下逐一选取除"姓名"外的所有域名，选取"删除域名"按钮，将它们逐一删去。

3）在"域名"项目下的编辑框中输入字符"称呼"，如图 3-80 所示，再选取"添加域名"按钮，这时"称呼"进入右方的域名列表中。

4）选取"确定"按钮，进入"另存为"对话框，在"保存位置"编辑框中选择保存位置，在"文件名"编辑框中输入字符"通讯录"，单击"保存"按钮。

5）在随后弹出的对话框中点取"编辑数据源"按钮，进入"数据表单"对话框。

6）在"姓名"编辑框中输入字符"张三"，在"称呼"编辑框中输入字符"先生"，

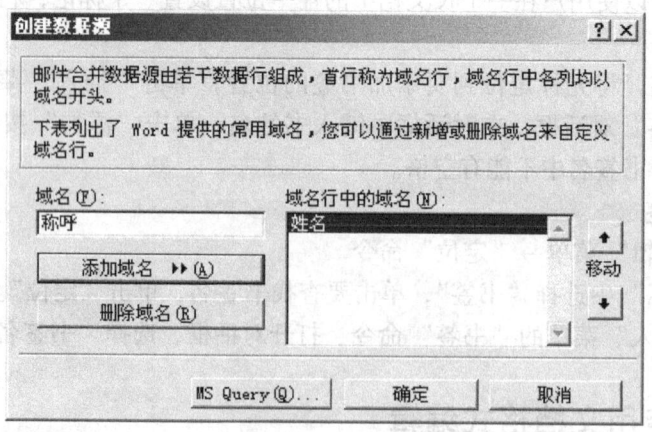

图 3-80　添加域名

单击"新增"按钮,得到第一份数据,如图 3-81 所示。

7) 同样,建立第二份数据:李四,女士;第三份数据:王五,先生;单击"确定"按钮,返回文档。

(5) 编辑主文档

1) 完成以上步骤后,文档窗口自动添加一个"邮件合并"的工具栏。

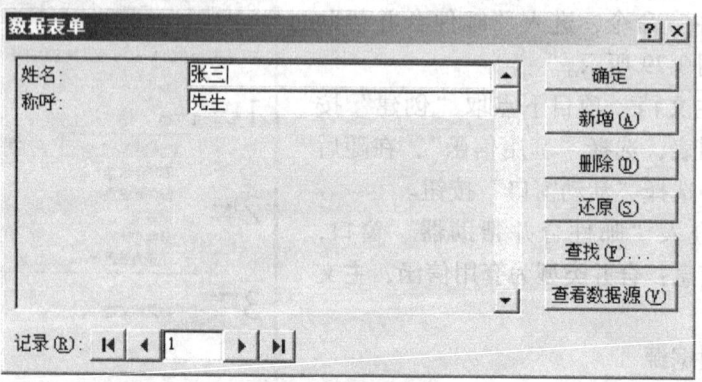

图 3-81　编辑数据源

2) 在编辑框输入"尊敬的"三个字符,再单击"邮件合并"工具栏的"插入合并域"按钮,弹出下拉列表,选取"姓名"条款,当前光标处出现"《姓名》"字样。现在的文本变为:"尊敬的《姓名》"。

3) 用同样的方法,完成下列文本的输入:

尊敬的《姓名》《称呼》:
您好!
本人近期编辑了一份电子读物《九州漫游》,请您阅读之后提出宝贵的意见,在此多谢您对我工作的支持。

您的朋友:
2004 年 12 月 1 日

4）将当前文件保存，文件名为"宣传单"。

（6）合并文档

1）在"邮件合并"工具栏上单击"合并选项"按钮，进入"合并"对话框，如图3-82所示。

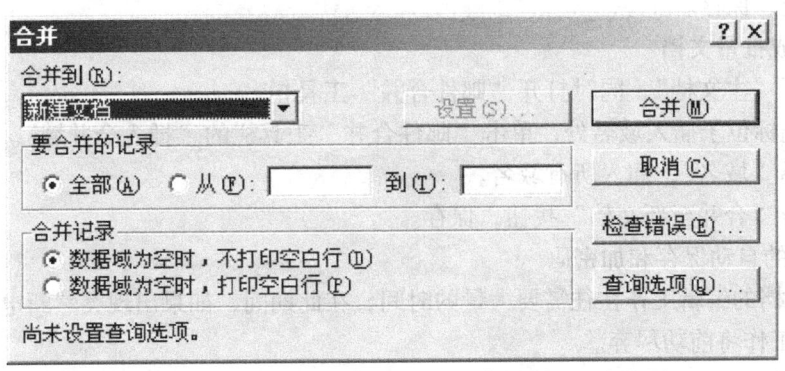

图3-82 合并

2）在"合并到"列表框中选择"新建文档"项，在"要合并的记录"项目下，选取"全部"单选框，在"合并记录"中选中"数据域为空时，不打印空白行"以保证空域不会以空行形式出现在最终文档中，最后单击"合并"按钮。

3）进入普通视图，可以看到三份文件，由分节符分开，在页面视图下，每份文件占用一页，将该文档以"邮件"为文件名保存。

（7）发送电子邮件

在Word中发送电子邮件方法很简单，打开"文件"菜单，选择"发送"项，单击"邮件收件人（以附件形式）"命令，就会出现新邮件的编辑窗口，填好相应的条目，就可以发送电子邮件了。

本节知识要点

1. 批量文档

批量文档指文档主要内容相同，某些词条不同的文档。相同的部分为"主文档"，变化的部分来自"数据源"。Word使用"邮件合并"功能创建批量文档。

（1）创建"主文档"

1）单击"工具"菜单的"邮件合并"，打开对话框。

2）单击"主文档"标题下的"创建"。

3）选择"套用信函"，打开对话框，单击"新建主文档"。

4）单击"编辑"——"套用信函 文档名"。

5）输入"主文档"内容，编辑，保存。

（2）创建新"数据源" 数据源可以是一个已有Word表格或Excel表格，每列叫做一个域，第一行为域名，以下每一行为一个记录。

创建新"数据源"步骤：

1）打开"邮件合并"对话框。

2）单击"数据源"标题下的"获取数据"。

3）单击"建立数据源"。

4）确认"域名行中的域名"，不需要的删除，在"域名"框中输入新域名，单击"添加域名"加到"域名行中的域名"中，用上、下箭头调节域名的位置。

5）确定，保存。

（3）生成批量文档

1）打开"主文档"，同时打开"邮件合并"工具栏。

2）将光标位于插入域名处，单击"邮件合并"工具栏的"插入合并域"。

3）选择"域名"，插入所有域名。

4）单击"合并至新文档"按钮，保存。

2．文档的自动保存和加密码

Word 文档的编辑工作往往需要大量的时间，在此期间，如果出现突然断电或系统故障，前面所做的工作将前功尽弃。

为此，Word 2000 提供了一项自动保存功能，可以由用户设置，每隔一段时间就让系统对编辑的文档进行一次自动保存。

单击"工具"菜单，选择"选项"命令，打开"选项"对话框，选择"保存"选项卡，如图 3-83 所示。

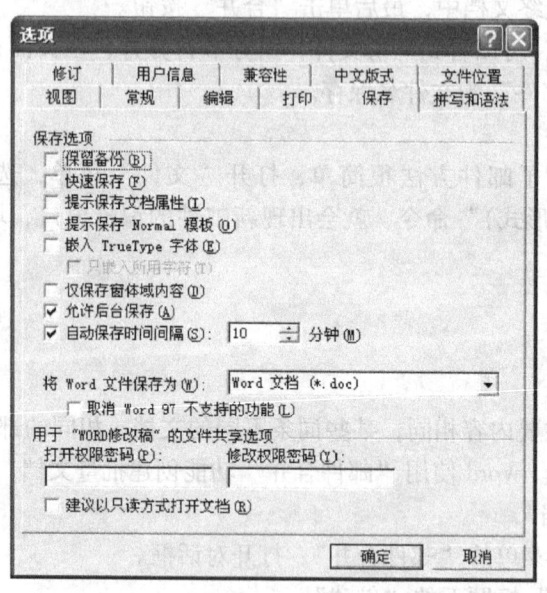

图 3-83　设置文档自动保存

（1）选中"允许后台保存"，并设置"自动保存时间间隔"。

（2）为了更有效地保存自己的文档，可以给文档加密码。在文本输入区填入密码，如图 3-84 所示，随后出现"确认密码"提示框，用户再次输入密码后确认即可，如图 3-85 所示。

"打开权限密码"是指用户输入了正确的密码后文档才能打开。

"修改权限密码"是指用户输入了正确的密码之后才可以对打开的文档进行编辑，如果忘记或者丢失密码，而只能以只读方式打开文档。

第3章 文字处理软件 Word 的应用

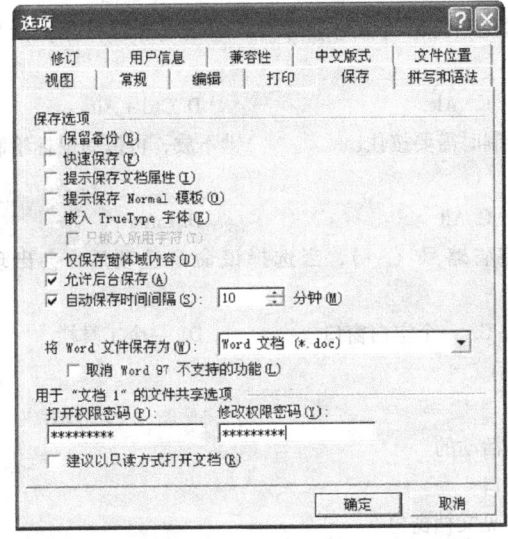

图 3-84 设置文档密码

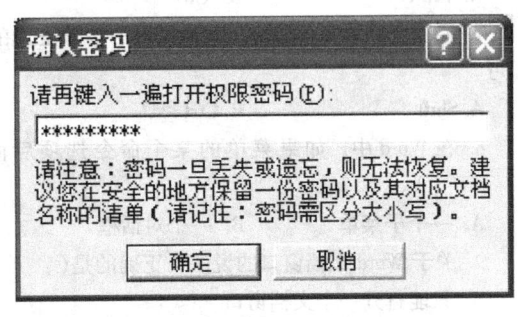

图 3-85 "确认密码"提示框

密码可以是字母、数字、空格或符号，最多可以包含 15 个字符。

如果选中"建议以只读方式打开文档"，而其他用户打开文档时，会显示建议信息，希望用只读方式打开文档，在用只读方式打开文档后，必须用其他文件名保存更改，这样可以避免文档遭到破坏。

习 题 3

一、单选题

1. 在 Word 2000 窗口中，"文件"菜单中"关闭"命令的意思是(　　)。

　A. 关闭 Word 2000 窗口连同其中的文档窗口，返回到 Windows 中

　B. 关闭文档窗口，返回到 Windows 中

　C. 关闭 Word 2000 窗口连同其中的文档窗口，退回到 DOS 状态下

　D. 关闭文档窗口，但仍在 Word 2000 窗口中

2. 在 Word 2000 窗口中，利用(　　)可方便地调整段落的缩进、页面上下左右边距、表格的列宽和行高。

　A. 标尺　　　　　B. 格式工具栏　　　　　C. 常用工具栏　　　　　D. 表格工具栏

3. 在 Word 2000 文档中，选择一块矩形文本区域时，需利用(　　)键。

　A. Shift　　　　　B. Alt　　　　　C. Ctrl　　　　　D. Enter。

4. 在 Word 2000 中，现有前后两个段落且段落格式也不同，当删除前一个段落末尾结束标记时(　　)。

　A. 两个段落合并为一段，原先格式不变

　B. 仍为两段，且格式不变

　C. 两个段落合并为一段，并采用前两个段落中的前一段落格式

　D. 两个段落合并为一段，并采用前两个段落中的后一段落格式

5. 要快速选中一行文本或一个段落，首先将鼠标移到文档左侧的(　　)中，当鼠标指针变成向右倾斜的箭头形状时单击鼠标可以选中一行，双击鼠标可选中一个段落。

A. 选定栏　　　　　B. 工具栏　　　　　　C. 符号栏　　　　　　D. 标题栏

6. 要一次性保存或关闭多个文档,按下(　　)键后打开【文件】菜单,单击【全部保存】命令或单击【全部关闭】命令。

A. Shift　　　　　B. Ctrl　　　　　　C. Alt　　　　　　D. Ctrl + Alt

7. 要绘制圆形、正方形,其最关键的步骤是,在绘制时要按住(　　)键不放,再拖动鼠标绘制即可。

A. Shift　　　　　B. Ctrl　　　　　　C. Alt　　　　　　D. Enter

8. 在 Word 中,如果菜单的某个命令选项后面有省略号(…),当选择该命令选项后,会出现(　　)。

A. 一个子菜单　　　B. 一个对话框　　　C. 一个空白窗口　　　D. 一个工具栏

9. 关于 Word 文档窗口的说法,正确的是(　　)。

A. 只能打开一个文档窗口

B. 可以同时打开多个文档窗口,被打开的窗口都是活动的

C. 可以同时打开多个文档窗口,只有一个是活动窗口

D. 可以同时打开多个文档窗口,只有一个窗口是可见文档窗口

10. Word 的"文件"命令菜单底部显示文件名所对应的文件是(　　)。

A. 当前被操作的文件　　　　　　B. 当前已打开的所有文件

C. 最近被操作的文件　　　　　　D. 扩展名是.doc 的所有文件

11. Word 的"窗口"命令菜单底部显示的文件名所对应的文件是(　　)。

A. 当前被操作的文件　　　　　　B. 当前已打开的所有文件

C. 最近被操作的文件　　　　　　D. 扩展名是.doc 的所有文件

12. 在 Word 的编辑状态下,当执行"编辑"菜单中的"复制"命令后,(　　)。

A. 选择的内容被复制到插入点　　　B. 选择的内容被复制到剪贴板中

C. 插入点所在的段落内容被复制到剪贴板中　　D. 光标所在的内容被复制到剪贴板中

13. 当前活动的文档为 c：\ mydir 目录下的 test.doc,进行编辑后,执行"文件"菜单中的"另存为"命令,则(　　)。

A. c：\ mydir 目录下的 test.doc 不再存在,编辑的结果存入另一个新文件

B. c：\ mydir 目录下的 test.doc 保持不变,编辑的结果存入 c：\ mydir 目录下的另一个新文件,文件名由用户在对话框中指定

C. 编辑的结果存入 c：\ mydir 目录下的 test.doc 中,同时编辑的结果存入另一个新文件,文件名和路径由用户在对话框中指定

D. c：\ mydir 目录下的 test.doc 保持不变,同时编辑的结果存入另一个新文件,文件名和路径由用户在对话框中指定

14. 在 Word 的编辑状态下,设置了一个多个行和列组成的表格。如果选中一个单元格,再按 Del 键,则(　　)。

A. 删除该单元格所在的行　　　　B. 删除该单元格的内容

C. 删除该单元格,右方单元格左移　　D. 删除该单元格,下方单元格上移

15. 在 Word 中,选中一个单元格,执行"拆分单元格"命令,则(　　)。

A. 将单元格拆分为多列,列数由用户指定

B. 将单元格拆分为多行,行数由用户指定

C. 将单元格拆分为多行多列,列数和行数由用户指定

D. 默认将单元格拆分为三列一行

16. 在 Word 文档中,对于插入的来自文件的图片,在下列说法中,错误的是(　　)。

A. 可以把图片拷贝到剪贴板
B. 可以用鼠标移动图片
C. 图片是由其他应用程序生成的,在 Word 中,不能改变图片的大小
D. 可以删除图片

17. 在 Word 的编辑状态下,如果设置了标尺,可以同时显示水平标尺和垂直标尺的视图方式是(   )。
   A. 普通方式   B. 页面方式   C. 大纲方式   D. 全屏幕显示方式

18. 如果想在 Word 的文档中插入页眉和页脚,应当使用的菜单是(   )。
   A. "工具"菜单   B. "插入"菜单   C. "格式"菜单   D. "视图"菜单

19. 如果想在 Word 主窗口中显示常用工具按钮,应当使用的菜单是(   )。
   A. "工具"菜单   B. "视图"菜单   C. "格式"菜单   D. "窗口"菜单

20. 在 Word 中,要使用公式编辑器 Equation 来编辑复杂的数学公式,应选择"插入"菜单中的(   )。
   A. "图片"命令   B. "文件"命令   C. "文本框"命令   D. "对象"命令

二、判断题

1. 在 Word 中,打印页码 2-4、8、11 表示打印的是第二页、第四页、第八页、第十一页。(   )
2. 在 Word 中,可以设置的汉字最大的字号为初号。(   )
3. 在 Word 中,段落的缩进技术包括首行缩进、悬挂缩进、左缩进、右缩进四种。(   )
4. 在 Word 中,将鼠标指针移到左侧的选定栏,三击左键可选定整个文档。(   )
5. 在 Word 中,在打印预览方式下,可以对文档的内容直接进行编辑和修改。(   )
6. Word 窗口中的工具栏可由用户根据需要显示或隐藏。(   )

三、综合项目练习

请综合运用 Word 排版技巧,以《人与自然》为主题,编辑一份电子小报(示例参考样本在光盘\综合练习题库\应会\第3章实操练习文件夹中)。

项目要求:
1. 纸张大小为两张 A4 纸,纵向排版,图文混排。
2. 在电子小报的显著位置用艺术汉字的形式设置主题。
3. 在电子小报中要标明创作者的姓名、班级。
4. 所需的文字和图片素材可上网查找和下载。

第4章 电子表格软件 Excel 的应用

学习目的和要求 通过任务实例——学生信息管理系统的创建、统计与分析,掌握 Excel 2000 的基本功能及应用方法。

Excel 是美国微软公司推出的 Office 系列软件中的一个组件——电子表格软件,具有制表、图表和数据库三大基本功能,内含数学、统计等10类400余种函数,它可以进行各种数据处理、统计分析和辅助决策等操作,主要应用于管理、统计等领域。

项目2 创建学生信息管理系统

本项目根据一般学校常规学生管理工作内容设计,学生通过项目的制作,了解学校学生管理工作的规程,掌握 Excel 软件的数据输入、表格编排、统计计算、图表绘制与分析等基本功能,实际领略 Excel 软件在数据管理、表格制作等方面应用的突出优势。

1. 项目要求

(1)本项目要求创建"学生成绩管理"和"学生学籍管理"两个文件夹,分别存放两组 Excel 工作簿文件,其中"学生成绩管理"文件夹下存放学生成绩表处理文件,"学生学籍管理"文件夹下存放学生档案处理文件。

(2)为了便于学习,在项目制作过程中,采用在"学生成绩管理"文件夹中,每个任务创建一个工作簿文件;在"学生学籍管理"文件夹中,将多个任务放在同一个工作簿文件中。

(3)全部任务完成后,可根据各学校学生管理的特点,将这些任务文件归纳汇总为实用的学生成绩管理系统和学生学籍管理系统。

2. 项目说明

在项目制作过程中,将其内容分为若干个任务完成,根据由浅入深、由简单到复杂的学习方式,又将制作过程分为若干个阶段,即章节。

(1)"学生成绩管理"分为10个任务

1)建立班级成绩表

2)成绩表的编排

3)成绩表的计算

4)成绩表的统计

5)成绩表的筛选

6)成绩表分类汇总

7)用图表进行成绩分析

8)成绩透视表

9)成绩表的打印输出

10)成绩条的打印输出

(2)"学生学籍管理"分为6个任务

1）建立学生学籍档案表
2）格式化学生档案表
3）档案表计算
4）档案查找
5）档案归类
6）档案统计

4.1 创建项目文件，输入项目数据

任务1 建立班级成绩表

班级成绩表的效果如图 4-1 所示。

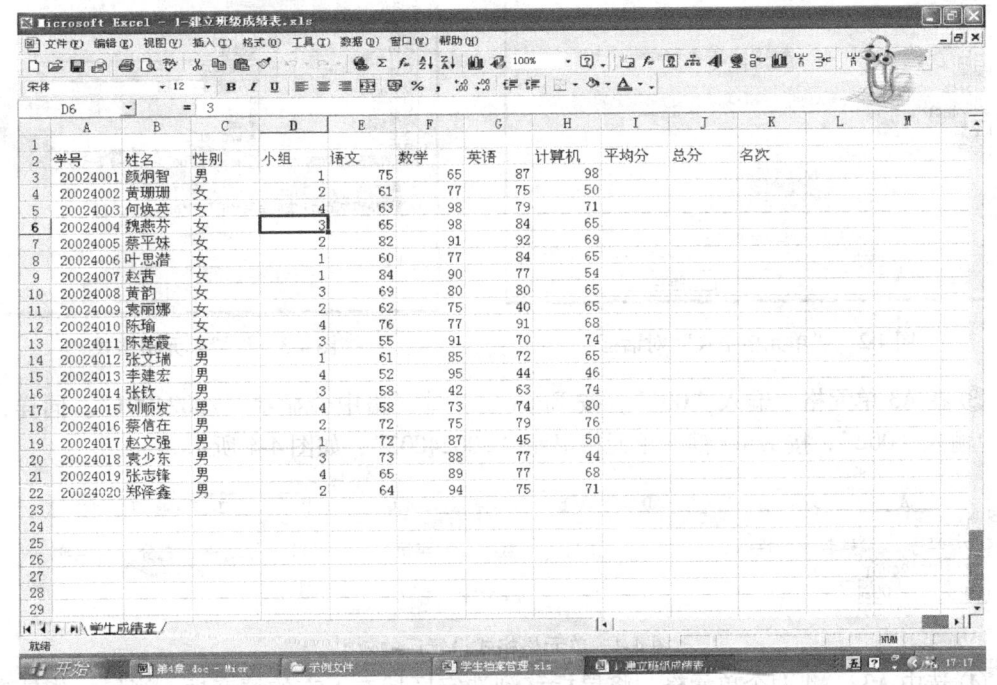

图 4-1 班级成绩表

1. 任务要求
（1）建立一个新文件夹，文件夹名为"学生成绩管理"。
（2）创建一个 Excel 工作薄，文件名为"1-建立班级成绩表"。
（3）修改工作表名字为："学生成绩表"。
（4）输入成绩表数据　限定四门课成绩输入一律只取"整数"，有效值在 0-100 之间。
（5）插入"平均分"和"总分"列。

2. 操作步骤
（1）新建一个文件夹，文件夹名为"学生成绩管理"。
（2）启动 Microsoft Excel，系统自动创建一个 Excel 工作薄。

(3)建立表结构,在第二行输入列标题:"学号"、"姓名"、"性别"、"小组"、"语文"、"数学"、"英语"、"计算机"和"名次"。

(4)填写成绩表数据

1)输入学号 操作步骤如下:

① 为了能完整显示学号,需先设置"学号"列单元格的格式。单击"学号"列上方的"A"列标,选中 A 列单元格,单击"格式"菜单下的"单元格"命令,打开"单元格格式"对话框,如图 4-2 所示。

② 单击对话框的"数字"标签,选定"分类"列表框中的"自定义",在类型文本框中输入"20024000",这表示 20024 这个数固定,后面跟长度不变由用户输入的三个数字,单击"确定"按钮,如图 4-3 所示。

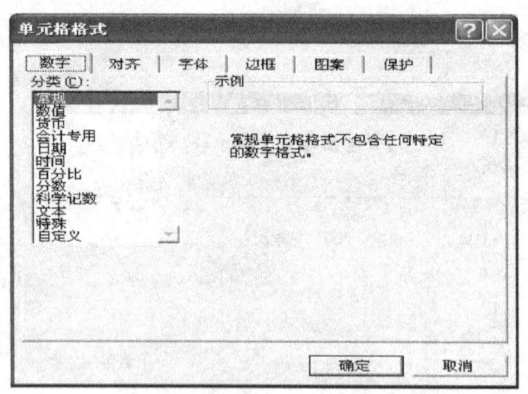
图 4-2 "单元格格式"对话框

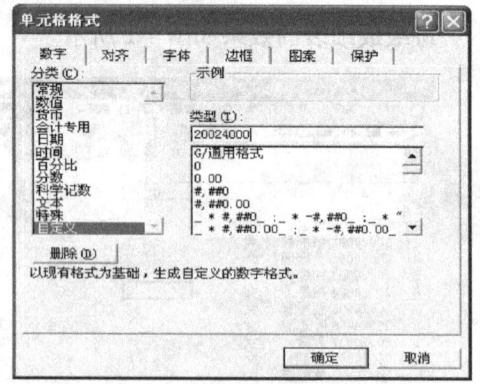
图 4-3 设置单元格格式

③ 在 A3 单元格中输入"001",按 Enter 键,单元格中会显示"20024001"。同样,在 A4 中输入"002",按 Enter 键,单元格显示"20024002",如图 4-4 所示。

	A	B	C	D	E	F	G	H	I	J	K
1											
2	学号	姓名	性别	小组	语文	数学	英语	计算机	平均分	总分	名次
3	20024001										
4	002										

图 4-4 单元格格式设置后的效果

④ 选中 A3、A4 两个单元格,将鼠标移到选定区域右下方的填充柄,当鼠标指针变为黑色加号"+"时,拖动鼠标向下至 A22 单元格,学号就自动填充完成,如图 4-5 所示。

2)输入学生姓名 从光盘"项目实例\项目2\班级成绩表素材.XLS"文件中复制。

3)输入学生性别(方法一):选择所有需要输入性别为"男"的单元格区域,在第一个单元格中输入"男",按 Ctrl + Enter 键,一次填入所有"男"性;用同样方法可输入性别"女"。

4)输入每位学生所属小组及语文、数学、英语和计算机成绩

① "小组"列:参照"性别"列数据的输入方法。

② 将"班级成绩表素材.XLS"文件中已有的学生成绩复制到相应位置。

③ 设置四门课成绩列的有效范围:选择所有成绩单元格,单击"数据"菜单下的"有效性"命令,在"设置"选项中的"允许"框下拉选项中选择"整数";在"数据"框下拉选项中选择"介于";设置"最小值"为"0","最大值"为"100"。

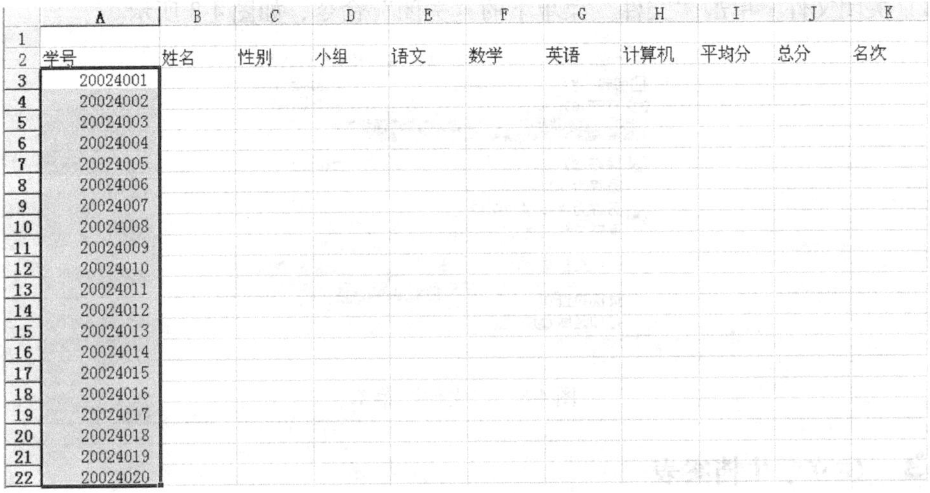

第 4 章 电子表格软件 Excel 的应用

	A	B	C	D	E	F	G	H	I	J	K
1											
2	学号	姓名	性别	小组	语文	数学	英语	计算机	平均分	总分	名次
3	20024001										
4	20024002										
5	20024003										
6	20024004										
7	20024005										
8	20024006										
9	20024007										
10	20024008										
11	20024009										
12	20024010										
13	20024011										
14	20024012										
15	20024013										
16	20024014										
17	20024015										
18	20024016										
19	20024017										
20	20024018										
21	20024019										
22	20024020										

图 4-5 自动填充结果

④ 在规定范围内补充前五名学生的各科成绩。

（5）插入"平均分"和"总分"列：单击"名次"列上方的"I"列标，选择"名次"列，单击"插入"菜单下的"列"命令，插入一列，用同样的方法再插入一列，分别在 I2、J2 中填写"平均分"和"总分"。

（6）将工作表默认表名 Sheet1 改为"学生成绩表"。

1）用鼠标左键双击工作表标签 Sheet1。

2）输入新的工作表名称"学生成绩表"，按 Enter 键，如图 4-6 所示。

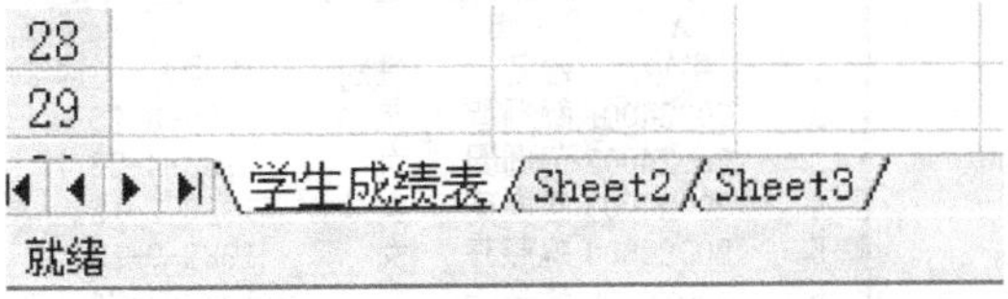

图 4-6 修改"工作表"名

（7）保存文件，文件名为"1-建立班级成绩表"

1）单击"文件"菜单下的"保存"命令，出现"另存为"对话框。

2）在"另存为"对话框中，选择"保存位置"为"学生成绩管理"，"保存类型"为"Microsoft Excel 工作簿（*.xls）"，在"文件名"中输入"1-建立班级成绩表"，按"保存"按钮，如图 4-7 所示。

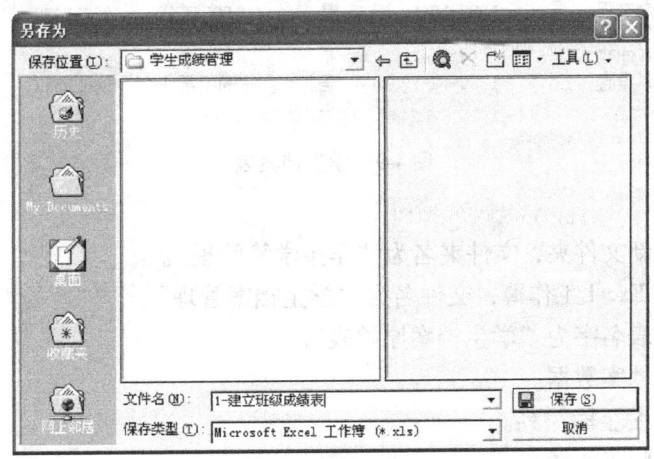

图 4-7 "另存为"对话框

(8) 关闭文件 单击"文件"菜单下的"关闭"命令，如图 4-8 所示。

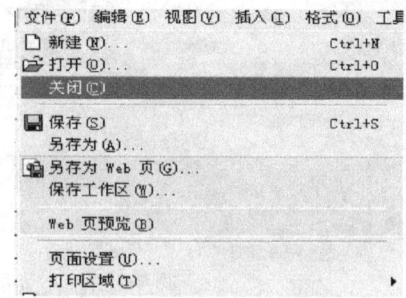

图 4-8 "文件"菜单

任务2 建立学生档案表

学生档案表的效果如图 4-9 所示。

学号	姓名	性别	出生年月	年龄	团员否	入学总分	户口性质	家庭电话	奖学金等级
20024001	颜炯智	男	1989-8-23		是	553	暂住	58028862	
20024002	黄珊珊	女	1988-4-28		否	532	常住	38360568	
20024003	何焕英	女	1989-2-12		是	530	常住	24154798	
20024004	魏燕芬	女	1988-9-15		是	529	蓝印	39008568	
20024005	蔡平妹	女	1988-5-24		是	528	常住	37189582	
20024006	叶思潜	女	1988-8-27		否	520	暂住	31024229	
20024007	赵茜	女	1990-1-9		是	513	暂住	33623328	
20024008	黄韵	女	1988-4-20		是	511	常住	31399008	
20024009	袁丽娜	女	1986-1-13		是	511	暂住	35481319	
20024010	陈瑜	女	1988-5-19		是	510	常住	52125159	
20024011	陈楚霞	女	1988-4-11		是	509	常住	82488639	
20024012	张文瑞	男	1988-11-19		否	509	暂住	29853979	
20024013	李建宏	男	1988-7-8		是	507	常住	38812984	
20024014	张钦	男	1988-7-10		是	504	暂住	31804817	
20024015	刘顺发	男	1988-3-16		是	504	常住	52478245	
20024016	蔡信在	男	1987-12-12		否	503	暂住	51209810	
20024017	赵文强	男	1988-10-19		是	502	常住	38711973	
20024018	袁少东	男	1988-12-8		是	502	暂住	52147583	
20024019	张志锋	男	1988-6-1		是	502	常住	28899628	
20024020	郑泽鑫	男	1989-12-10		是	501	常住	34628332	

图 4-9 学生档案表

1. 任务要求

(1) 建立一个新文件夹，文件夹名为"学生学籍管理"。
(2) 创建一个 Excel 工作簿，文件名为"学生档案管理"。
(3) 修改工作表名字为"学生档案原始表"。
(4) 输入学生档案数据。
(5) 插入"学费金额"列。
(6) 保存、关闭工作簿。

第 4 章 电子表格软件 Excel 的应用

2. 操作步骤

(1) 新建一个文件夹,文件夹名为"学生学籍管理"。

(2) 启动 microsoft Excel,系统自动创建一个 Excel 工作薄。

(3) 建立表结构,输入列标题:"学号"、"姓名"、"性别"、"出生年月"、"年龄"、"团员否"、"入学总分"、"户口性质"、"家庭电话"和"奖学金等级"。

(4) 填写学生档案表数据

1) 输入学号、学生姓名(从"学生成绩表"中复制、粘贴)。

2) 输入学生性别(方法二):在 C2、C3 单元格内分别填入性别"男"、"女",然后用鼠标右击 C3 单元格,弹出快捷菜单,选择"选择列表"命令,如图 4-10 所示。

在显示的列表项中选择"女",运用此方法完成"性别"列中其他单元格内容的填写,如图 4-11 所示。

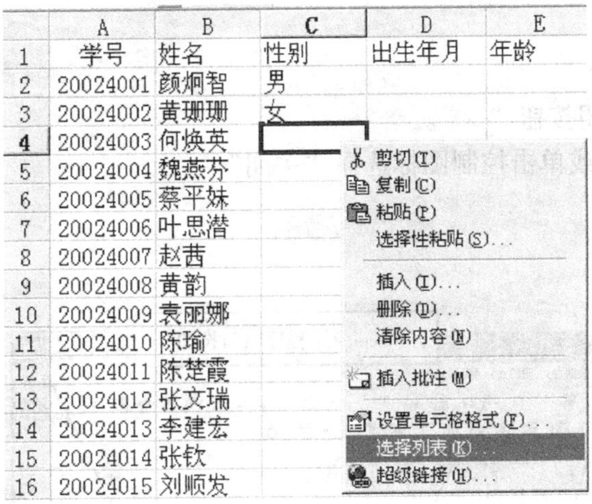

图 4-10 "选择列表"命令菜单 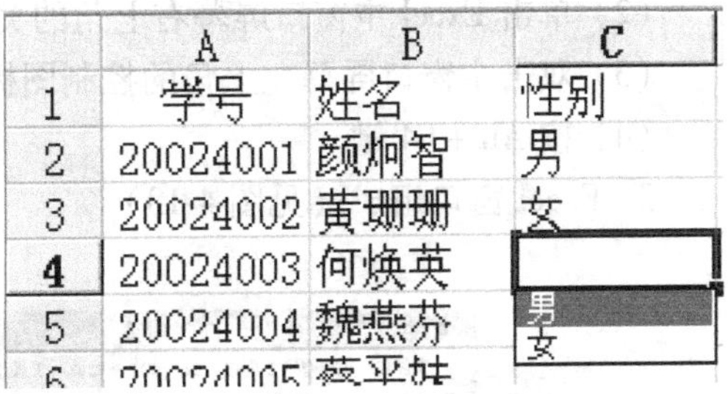　　　图 4-11 执行"选择列表"命令后列表框中内容

3) 输入出生年月:数据从光盘项目 2 文件夹中"学生档案管理素材.XLS"文件中复制;选定出生年月单元格区域,单击"格式"菜单下的"单元格"命令,在"数字"选项卡中,选定"分类"列表框中的"日期",在"类型"框中选择日期格式为"1997-3-4",单击"确定"按钮,如图 4-12 所示。

4) 输入团员否、入学总分、户口性质,从"学生档案管理素材.XLS"文件中复制。

5) 输入家庭电话:电话号码是文本型数字,输入时在号码前加单引号。例:'58028862。从素材文件中复制,补充前 5 名学生的电话。

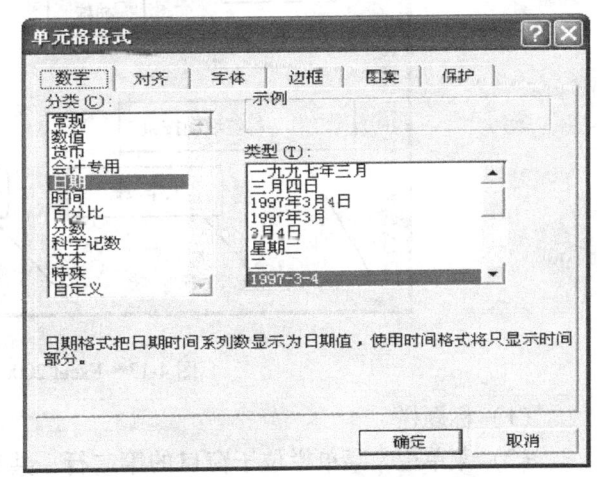

图 4-12 "单元格格式"对话框

(5) 在"奖学金等级"列前插入"学费金额"列。

(6) 将工作表默认表名 Sheet1 改为"学生档案原始表"。

(7) 保存文件，文件名为"学生档案管理"，保存位置，"学生学籍管理"文件夹中。

(8) 关闭文件。

本节知识要点

1. 启动 Excel 有 4 种方法

(1) 双击桌面的"Microsoft Excel"快捷方式图标。

(2) 单击"开始"按钮，选择"程序"中的"Microsoft Excel"菜单项。

(3) 单击"开始"按钮，选择"新建 Office 文档"项，打开"新建 Office 文档"对话框，选择"常用"项，双击"空工作簿"图标，启动 Excel 并建立了一个新的工作簿。

(4) 双击任何一个已经存在的 Excel 文档，打开文档的同时启动 Excel。

2. 退出 Excel 有 4 种方法

(1) 单击"文件"菜单的"退出"命令。

(2) 单击 Excel 主窗口屏幕右上角的关闭按钮"×"。

(3) 双击主窗口屏幕左上角的控制图标或单击控制图标选择"关闭"。

(4) 按 Alt + F4 键。

3. Excel 窗口组成（见图 4-13）

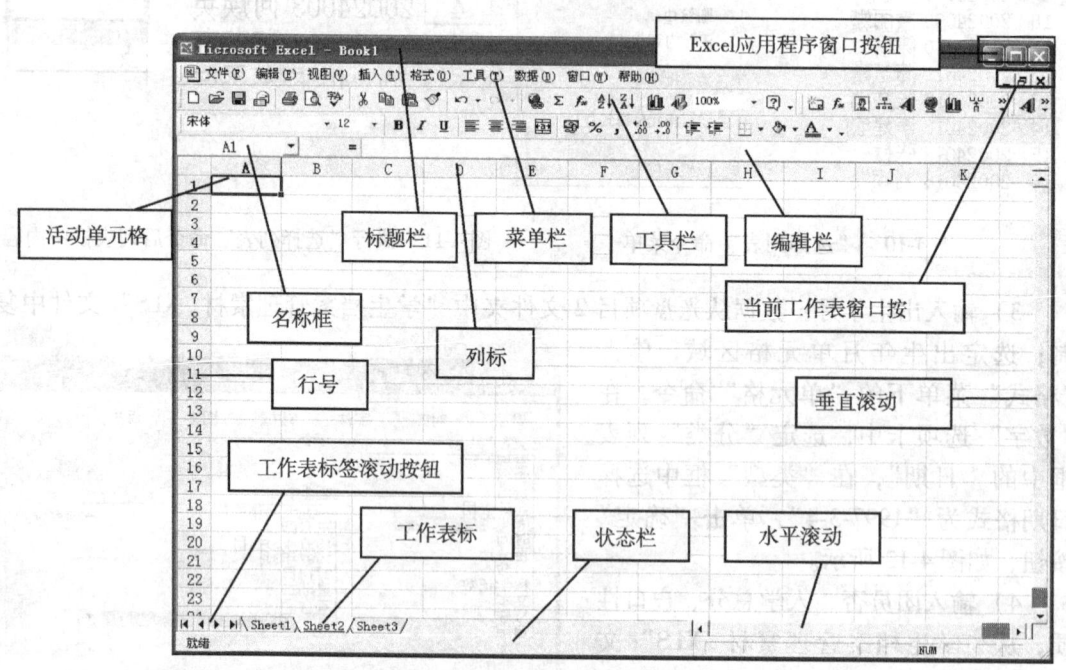

图 4-13　Excel 2000 界面窗口

(1) 标题栏

(2) 菜单栏　菜单栏位于窗口的第二行，共有 9 个菜单，它们是"文件"、"编辑"、"视图"、"插入"、"格式"、"工具"、"数据"、"窗口"和"帮助"。

（3）工具栏
（4）编辑栏　编辑栏位于格式工具栏的下方，由五个部分组成，如图 4-14 所示。

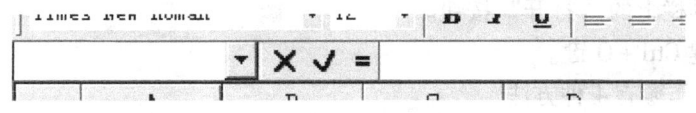

图 4-14　编辑栏

1）最左边是名称框，显示当前单元格的名称。
2）"×"按钮：取消本次输入内容，单元格为"空"。
3）"√"按钮：确认本次输入内容，相当于按"Enter"键。
4）"="按钮：表示输入、编辑公式。
5）最右边为公式栏，显示活动单元格的内容。

对有内容的单元格，单击选择后，可在编辑栏中对其内容进行修改；也可双击或单击后按 F2 键，直接在单元格修改。

（5）状态栏

4．工作簿、工作表和单元格的概念

（1）工作簿　一个 Excel 文档叫做一个工作簿，其扩展名为".xls"。
（2）工作表　工作表由若干个网格组成。

横向为行，从上到下为 1、2、3……，最多可为 65536 行；纵向为列，从左到右为 A、B、C……，超过 26 时，用 AA、AB、AC……表示，最多可为 256 列。

最上面一行为列标号行，最左边一列为行标号列。

在一个工作簿中可以包含很多的工作表，最多为 255 个。

创建文件时，每个工作簿默认工作表有 3 个，分别用 Sheet1、Sheet2 和 Sheet3 表示默认工作表名。

（3）单元格　行与列相交的网格称为单元格，它是工作表的基本组成单位。

每个单元格都有地址，由列标号和行标号组成。选定单元格，当前单元格的地址可在名称框中显示。

5．新建、保存、打开和关闭工作簿

（1）新建工作簿有 4 种方法

1）Excel 启动后系统自动建立一个工作簿，临时文件名为"Book1.xls"。
2）启动后，单击工具栏上的"新建"按钮。
3）单击"文件"菜单中的"新建"命令。
4）用快捷键"Ctrl + N"。

系统选择临时文件名依次为 Book1、Book2、Book3……。

（2）保存工作簿

1）第一次保存：单击"文件"菜单下的"保存"命令或单击工具栏的"保存"按钮，指定保存位置（可以选择左栏中的位置）、文件名、文件类型。

2）已保存过的文档：单击工具栏的"保存"按钮或单击"文件"菜单下的"保存"命令即可。

（3）打开工作簿有 3 种方法
1）单击"文件"菜单下的"打开"命令。
2）单击工具栏上的"打开"按钮。
3）用快捷键 Ctrl + O 键。
（4）关闭工作簿有 4 种方法
1）单击工作簿窗口右上角的"关闭"按钮。
2）单击"文件"菜单下的"关闭"命令。
3）单击工作簿窗口左上角的控制图标，选择"关闭"命令。
4）双击工作簿左上角的控制图标。
注意：若工作簿修改后未"保存"，则"关闭"时会弹出保存对话框。
6. 单元格的选定与数据输入
（1）单元格的选定
1）选定一个单元格：只需用鼠标左键单击欲选定的单元格即可。
2）选定整行或整列：在工作表上单击行号或列标可以选定一整行或一整列。
3）选定连续区域有 3 种方法
① 利用鼠标拖动。从欲选定区域的左上角单元格开始拖动，直至右下角单元格，然后释放鼠标。
② 利用 Shift 键。先单击所选区域左上角的单元格，再按住 Shift 键，单击所选区域右下角单元格。
③ 直接在名称框中输入单元格地址范围（如：B2：C3），按 Enter 键。
4）选定不连续区域：选择第一个单元格或单元格区域，按住 Ctrl 键，单击要选择的其他单元格或拖动要选择的其他单元格区域。
5）全选整个工作表：单击工作表窗口左上角的"全选"按钮。
6）指定单元格：单击"编辑"菜单下的"定位"命令，打开"定位"对话框，在"引用位置"中输入地址。
（2）数据输入
1）输入数字
- 数字表示：用逗号、科学计数法或某种内置格式。
- 数字输入：直接输入数字，按 Enter 键确认。
- 特殊数字输入：
☆ 负数：可直接输入，如：-30，也可加括号输入，如：(30)。
☆ 分数：先输入"0"和一个空格，再输入分数。
☆ 百分数：先输入数字，再输入"%"。
☆ 小数：直接输入，小数位数用"增加小数位数"按钮和"减少小数位数"按钮修改。
- 数字对齐方式：默认对齐方式为右对齐。
注意：若单元格容纳不下一个未经格式化的数字时，就用科学法显示；当单元格容纳不下一个格式化的数字时，就在单元格中显示一行"#"号。
2）输入文本
- 文本表示：任何字母、数字和键盘符号的组合。

- 文本输入：直接输入文本。
- 文本对齐方式：默认对齐方式为左对齐。
- 长文字在同一单元格分行显示：单击"格式"菜单下的"单元格格式"命令，选择"对齐"标签，在"文本控制"栏中选"自动换行"。

注意：如果要将数字组成的文本型数据输入到单元格中，则在数字前加西文单引号"'"。

3）输入日期和时间
- 日期和时间输入：在单元格中输入一个可识别的日期或时间时，单元格的格式会自动从"常规"格式转换为相应的"日期"、"时间"格式。
- 日期和时间对齐方式：默认对齐方式为右对齐。

注意：按 Ctrl +；键可以输入当前日期；按 Ctrl + Shift +；键可以输入当前时间。

4）一次在多个单元格输入相同的数据：选择单元格区域，在第一个单元格中输入数据，按 Ctrl + Enter 键。

5）输入序列：序列是指按一定规律排列的数据，如等差数列、等比数列和自定义序列等。输入序列的方法有两种：菜单操作和鼠标拖动。

① 使用菜单操作。先在单元格中输入序列的起始值，选定需输入序列的单元格区域，单击"编辑"菜单下"填充"选项中的"序列"命令，选择所需的选项，如图 4-15 所示。

② 直接用鼠标拖动。在起始单元格输入起始值，在与起始单元格相邻的单元格输入第二个数据，选中这两个相邻单元格，如图 4-16 所示。

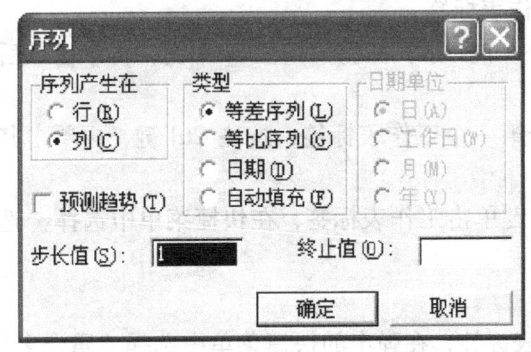

图 4-15 "序列"对话框

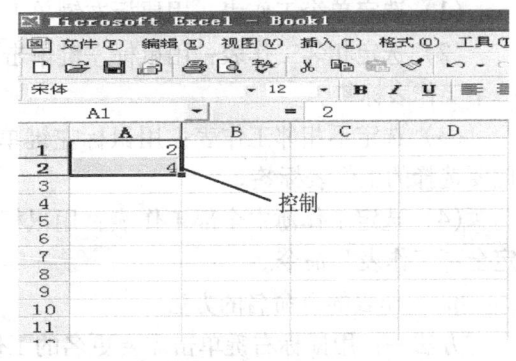

图 4-16 鼠标拖动填充序列

将鼠标移动到"自动填充"控制柄，此时鼠标指针变为十字形，按下鼠标左键拖动至所需单元格，释放鼠标左键，完成自动填充，如图 4-17 所示。

若要指定序列的类型，可用鼠标右键拖动至结束单元格，释放鼠标按钮，将出现一个快捷菜单，选择相应的选项即可，如图 4-18 所示。

同一行或同一列相同数据的填充：若是连续数据区域，则在起始单元格中输入数据，然后按住鼠标左键向下拖动填充柄；若不是连续数据区域，则先选中有数字的单元格，不能是第一行，按 Ctrl 键，选择同一行或同一列方向的其他单元格，单击"编辑"菜单下的"填充"命令，选择填充方向。

6）自定义序列：单击"工具"菜单下的"选项"命令，选择"自定义序列"标签。

若要使用选定的数据，单击"导入"按钮，否则，在"自定义序列"列表框中选中

"新序列"选项,在"输入序列"编辑框内输入序列数据,输完一个数据,以回车键结束,单击"添加"按钮,则被加入到自定义序列列表项中。

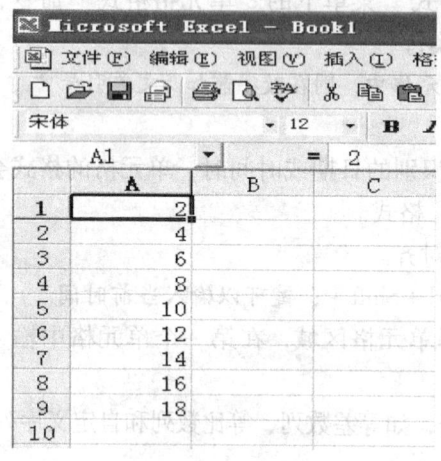

图 4-17 填充后的序列

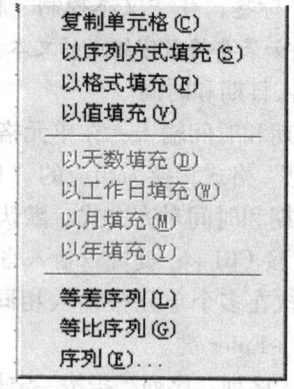

图 4-18 序列填充快捷菜单

7)多工作表输入相同数据:选定第一个工作表,按住 Ctrl 键,用鼠标选定其他工作表,在第一个表中输入数据,按 Enter 键确认。

7. 工作表的选择

(1)选定单个工作表:用鼠标左键单击工作表标签。

(2)选定相邻工作表:用鼠标左键单击第一个工作表标签,按住 Shift 键,再单击最后一个工作表标签。

(3)选定不相邻工作表:用鼠标左键单击第一个工作表标签,按住 Ctrl 键,再单击其他要选择的工作表标签。

(4)选定工作簿中全部工作表:用鼠标右键单击工作表标签,在快捷菜单中选择"选定全部工作表"命令。

8. 工作表的重命名的方法

方法一:用鼠标右键单击需要更名的工作表标签,在弹出的快捷菜单中选择"重命名"命令。

方法二:用鼠标左键双击要命名的工作表标签。

方法三:选择"格式"菜单中"工作表"选项下的"重命名"命令。

9. 设置有效数据范围

选择单元格区域,单击"数据"菜单下的"有效性"命令,在"设置"标签中设置数据的有效范围。

4.2 格式化编排项目工作表

任务 3 格式化编排班级成绩表

格式化编排班级成绩表的效果如图 4-19 所示。

高二（2）班学生成绩表

编号	姓名	性别	小组	语文	数学	英语	计算机	平均分	总分	名次
20024001	颜炯智	男	1	75	65	87	98			
20024002	黄珊珊	女	2	61	77	75	50			
20024003	何焕英	女	4	63	98	79	71			
20024004	魏燕芬	女	3	65	98	84	65			
20024005	蔡平妹	女	2	82	91	92	69			
20024006	叶思潜	女	1	60	77	84	65			
20024007	赵茜	女	1	84	90	77	54			
20024008	黄韵	女	3	69	80	80	65			
20024009	袁丽娜	女	2	62	75	40	65			
20024010	陈瑜	女	4	76	77	91	68			
20024011	陈楚霞	女	3	55	91	70	74			
20024012	张文瑞	男	1	61	85	72	65			
20024013	李建宏	男	4	52	95	44	46			
20024014	张钦	男	3	58	42	63	74			
20024015	刘顺发	男	4	58	73	74	80			
20024016	蔡信在	男	2	72	75	79	76			
20024017	赵文强	男	1	72	87	45	50			
20024018	袁少东	男	3	73	88	77	44			
20024019	张志锋	男	4	65	89	77	68			
20024020	郑泽鑫	男	2	64	94	75	71			

格式编排

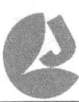

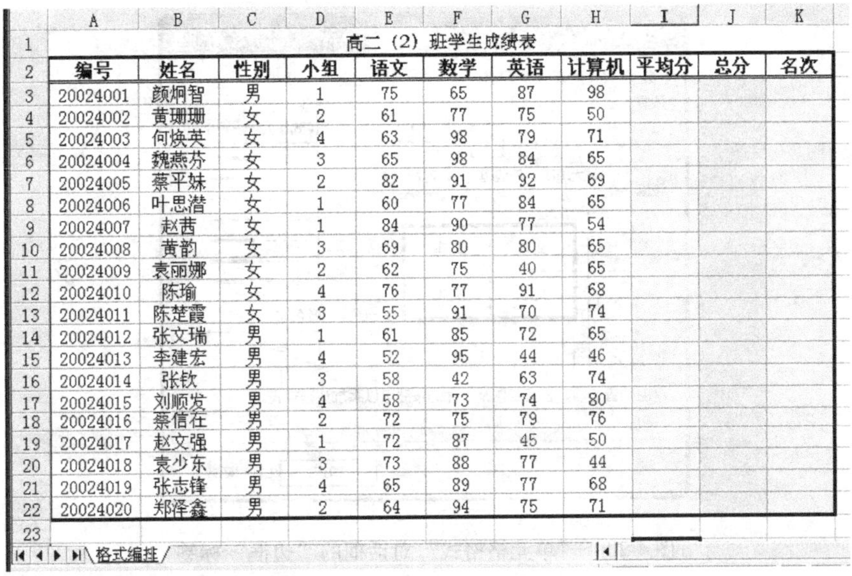

图 4-19　格式化后的班级成绩表

1. 任务要求

（1）打开“学生成绩管理”文件夹中的“1-建立班级成绩表”工作簿文件。

（2）编排表格标题：“合并及居中”、“华文中宋”，12 号字。

（3）添加内外表格线。

（4）为表格中“平均分”、“总分”和“名次”列添加底纹。

（5）设置表头、数据项的字体为“宋体”，字号为“12”，表头字“加粗”。

（6）设置表头、数据项的数据对齐方式：“居中”。

（7）用“条件格式”将各科成绩不及格的数据用红色显示。

（8）另存、关闭工作簿。

2. 操作步骤

（1）打开文件名为“1-建立班级成绩”的工作簿。

（2）设置标题。选定 A1 单元格，输入标题“高二（2）班学生成绩表”，设置字体为“华文中宋”，字号为 12，选定单元格区域 A1 ~ K1，单击“格式”工具栏上的“合并及居中”。

（3）添加内外表格线

1）设置外框线：选中单元格区域 A2 ~ K22，然后用鼠标右键单击选定区域，弹出快捷菜单，选择“设置单元格格式”命令，单击对话框中“边框”标签，选择外框的线条样式为黑色粗实线，单击“预置”下的“外边框”按钮，如图 4-20 所示。

2）设置内部线条：在“单元格格式”对话框的“边框”标签下，选择内部线条样式为红色细实线，单击“预置”下的“内部”按钮。

3）设置表头下边框线：选中 A2 ~ K2 单元格区域，用鼠标右键单击选定区域，弹出快捷菜单，选择“设置单元格格式”命令，在对话框中单击“边框”标签，选择线条样式为黑色双实线，单击“边框”下的“下边框线”按钮，单击“确定”按钮，完成整个表格线

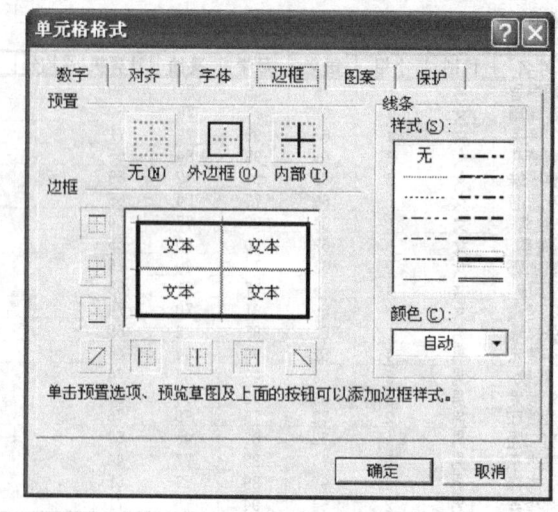

图 4-20 "单元格格式"对话框的"边框"标签

的设置。

(4) 设置表格底纹

1) 设置平均分底纹：选中 I3～I22 单元格区域，用鼠标右键单击选定区域，弹出快捷菜单，选择"设置单元格格式"命令，在对话框中选择"图案"标签，单击"单元格底纹"下的"颜色"按钮（浅黄色），单击"确定"按钮即可，如图 4-21 所示。

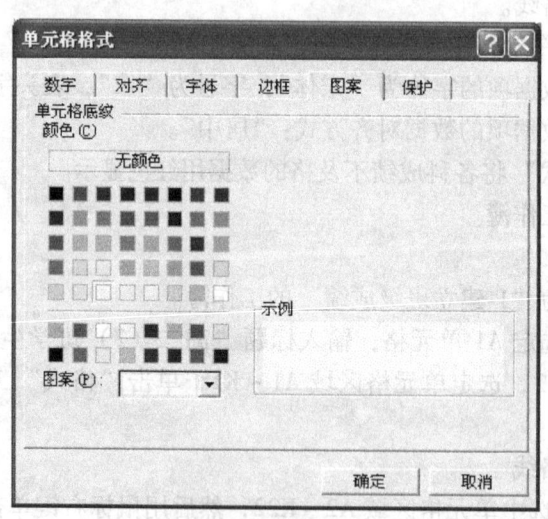

图 4-21 "单元格格式"对话框的"图案"标签

2) 设置总分底纹：方法同上，颜色为浅绿色。
3) 设置名次底纹：同上，颜色为浅蓝色。

(5) 设置表头和数据项的字体、字形和字号

1) 选择表头 A2～K2，用"格式"工具栏的按钮设置："宋体"、"加粗"、"12"号；
2) 选择数据项 A3～K22，设置数据为："宋体"、"12"号。

第4章 电子表格软件 Excel 的应用

(6) 设置表头、数据项的数据对齐方式。选择表头及数据项 A2～K22，按快捷键 Ctrl + 1 键，弹出"单元格格式"对话框，单击"对齐"标签，在"文本对齐"下选择"水平对齐"为"居中"，如图 4-22 所示。

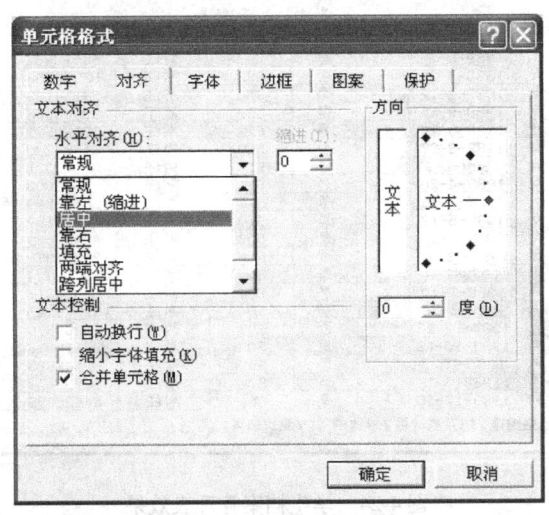

图 4-22 "单元格格式"对话框"对齐"项

(7) 用"条件格式"将各科分数不及格的数据用红色显示。选择数据项 E3～H22，单击"格式"菜单下的"条件格式"命令，弹出"条件格式"对话框，在条件框中设置条件为"单元格数值""介于 60 与 0"之间。

单击"格式"按钮，设定"字体"标签下的"颜色"为"红色"，单击"确定"按钮，返回"条件格式"对话框，再单击"确定"按钮，完成条件格式设置，如图 4-23 所示。

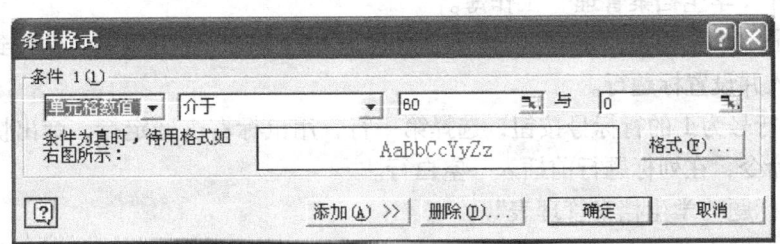

图 4-23 "条件格式"对话框

(8) 重命名工作表，表名为"格式编排"。

(9) 另存、关闭文件。单击"文件"菜单下的"另存为"命令，将编排好的表格保存到"学生成绩管理"文件中，并用文件名"2-美化编排表格"命名工作簿，关闭工作簿文件。

任务4 格式化编排学生档案管理表

格式化编排学生档案管理表的效果如图 4-24 所示。

1. 任务要求

(1) 打开"学生学籍管理"文件夹中的"学生档案管理"工作簿文件。

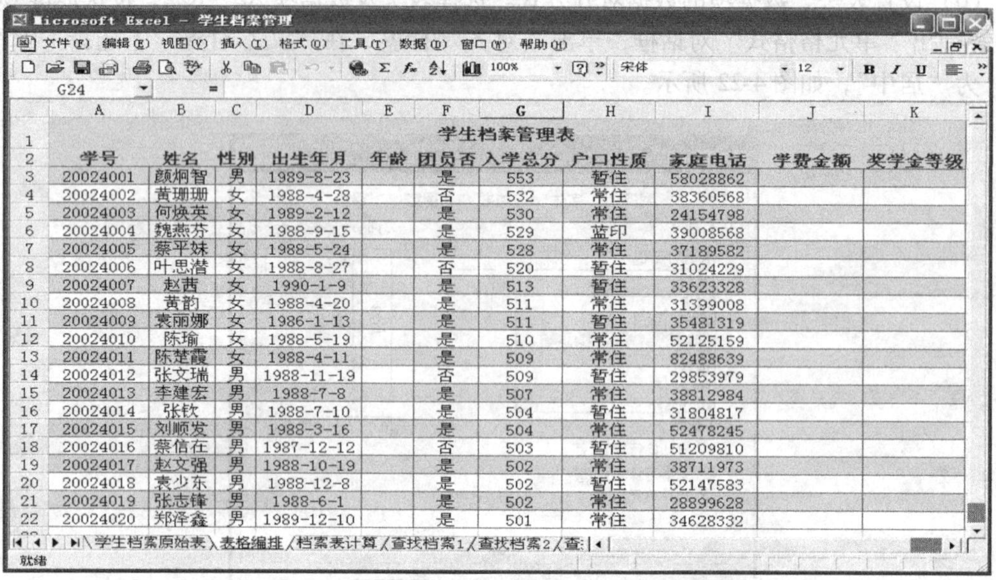

	A	B	C	D	E	F	G	H	I	J	K
1	学生档案管理表										
2	学号	姓名	性别	出生年月	年龄	团员否	入学总分	户口性质	家庭电话	学费金额	奖学金等级
3	20024001	颜炯智	男	1989-8-23		是	553	暂住	58028862		
4	20024002	黄珊珊	女	1988-4-28		否	532	常住	38360568		
5	20024003	何焕英	女	1989-2-12		是	530	常住	24154798		
6	20024004	魏燕芬	女	1988-9-15		是	529	蓝印	39008568		
7	20024005	蔡平妹	女	1988-5-24		是	528	常住	37189582		
8	20024006	叶思潜	女	1988-8-27		否	520	暂住	31024229		
9	20024007	赵茜	女	1990-1-9		是	513	暂住	33623328		
10	20024008	黄韵	女	1988-4-20		是	511	常住	31399008		
11	20024009	袁丽娜	女	1986-1-13		是	511	暂住	35481319		
12	20024010	陈瑜	女	1988-5-19		是	510	常住	52125159		
13	20024011	陈楚霞	女	1988-4-11		是	509	常住	82488639		
14	20024012	张文瑞	男	1988-11-19		否	509	暂住	29853979		
15	20024013	李建宏	男	1988-7-8		是	507	常住	38812984		
16	20024014	张钦	男	1988-7-10		是	504	暂住	31804817		
17	20024015	刘顺发	男	1988-3-16		是	504	常住	52478245		
18	20024016	蔡信在	男	1987-12-12		否	503	暂住	51209810		
19	20024017	赵文强	男	1988-10-19		是	502	常住	38711973		
20	20024018	袁少东	男	1988-12-8		是	502	暂住	52147583		
21	20024019	张志锋	男	1988-6-1		是	502	常住	28899628		
22	20024020	郑泽鑫	男	1989-12-10		是	501	常住	34628332		

图 4-24　学生档案管理表效果

（2）插入标题行，设置标题行行高、字体、字形、字号和对齐方式。

（3）运用“自动套用格式”格式化表格。

（4）添加表格线。

（5）设置数据项的数据对齐方式。

（6）重命名工作表。

2. 操作步骤

（1）打开“学生档案管理”工作簿。

（2）单击“学生档案原始表”，选择原始数据 A1 ~ K22，将其复制、粘贴到 sheet2 中。

（3）插入并设置标题行。

1）单击行号为 1 的行标号按钮，选择第一行，用鼠标右击选定行，弹出快捷菜单，选择“插入”命令，在列标题行前插入一空白行。

2）输入标题“学生档案管理表”。

3）设置标题水平居中（用菜单命令操作）。选定单元格区域 A1 ~ K1，用鼠标右击选定区域，弹出快捷菜单，选择“设置单元格格式”命令，单击对话框的“对齐”标签，在“文本控制”中选择“合并单元格”；在“文本对齐”下的“水平对齐”下拉列表框中选择“居中”，单击“确定”按钮。

4）设置文字格式为：“宋体”、“加粗”、“12”号、“深红”色。

5）设置标题行行高：单击标题行，单击“格式”菜单，选择“行”子菜单下的“行高”命令，打开“行高”对话框，在“行高”旁的文本框中输入“25”，单击“确定”按钮。

（4）格式化表格。选择表头及数据项，单击“格式”菜单中的“自动套用格式”命令，打开对话框，在“自动套用格式”对话框中，移动滚动条，选择“序列 1”格式，单击“确定按钮”，如图 4-25 所示。

（5）添加表格线。选择数据区域（不包括表头），单击“格式”菜单中的“单元格”

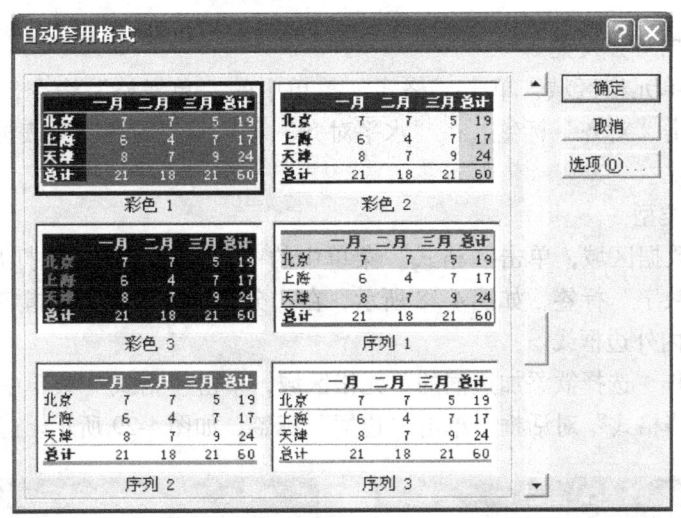

图 4-25 "自动套用格式"对话框

命令,单击对话框的"边框"标签,选择线条样式为细实线,颜色为"青色",单击预置下的"外边框"按钮和"内部"按钮,最后单击"确定"按钮。

(6) 设置数据项居中对齐。选择表格数据区域,单击工具栏"居中"对齐按钮,设置水平对齐方式为"居中"。

(7) 重命名工作表,名称为"表格编排",保存、关闭工作簿。

本节知识要点

1. 行高与列宽的设定

(1) 设定行高

1) 鼠标操作。将鼠标指针指向欲改变行高的行号与下边行号的分隔线上,当鼠标指针变成一个带有上下箭头的实心十字时,按住鼠标左键进行拖动调整。

2) 菜单操作。选定欲改变行高的区域,单击"格式"菜单中"行"子菜单下的"行高"命令,打开"行高"对话框,如图 4-26 所示,输入需要的行高度。

(2) 设置列宽

1) 鼠标操作。将鼠标指针指向欲改变列宽的列标与右边列标的分隔线上,当鼠标箭头变成带有左右箭头的实心十字时,按住鼠标左键进行拖动调整。

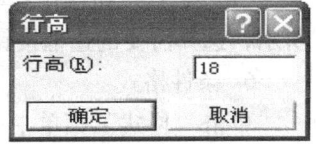

图 4-26 "行高"对话框

2) 菜单操作。选定欲改变列宽的区域,单击"格式"菜单中"列"子菜单下的"列宽"命令,打开"列宽"对话框,如图 4-27 所示,输入需要的列宽度。

2. 字体、字形、字号与颜色的设置

选定欲改变字体、字形、字号与颜色的单元格区域,单击"格式"菜单中的"单元格"命令,打开"单元格格式"对话框,选择"字体"标签,进

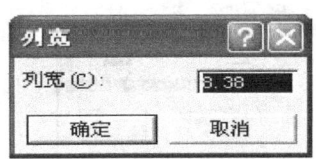

图 4-27 "列宽"对话框

行各项设置。

3. 单元格数据对齐设置

选择指定的单元格区域，单击"格式"菜单中的"单元格"命令，打开"单元格格式"对话框，单击"对齐"标签，在"水平对齐"和"垂直对齐"列表框中选择所需的对齐方式。

4. 设置数字类型

选择指定的数据区域，单击"格式"菜单中的"单元格"命令，打开"单元格格式"对话框，单击"数字"标签，如图 4-28 所示，在"分类"框中，选择指定类型。

5. 设置表格内外边框线

（1）菜单操作　选择欲添加边框的单元格区域，单击"格式"菜单中的"单元格"命令，打开"单元格格式"对话框，单击"边框"标签，如图 4-29 所示。

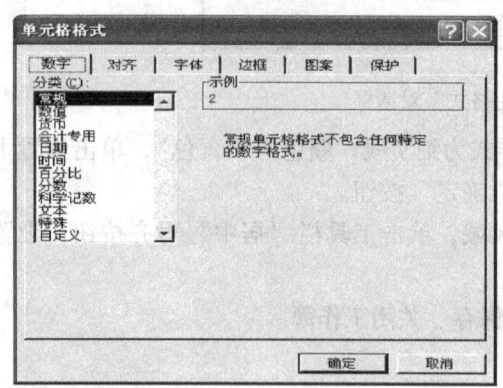

图 4-28　"数字"标签

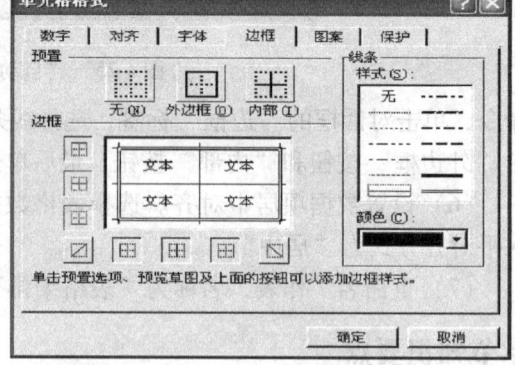

图 4-29　"边框"标签

从"样式"栏中选择边框线的类型，从"颜色"下拉列表框中选择边框线的颜色，从"预置"栏中，通过内外框线按钮，一次性添加内外框线，或从"边框"栏中，通过各个位置的框线按钮，分别添加不同位置的框线。

（2）工具按钮操作　单击"格式"工具栏中"边框"工具的下拉列表按钮，如图 4-30 所示，选择需要的边框按钮。

6. 条件格式

单击"格式"菜单中的"条件格式"命令，打开"条件格式"对话框，如图 4-31 所示，在"条件"下拉列表中，指定"条件"和"范围"，单击"格式"按钮，设置满足条件的数据格式，单击"添加"按钮，可增加一个新条件，最多可设定三个条件。

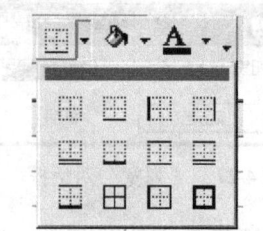

图 4-30　"边框"工具按钮

图 4-31　"条件格式"对话框

若要删除一个或多个条件，单击"删除"按钮，打开"删除条件格式"对话框，选择要删除的条件。

7. 自动套用格式

自动套用格式是应用 Excel 预设的工作表格式美化工作表。

选择单元格区域，单击"格式"菜单下的"自动套用格式"命令，打开"自动套用格式"对话框，如图 4-32 所示，选择"格式"列表框中的指定格式，并在"示例"框中预览。

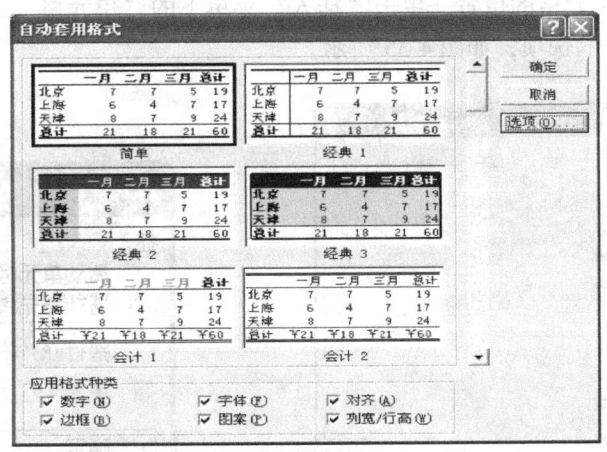

图 4-32 "自动套用格式"对话框

注意：单击"选项"按钮，在对话框下部将增加"应用格式种类"的复选框。若要取消自动套用格式，可在套用格式列表中选择"无"。

8. 合并单元格

(1) 菜单操作　选择单元格区域，单击"格式"菜单下的"单元格"命令，打开"单元格格式"对话框，选择"对齐"标签，如图 4-33 所示，选中"文本控制"下的"合并单元格"复选框。

(2) 工具按钮操作　选择单元格区域，单击"格式"工具栏的"合并及居中"按钮。

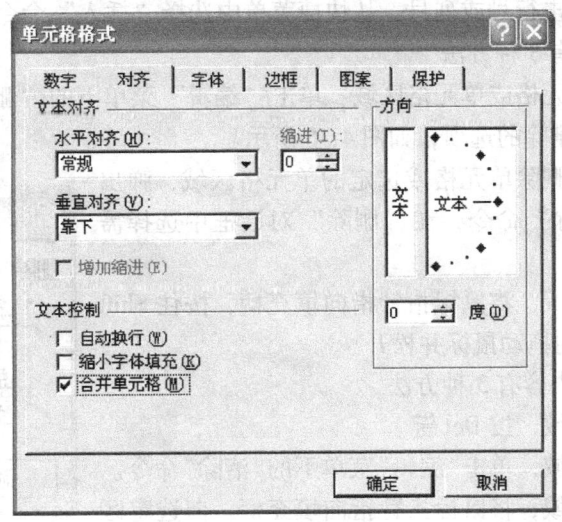

图 4-33 "单元格格式"对话框的"对齐"标签

9. 添加底纹与图案

选定需添加底纹与图案的单元格或单元格区域，单击"格式"菜单下的"单元格"命令，打开"单元格格式"对话框，选择"图案"标签，如图 4-34 所示，在"颜色"列表中指定颜色或在"图案"下拉列表中选择需要的图案及图案颜色。

10. 插入与删除操作

（1）插入单元格有两种方法

1）选择欲插入单元格的位置，单击"插入"菜单下的"单元格"命令，在"插入"对话框中，选择需插入的选项，如图 4-35 所示。

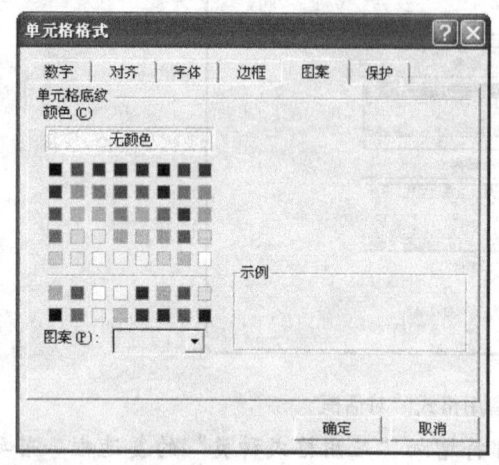

图 4-34 "图案"标签

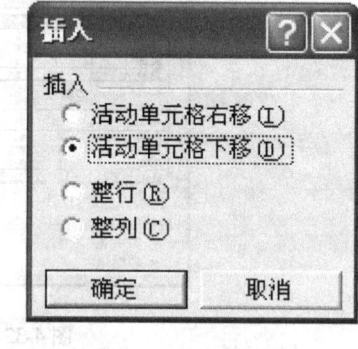

图 4-35 "插入"对话框

2）用鼠标右击欲插入单元格的位置，弹出快捷菜单，在快捷菜单中，选择"插入"命令。

（2）插入行或列有两种方法

1）选择要插入的行或列位置，单击"插入"菜单下的"行"或"列"命令。

注意：要插入多少行（列）就选多少行（列）。

2）用鼠标右键单击行号或列号，从快捷菜单中选择"插入"命令。

（3）删除单元格有 3 种方法

1）选择欲删除单元格或单元格区域，单击"编辑"菜单下的"删除"命令，打开"删除"对话框，选择需删除的选项，如图 4-36 所示。

2）用鼠标右击欲删除单元格或选定的单元格区域，弹出快捷菜单，单击"删除"命令，在"删除"对话框中选择需删除的选项。

3）选择单元格区域，将鼠标指针指向填充柄，按住 Shift 键，同时向选定区域内拖动鼠标并松开。

（4）清除单元格内容有 3 种方法

1）选择单元格区域，按 Del 键。

2）选择单元格区域，单击"编辑"菜单下的"清除"命令。

3）选择单元格区域，将鼠标指针指向填充柄，向选定区域内拖动鼠标并松开。

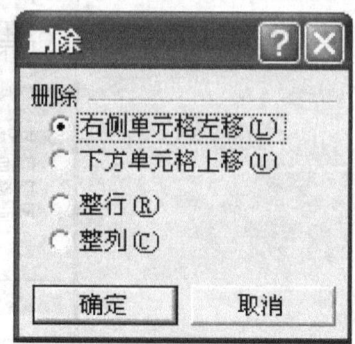

图 4-36 "删除"对话框

11. 复制、剪切与粘贴操作有 3 种方法

1）用"编辑"菜单或工具栏的复制、剪切和粘贴功能。

2）选定单元格区域，将鼠标指向选定区域边框线上，鼠标指针变为"↖"，若直接拖动，则操作为移动，若按住 Ctrl 键拖动，则操作为复制。

3）选定单元格区域，单击"复制"或"剪切"按钮，单击目标区域左上角单元格，单击"插入"菜单，选择"复制单元格"或"剪切单元格"命令。

12. 冻结标题和窗格

处理数据量很大的工作表，保持行、列标题或一部分内容总在屏幕上可见。

（1）固定行　单击要冻结范围下一行的"A"列，选择"窗口"菜单的"冻结窗格"命令，系统在该行上边划出一条线，线上面的行在屏幕上下滚动时，固定不动。

（2）固定列　单击要冻结的范围右边一列的"1"行，选择"窗口"菜单的"冻结窗格"命令，系统在该列左侧划出一条线，线左边的列在屏幕左右滚动时，固定不动。

（3）同时固定行和列　单击要冻结行、列交叉的右下方区域第一个单元格，选择"窗口"菜单的"冻结窗格"项，屏幕只在右下方区域滚动。

13. 查找与替换

（1）查找　单击"编辑"菜单下的"查找"命令，输入查找内容，设置搜索方式和搜索范围，单击"查找下一个"按钮，即可在当前位置以下的范围查找。

（2）替换　单击"编辑"菜单下的"替换"命令，打开"替换"对话框，输入查找内容和替换内容，若只替换当前单元格，则按"替换"按钮，若替换全部，则按"全部替换"按钮。

14. 批注

（1）添加批注　选中加批注单元格，单击"插入"菜单下的"批注"命令，打开对话框，输入提示信息。

（2）编辑批注　选择有批注的单元格，单击右键或单击"插入"菜单下的"编辑批注"命令。

（3）删除批注　鼠标右键单击有批注的单元格，选择"删除批注"命令。

4.3 运用公式与函数计算表格项

任务 5　学生成绩表计算

学生成绩表计算的效果如图 4-37 所示。

1. 任务要求

（1）打开"学生成绩管理"文件夹中的"2-美化编排表格"工作簿文件。

（2）计算四科平均分，并保留小数位 2 位。

（3）计算四科总分。

（4）计算名次。

（5）填补缺漏的边框线。

（6）重命名工作表。

（7）另存为"3-成绩表计算"，关闭工作簿。

计算机操作与应用基础教程

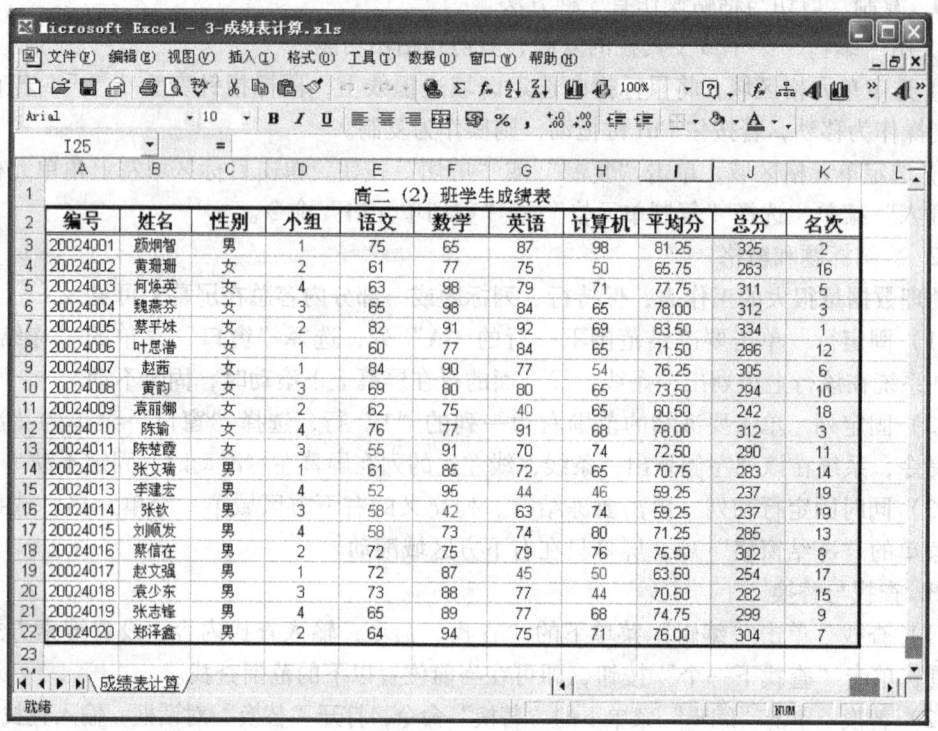

图 4-37 任务效果图

2. 操作步骤

（1）打开"2-美化编排表格.xls"工作簿文件。

（2）求每位学生的平均分，操作如下：

1）单击选择 I3 单元格，单击"编辑栏"的"="号按钮，在"名称框"的函数下拉列表中选择"AVERAGE"函数，打开函数对话框，光标位于"Numberl"栏中，用鼠标选择"E3：H3"区域（如果数据区被遮盖，可以单击栏框右端的"折叠"按钮，选择区域后再单击展开）。按"确定"按钮或单击编辑栏的"√"按钮，求第一位学生的四科平均分。编辑栏显示公式"=AVERAGE（E3：H3）"，I3 单元显示结果。

2）再利用自动填充功能求其他学生的四科平均分。选中 I3 单元格，将鼠标指针移至选定单元格填充柄处，指针变为实心十字形，按住左键拖动到 I22 单元格松开。

3）选择 I3～I22 数据区域，用鼠标右击选定区域，在快捷菜单中，选择"设置单元格格式"命令，单击"数字"标签，设置"分类"为"数值"，"小数位数"为"2"，单击"确定"按钮，如图 4-38 所示。

（3）求每位学生的总分 单击选择 J3 单元格，单击"常用"工具栏的"Σ"按钮，编辑

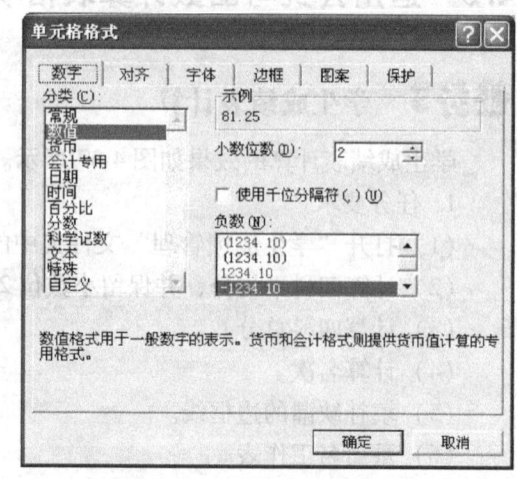

图 4-38 "数字"标签

112

栏显示公式“＝SUM（E3：H3）”，确认数据区域是否正确，按“Enter”键求第一位学生的总分，再利用自动填充功能，求每位学生的总分。

（4）排名次 在K3中输入函数“＝RANK（J3，＄J＄3：＄J＄22，0）”，方法同（3），用“，”号分隔的每一个参数，放在函数对话框的不同参数行。求第一位学生的名次，再利用自动填充功能，求每一位学生的排名。

（5）填补缺损的外边框 选择I22～K22数据区域，在“单元格格式”对话框的“边框”标签下，选择外框线的颜色和样式，单击“边框”的“下框线”按钮，单击“确定”按钮。

（6）设置“平均分”、“总分”和“名次”各数据项的对齐方式为“居中”。

（7）重命名工作表表名为“成绩表计算”。

（8）另存工作表文件为“3-成绩表计算”，关闭工作簿。

任务6 “学生档案管理表”中的数据计算

“学生档案管理表”中的数据计算的效果如图4-39所示。

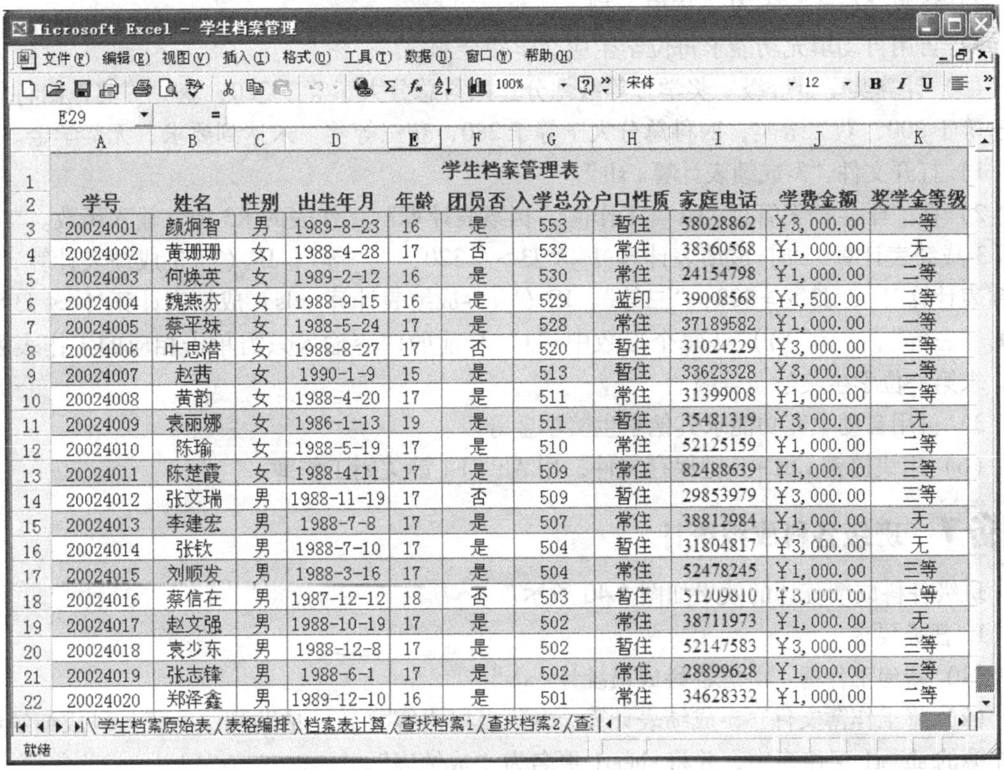

	A	B	C	D	E	F	G	H	I	J	K
1	学生档案管理表										
2	学号	姓名	性别	出生年月	年龄	团员否	入学总分	户口性质	家庭电话	学费金额	奖学金等级
3	20024001	颜炯智	男	1989-8-23	16	是	553	暂住	58028862	¥3,000.00	一等
4	20024002	黄珊珊	女	1988-4-28	17	否	532	常住	38360568	¥1,000.00	无
5	20024003	何焕英	女	1989-2-12	16	是	530	常住	24154798	¥1,000.00	二等
6	20024004	魏燕芬	女	1988-9-15	16	是	529	蓝印	39008568	¥1,500.00	二等
7	20024005	蔡平妹	女	1988-5-24	17	是	528	常住	37189582	¥1,000.00	一等
8	20024006	叶思潜	女	1988-8-27	17	否	520	暂住	31024229	¥3,000.00	三等
9	20024007	赵茜	女	1990-1-9	15	是	513	暂住	33623328	¥3,000.00	二等
10	20024008	黄韵	女	1988-4-20	17	是	511	常住	31399008	¥1,000.00	三等
11	20024009	袁丽娜	女	1986-1-13	19	是	511	暂住	35481319	¥3,000.00	无
12	20024010	陈瑜	女	1988-5-19	17	是	510	常住	52125159	¥1,000.00	二等
13	20024011	陈楚霞	女	1988-4-11	17	是	509	常住	82488639	¥1,000.00	三等
14	20024012	张文瑞	男	1988-11-19	17	否	509	暂住	29853979	¥3,000.00	三等
15	20024013	李建宏	男	1988-7-8	17	是	507	常住	38812984	¥1,000.00	无
16	20024014	张钦	男	1988-7-10	17	是	504	暂住	31804817	¥3,000.00	无
17	20024015	刘顺发	男	1988-3-16	17	是	504	常住	52478245	¥1,000.00	三等
18	20024016	蔡信在	男	1987-12-12	18	否	503	暂住	51209810	¥3,000.00	二等
19	20024017	赵文强	男	1988-10-19	17	是	502	常住	38711973	¥1,000.00	无
20	20024018	袁少东	男	1988-12-8	17	是	502	暂住	52147583	¥3,000.00	三等
21	20024019	张志锋	男	1988-6-1	17	是	502	常住	28899628	¥1,000.00	三等
22	20024020	郑泽鑫	男	1989-12-10	16	是	501	常住	34628332	¥1,000.00	二等

图4-39 “学生档案管理表”中的数据计算

1. 任务要求

（1）打开“学生档案管理”工作簿文件。

（2）将“表格编排”工作表复制、粘贴到sheet3工作表中。

（3）将sheet3改名为“档案表计算”。

(4) 根据"出生年月"计算学生"年龄"。
(5) 根据"户口性质"计算学生应交"学费金额"。
(6) 根据"3-学生成绩表计算.xls"中的"总分",计算学生"奖学金等级"。
(7) 保存、关闭工作簿。

2. 操作步骤

(1) 打开"学生学籍管理"文件夹中的文件"学生档案管理.xls"。
(2) 将"表格编排"工作表复制到 sheet3 工作表中,将 sheet3 重命名为"档案表计算"。
(3) 计算学生年龄 在 E3 中输入函数"= YEAR(TODAY())-YEAR(D3)",求第一位学生的年龄,再利用自动填充功能,求每位学生的年龄。
(4) 计算学费金额 交费规定:暂住户口学生应交学费 3000 元,蓝印户口学生应交学费 1500 元,常住户口学生应交学费 1000 元。

1) 在 J3 中输入函数"= IF(H3 = "暂住", 3000, IF(H3 = "蓝印", 1500, 1000))","H3 = "暂住""为条件放在第一个参数行,"3000"为条件满足的结果,放在第二行,第三行需要再套用一个"IF"函数,参数设置方法相同。求第一位学生应交学费金额。
2) 将数字格式设置为"货币"型。
3) 再用自动填充功能求每位学生应交学费金额。

(5) 计算奖学金等级 奖学金等级划分:四科总分大于等于 320,获一等奖,四科总分大于等于 300,获二等奖,四科总分大于等于 280,获三等奖,未达到要求,无奖学金。

1) 打开文件"3-成绩表计算.xls"。
2) 在"学生档案管理.xls"工作簿"档案表计算"工作表的 K3 中,输入函数。"= IF('[3-成绩表计算.xls]成绩表计算'! $J3 >=320,"一等", IF('[3-成绩表计算.xls]成绩表计算'! $J3 >=300,"二等", IF('[3-成绩表计算.xls]成绩表计算'! $J3 >=280,"三等","无")))",每个参数中"!"号前的内容输入只需单击相应的工作表名即可。求第一位学生奖学金等级。
3) 再用自动填充功能求其他学生奖学金等级。

(6) 用快捷键 Ctrl + S 键保存文件,用 Alt + F4 键关闭工作簿。

任务 7 班级各科成绩统计

班级各科成绩统计的效果如图 4-40 所示。

1. 任务要求

(1) 新建工作簿"4-班各科成绩统计.xls"。
(2) 将工作簿文件"3-成绩表计算.xls"表格内容复制、粘贴到"4-班各科成绩统计"工作簿的 sheet1 工作表中,并将 sheet1 更名为"成绩表"。
(3) 将 sheet2 重命名为"班各科成绩统计"。
(4) 输入表标题、表头和 A 列的各项数据。
(5) 设置表格内外框线,设置表头和各数据项的对齐方式为"居中"。
(6) 计算班级各科平均分和总平均分。
(7) 计算班级各科最高分和总平均最高分。
(8) 计算班级各科最低分和总平均最低分。

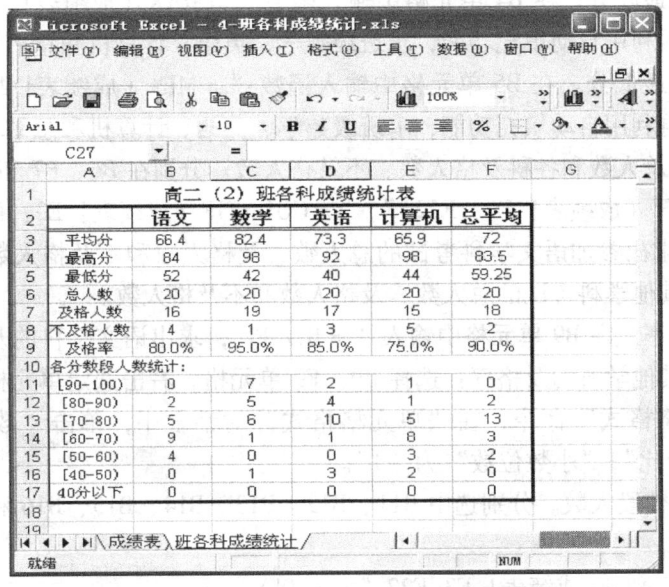

图 4-40　班各科成绩统计表

（9）计算班级总人数、及格人数和不及格人数。

（10）计算班级各科及格率。

（11）统计班级各学科相应分数段的人数。

2．操作步骤

（1）在"学生成绩管理"文件夹中创建新工作簿文件，命名"4-班各科成绩统计.xls"。

（2）"sheet1"工作表内容制作

1）打开文件"3-成绩表计算.xls"，选定表格内容 A1～K22，将其复制、粘贴到文件"4-班各科成绩统计.xls"的 sheet1 工作表中。

2）将 sheet1 工作表名更改为"成绩表"。

（3）sheet2 工作表内容格式设置

1）单击 sheet2 工作表标签，将 sheet2 重命名为"班各科成绩统计"。

2）合并单元格 A1～F1，输入标题"高二（2）班各科成绩统计表"，设置水平对齐为"居中"，字体为"华文中宋"，字号为"12"。

3）输入表头内容"语文"、"数学"、"英语"、"计算机"和"总平均"，设置字体为"宋体"，字形为"加粗"，字号为"12"；输入 A 列的各数据项，字体为"宋体"，字号为"10"。

4）设置表格外框线为粗实线，颜色为黑色；内框线样式为细实线，颜色为珊瑚红；设置表头的下边框线样式为双实线，颜色为黑色。

5）选择表头和各数据项单元格 A2～F17，设置水平对齐方式为"居中"。

6）合并 A10～F10 单元格，设定该单元格的水平对齐方式为"靠左"。

（4）sheet2 工作表中各项成绩计算

1）计算各科平均分，保留 1 位小数。在 B3 单元格中输入函数"= ROUND（AVERAGE（成绩表！E3：E22），1）"，求班级语文平均分，再利用自动填充功能，求班级数学、英语、计算机和总平均的平均分。

115

2) 计算各科最高分。在 B4 单元格中输入函数"=MAX（成绩表！E3：E22）"，求班级语文最高分，再利用自动填充功能，求班级数学、英语、计算机和总平均的最高分。

3) 计算各科最低分。在 B5 单元格中输入函数"=MIN（成绩表！E3：E22）"，求班级语文最低分，再利用自动填充功能，求班级数学、英语、计算机和总平均的最低分。

4) 计算班级总人数和各科及格人数、不及格人数。分别在 B6、B7 和 B8 单元格中，输入公式"=COUNT（成绩表！E3：E22）"、"=COUNTIF（成绩表！E3：E22,">=60"）"和"=B6-B7"，求出参加语文学科考试的总人数、及格人数和不及格人数，再运用自动填充功能，求参加其他学科考试的总人数、及格人数和不及格人数。

5) 计算及格率。在 B9 单元格中输入"=B7/B6"，求出语文学科的及格率，再利用自动填充功能，求其他学科的及格率：选择 B9~F9 单元格，右击选定单元格，在快捷菜单中选择"设置单元格格式"命令，在"单元格格式"对话框中，单击"数字"标签，设置"分类"为"百分比"，"小数位数"为"1"。

6) 统计各分数段人数。分别选中 B11、B12、B13、B14、B15、B16 和 B17 单元格，分别输入以下公式：

"B11"：=COUNTIF(成绩表！E3:E22,">=90")、

"B12"：=COUNTIF(成绩表！E3:E22,">=80") – COUNTIF(成绩表！E3:E22,">=90")、

"B13"：=COUNTIF(成绩表！E3:E22,">=70") – COUNTIF(成绩表！E3:E22,">=80")、

"B14"：=COUNTIF(成绩表！E3:E22,">=60") – COUNTIF(成绩表！E3:E22,">=70")、

"B15"：=COUNTIF(成绩表！E3:E22,">=50") – COUNTIF(成绩表！E3:E22,">=60")、

"B16"：=COUNTIF(成绩表！E3:E22,">=40") – COUNTIF(成绩表！E3:E22,">=50")、

"B17"：=COUNTIF(成绩表！E3:E22,"<40")

统计出语文学科相应分数段的人数，再利用自动填充功能，求其他学科相应分数的人数。

(5) 保存、关闭工作簿。

本节知识要点

1. 公式的输入与编辑

(1) 公式的输入　选取欲输入公式的单元格，在编辑栏中先输入"="号，然后输入计算公式，按 Enter 键或单击编辑栏中的"√"按钮确认。

(2) 公式的隐藏　选定公式所在单元格，单击"格式"菜单下的"单元格"选项，打开"单元格格式"对话框，单击"保护"标签，选定"隐藏"复选框。再单击"工具"菜单中"保护"子菜单下的"保护工作表"命令，进行密码设置。

(3) 公式的移动　单击欲移动公式的单元格，将鼠标指针移动到选定单元格的边框上，按下左键拖动到指定单元格，释放鼠标。

(4) 公式的复制　单击欲复制公式的单元格，单击"编辑"菜单下的"复制"命令，选择指定单元格或单元格区域，单击"编辑"菜单下的"选择性粘贴"命令，打开"选择性粘贴"对话框，单击"公式"选项。

注意：用鼠标拖动方式，也可进行连续区域的公式复制。

(5) 公式中的运算符号

1) 算术运算符。+（加）、–（减）、*（乘）、/（除）、%（百分号）、^（乘方）。

2）比较运算符。=（等于）、>（大于）、<（小于）、>=（大于等于）、<=（小于等于）、<>（不等于）。

3）文本运算符。&（将文本连接起来，产生一个新的连续文本）。

2. 在公式中使用单元格引用

单元格引用有三种形式：相对引用、绝对引用和混合引用。

（1）相对引用　相对引用是基于单元格引用的相对位置。

如果公式所在单元格的位置改变，引用也随之改变。相对引用的引用样式为用字母表示列，用数字表示行。

例：A1+B1。

（2）绝对引用　绝对引用是基于单元格引用的绝对位置。

如果公式所在单元格的位置改变，绝对引用保持不变。绝对引用的引用样式是在相对引用的列字母前与行数字前分别加一个"＄"符号。

例：＄A＄1+＄B＄1。

（3）混合引用　混合引用具有绝对列和相对行，或是绝对行和相对列。

如果公式所在单元格的位置改变，相对引用随之改变，而绝对引用保持不变。混合引用的引用样式为列标用绝对引用，则行标号用相对引用；或列标用相对引用，则行标号用绝对引用。

例：＄A1或A＄1。

（4）工作表之间的引用　引用格式为：工作表名！单元格｜单元格地址范围。

例：sheet3！A1：A6。

（5）工作簿之间的引用　引用格式为：［工作簿名］工作表名！单元格｜单元格地址范围。

例：［Book2］sheet3！A1：C1。

3. 使用工作表函数

函数是一种预先设定好的特殊公式，Excel 2000 为我们提供了许多函数，它包括日期时间函数、数学函数、字符串函数、统计函数、财务函数、数据库函数、逻辑函数等。

（1）函数组成　函数格式：函数名（参数1，参数2……）

（2）函数输入

1）直接输入。选定需输入函数的单元格，输入"="号，在编辑栏中直接输入函数，按 Enter 键或单击"√"按钮。

2）菜单输入。选定需输入函数的单元格，单击"插入"菜单中的"函数"命令，或单击"常用"工具栏中的"粘贴函数"工具按钮，打开"粘贴函数"对话框，选择需要的函数，如图 4-41 所示。

3）用函数下拉列表按钮输入。选定需要输入函数的单元格，在编辑栏中输入"="，单击编辑栏左边的函数下拉列表按钮，如图 4-42 所示，选择需要的函数。

（3）常用函数的使用

1）求和函数 SUM（）

功能：计算单元格区域中所有数字之和。

格式：SUM（参数1，参数2，……）

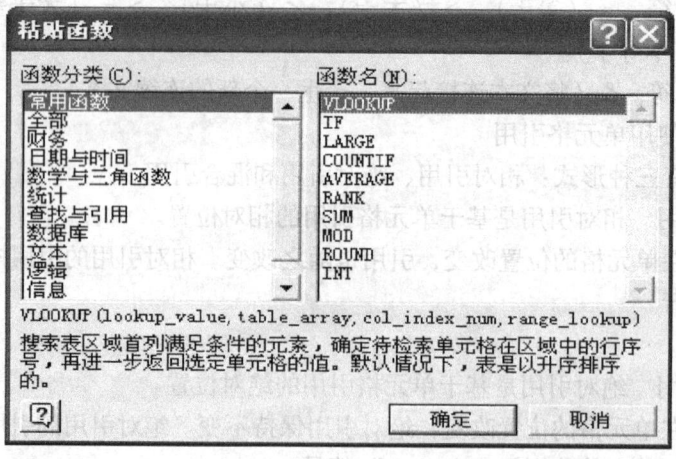

图 4-41 "粘贴函数"对话框

2) 平均值函数 AVERAGE（ ）

功能：计算单元格区域中参数的平均值。

格式：AVERAGE（参数 1，参数 2，……）

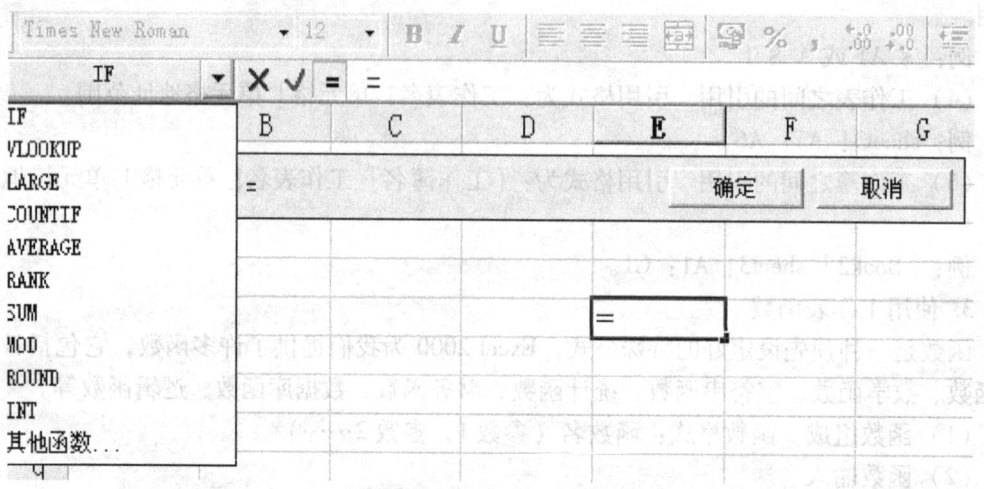

图 4-42 编辑栏左端的函数列表按钮

3) 最大值函数 MAX（ ）

功能：计算单元格区域中所有参数的最大值。

格式：MAX（参数 1，参数 2，……）

4) 最小值函数 MIN（ ）

功能：计算单元格区域中所有参数的最小值。

格式：MIN（参数 1，参数 2，……）

5) 四舍五入函数 ROUND（ ）

功能：求按指定小数位数四舍五入参数的值。

格式：ROUND（参数，小数位数）。

6）计数函数 COUNT（ ）

功能：计算参数的个数。

格式：COUNT（参数 1，参数 2，……）

7）条件计数函数 COUNTIF（ ）

功能：计算指定范围内符合条件的参数个数。

格式：COUNTIF（范围，条件）。

8）排名次函数 RANK（ ）

功能：按排序方式（升序或降序）计算参数在给定范围内的位置。

格式：RANK（参数，范围，排序方式）

9）取整函数 INT（ ）

功能：取不大于参数数值的最大整数。

格式：INT（参数）。

10）当前日期函数 TODAY（ ）

功能：返回当前系统日期。

格式：TODAY（ ）

11）求年份函数 YEAR（ ）

功能：返回某日期的公历年代。

格式：YEAR（日期）

12）日期转换函数

功能：返回某一指定日期的序列数。

格式：DATE（年，月，日）

13）条件函数 IF（ ）

功能：当条件成立时，返回参数 1 的值，反之，返回参数 2 的值。

格式：IF（条件，参数 1，参数 2）

14）取左子串函数 LEFT（ ）

功能：取字符串左边若干个字符。

格式：LEFT（字符串，个数）

15）取右子串函数 RIGHT（ ）

功能：取字符串右边若十个字符。

格式：RIGHT（字符串，个数）

16）取中间子串函数 MID（ ）

功能：从字符串中指定的起始位置取指定长度的字符串。

格式：MID（字符串，起始位置，长度）

4. 粘贴与选择性粘贴

粘贴指粘贴复制的全部内容，而选择性粘贴指粘贴复制的部分内容或全部内容。选择性粘贴的步骤如下：

（1）选择欲复制的单元格区域。

（2）单击"编辑"菜单中的"复制"命令。

（3）选定粘贴区域左上角的单元格。

（4）单击"编辑"菜单中的"选择性粘贴"命令。

（5）在打开的"选择性粘贴"对话框中，指定需要粘贴内容（全部、公式、数值、格式、批注等），如图 4-43 所示。

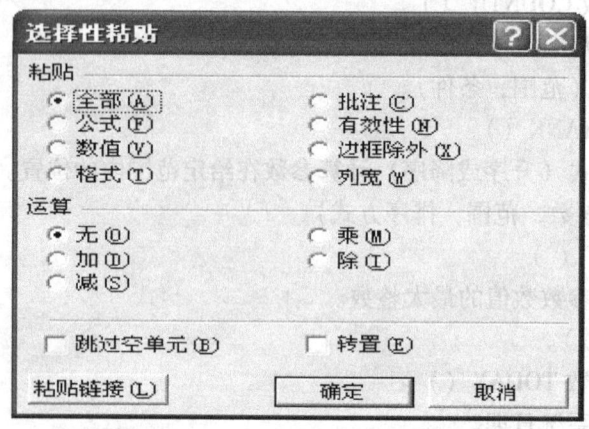

图 4-43　"选择性粘贴"对话框

5. 常见错误信息及处理方法

（1）错误值：####

1）含义：输入到单元格中的数据太长或单元格公式所产生的结果太大，使结果在单元格中显示不下。或是日期和时间格式的单元格做减法，出现了负值。

2）解决办法：增加列的宽度，使结果能够完全显示。如果是由日期或时间相减产生了负值引起的，可以改变单元格的格式，比如改为文本格式，结果为负的时间量。

（2）错误值：#VALUE!

1）含义：输入引用文本项的数学公式，如果使用了不正确的参数或运算符，或者当执行自动更正公式功能时不能更正公式，都将产生该错误信息。

2）解决办法：确认公式或函数所需的运算符或参数正确，并且公式引用的单元格中包含有效的数值。

（3）错误值：#REF!

1）含义：删除了被公式引用的单元格范围。

2）解决办法：恢复被引用的单元格范围，或是重新设定引用范围。

（4）错误值：#N/A

1）含义：无信息可用于所要执行的计算。在建立模型时，用户可以在单元格中输入#N/A，以表明正在等待数据。任何引用含#N/A 值的单元格都将返回#N/A。

2）解决办法：在等待数据的单元格内填充上数据。

（5）错误值：#NAME?

1）含义：在公式中使用了 Excel 所不能识别的文本，比如可能是输错了名称，或是输入了一个已删除的名称，或是没有将文字串括在双引号中。

2）解决办法：如果是使用了不存在的名称而产生这类错误，应确认使用的名称确实存在；如果是名称，函数名拼写错误应改正过来；将文字串括在双引号中；确认公式中使用的所有区域引用都使用了冒号（:）。

例如：SUM（C1：C10）。注意：将公式中的文本括在双引号中。

（6）错误值：#NUM!

1）含义：提供了无效的参数给工作表函数，或是公式的结果太大或太小而无法在工作表中表示。

2）解决办法：确认函数中使用的参数类型正确。

4.4　运用数据筛选进行数据分析

任务 8　成绩表筛选

成绩表筛选的效果如图 4-44 所示。

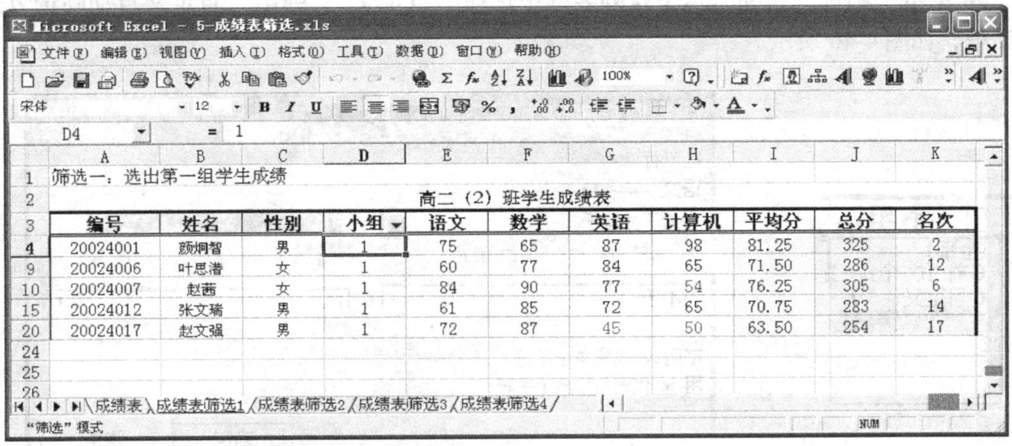

编号	姓名	性别	小组	语文	数学	英语	计算机	平均分	总分	名次
20024001	颜炯智	男	1	75	65	87	98	81.25	325	2
20024006	叶思潜	女	1	60	77	84	65	71.50	286	12
20024007	赵茜	女	1	84	90	77	54	76.25	305	6
20024012	张文瑞	男	1	61	85	72	65	70.75	283	14
20024017	赵文强	男	1	72	87	45	50	63.50	254	17

图 4-44　成绩表筛选

1. 任务要求

（1）新建工作簿“5-成绩表筛选 . xls”。

（2）将工作簿文件“3-成绩表计算 . xls”的表格内容复制、粘贴到“5-成绩表筛选”工作簿中。

（3）筛选一：从“成绩表”中筛选出第一小组学生成绩。

（4）筛选二：从“成绩表”中筛选出语文成绩大于等于 60，且小于 70 的所有记录。

（5）筛选三：显示第一组女生成绩。

（6）筛选四：显示四个组中性别为女，数学小于 70 分或语文小于 70 分的成绩记录。

2. 操作步骤

（1）新建工作簿文件　新建工作簿文件“5-成绩表筛选 . xls”，用“插入”菜单下的“工作表”命令，插入两张工作表 sheet4、sheet5。

（2）复制成绩表　打开工作簿文件“3-成绩表计算 . xls”，将其内容分别复制、粘贴到“5-成绩表筛选”工作簿的 sheet1、sheet2、sheet3、sheet4 和 sheet5 工作表中，并将其分别更名为“成绩表”、“成绩表筛选 1”、“成绩表筛选 2”、“成绩表筛选 3”和“成绩表筛选 4”。

（3）用“自动筛选”命令进行筛选

1) 显示第一组学生成绩表的操作步骤如下：

① 单击"成绩表筛选1"工作表标签，在标题前插入一空行，输入筛选要求："筛选一：选出第一组学生成绩"。

② 选定"小组"列 D3～D23，单击"数据"菜单中"筛选"子菜单下的"自动筛选"命令，此时"小组"旁显示一"筛选"按钮。

③ 单击该按钮，从下拉列表框中选择"1"，如图 4-45 所示。

2) 显示语文成绩在 60 分至 70 分之间的学生成绩的操作步骤如下：

① 单击"成绩表筛选2"工作表标签，在标题前插入一空行，输入筛选要求："筛选二：选出语文成绩大于等于60，且小于70 的所有记录。"

② 选定"语文"列 E3～E23，单击"数据"菜单中"筛选"子菜单下的"自动筛选"命令，此时"语文"旁显示一"筛选"按钮。

③ 单击"筛选"按钮，从下拉列表框中选择"自定义"，弹出"自定义自动筛选方式"对话框，如图 4-46 所示。

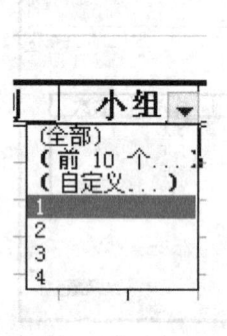
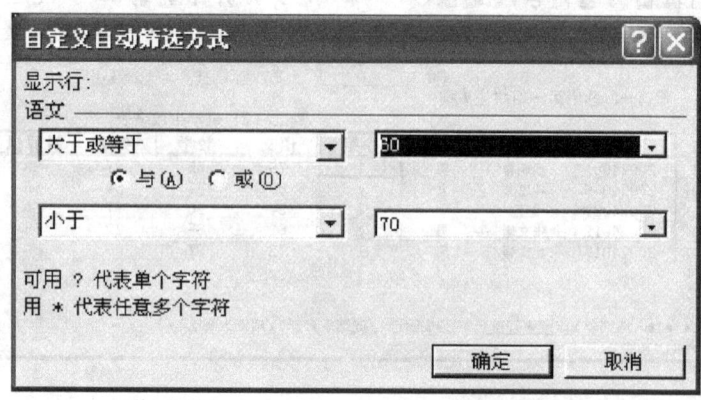

图 4-45　"筛选"按钮　　　　图 4-46　"自定义自动筛选方式"对话框

④ 单击第一行第一个下拉列表框按钮，选择"大于或等于"，单击第一行第二个下拉列表框，输入"60"，选择单选按钮"与"，单击第二行第一个下拉列表框按钮，选择"小于"，单击第二行第二个下拉列表框，输入"70"，单击"确定"按钮。

（4）用"高级筛选"命令进行筛选

1) 显示第一组女生成绩的操作步骤如下：

① 单击"成绩表筛选3"工作表标签，在标题前插入一空行，输入筛选要求："筛选三：选出第一组女生成绩"。

② 将工作表空白区域（如：A26：B27）作为条件区域，建立如下条件，见表 4-1。

表4-1　成绩"筛选"条件

性别	小组
女	1

注意：表格中的数据一定要与成绩表中的完全一致，最好从成绩表中复制。

③ 单击数据区域中的任一单元格。

④ 单击"数据"菜单中"筛选"子菜单下的"高级筛选"命令，弹出"高级筛选"对话框。

⑤ 选择数据区域：所有数据区域；条件区域：A26：B27；选择筛选方式为"在原有区

第 4 章　电子表格软件 Excel 的应用

域显示筛选结果",单击"确定"按钮,原表内容被折叠,显示筛选结果。

2) 显示四个组中:性别为女,数学小于 70 分或语文小于 70 分的记录,操作步骤如下:

① 单击"成绩表筛选 4"工作表标签,在标题前插入一空行,输入筛选要求:"筛选四:选出四个组中性别为女,数学小于 70 分或语文小于 70 分的成绩记录"。

② 在工作表空白区域建立如下条件区域,见表 4-2。

表 4-2　成绩"筛选"条件二

性别	数学	性别	语文
女	<70		
		女	<70

③ 数据区域、条件区域选择设置同上。选择筛选方式为"将筛选结果复制到其他位置",如:A30(只需指定一个空白区的左上角单元格即可),单击"确定"按钮,筛选结果显示在 A30 以下的单元格区,原表保持不变,如图 4-47 所示,保存文件、关闭工作簿。

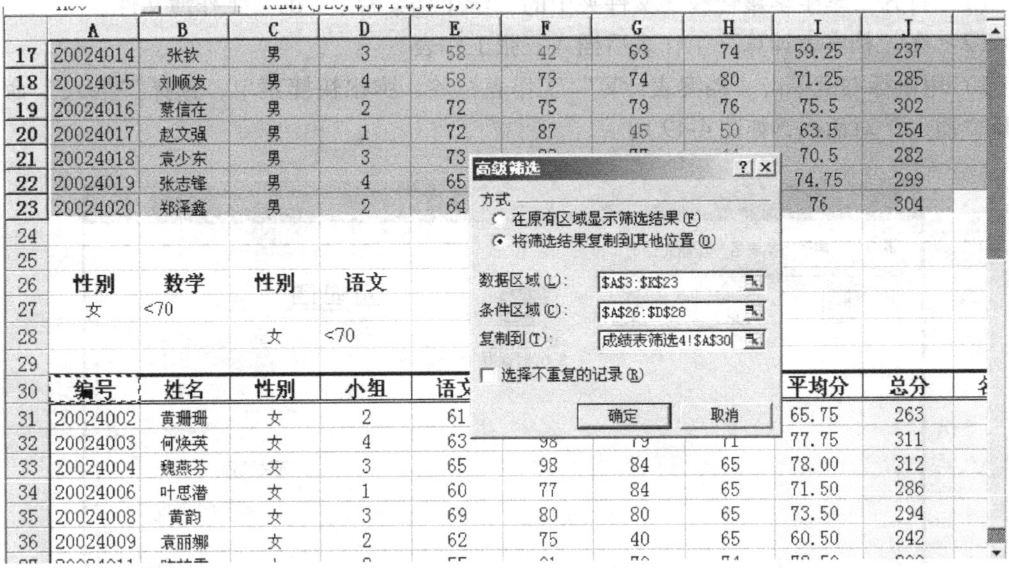

图 4-47　筛选四

任务 9　学生档案查找

学生档案查找的效果如图 4-48 所示。

1. 任务要求

(1) 打开文件"学生档案管理.xls"。

(2) 在"档案表计算"工作表后插入三张工作表,三张工作表分别命名为"查找档案 1"、"查找档案 2"和"查找档案 3"。

(3) 查找档案一:查找显示年龄为 16 岁的学生信息。

(4) 查找档案二:查找显示 1988 年出生的学生信息。

(5) 查找档案三:查找显示 1989 年及以后出生、共青团团员且入学分数为 500 分以上

计算机操作与应用基础教程

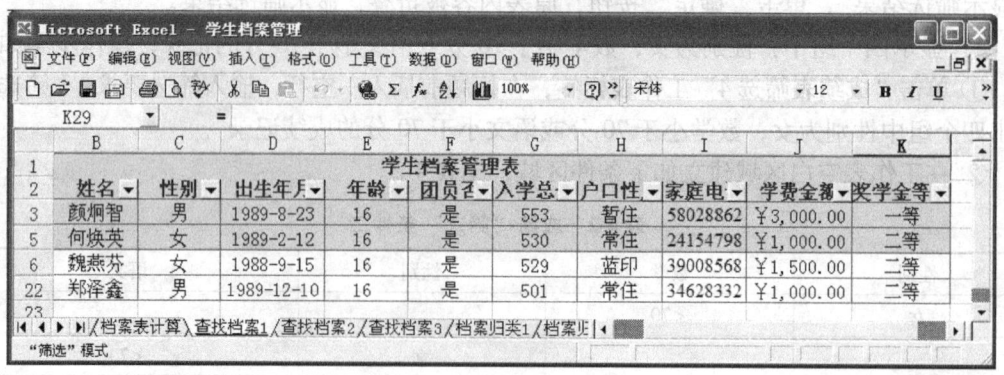

图 4-48　学生档案筛选表

的学生信息。

2. 操作步骤

（1）打开"学生学籍管理"文件夹中的"学生档案管理.xls"工作簿文件。

（2）在"档案表计算"工作表后插入三张工作表

1）用鼠标右键单击"档案表计算"工作表标签，弹出快捷菜单，选择"插入"命令，打开"插入"对话框，如图 4-49 所示。

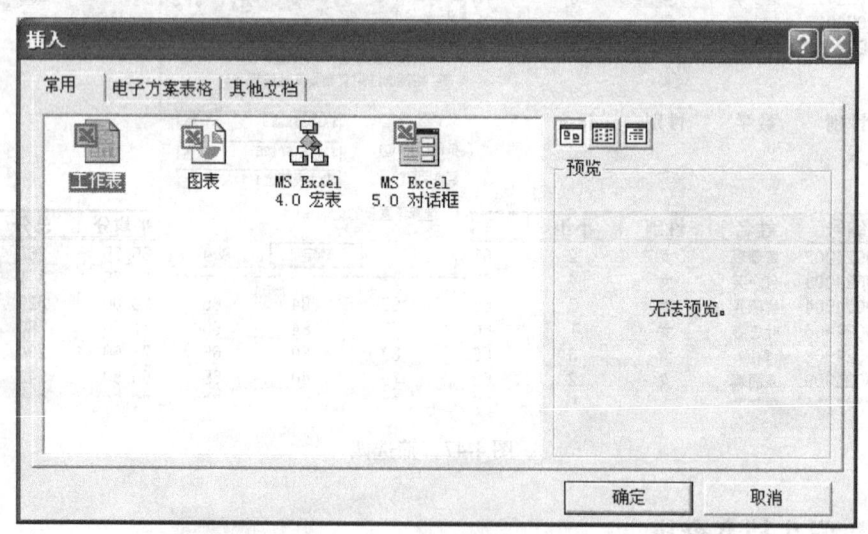

图 4-49　"插入"对话框

2）单击对话框的"常用"标签，选择"工作表"，单击"确定"按钮，即可插入一张工作表 sheet1。

3）用同样的方法再插入两张工作表 sheet2 和 sheet3。

4）按住 Ctrl 键，用鼠标左健分别单击工作表标签 sheet1、sheet2 和 sheet3，选定三张工作表，单击选定工作表标签，将其拖动到"档案表计算"工作表标签之后。

5）然后将三张新插入的工作表分别重命名为"查找档案 1"、"查找档案 2"和"查找档案 3"。

124

(3) 将"档案表计算"工作表的表格内容分别复制、粘贴到新插入的三张工作表中。

注意：也可用复制工作表操作来实现。

(4) 查找显示年龄为 16 岁的学生信息

1) 单击"查找档案1"工作表标签，选中表格数据区域中的任一单元格。

2) 选择"自动筛选"命令，此时表头各列旁均显示一"筛选"按钮，单击"年龄"旁的"筛选"按钮，出现下拉列表框，从中选择"16"。

(5) 查找显示 1988 年出生的学生信息

1) 单击"查找档案2"工作表标签，选中表格数据区域中的任一单元格。

2) 用"自动筛选"命令，显示表头"筛选"按钮。

3) 单击"出生年月"旁的"筛选"按钮，选择"自定义"，弹出"自定义自动筛选方式"对话框，如图 4-50 所示。

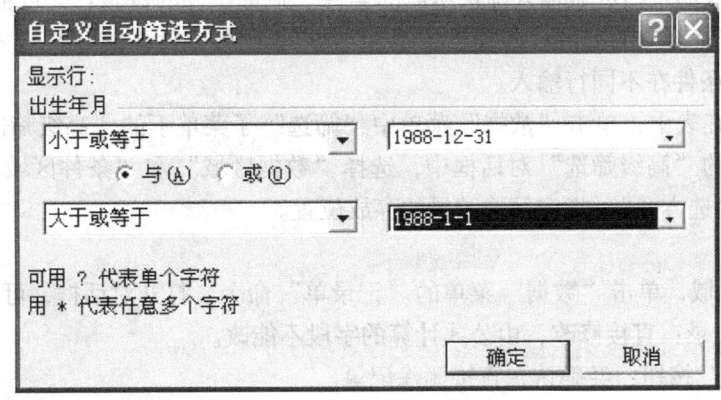

图 4-50 "自定义自动筛选方式"对话框

4) 单击第一行第一个下拉列表框按钮，选择"小于或等于"，单击第一行第二个下拉列表框，输入"1988-12-31"。

5) 选择单选按钮"与"，再单击第二行第一个下拉列表框按钮，选择"大于或等于"，单击第二行第二个下拉列表框，输入"1988-1-1"，单击"确定"按钮。

(6) 查找显示 1989 年及以后出生、共青团团员且入学分数为 500 分以上的学生信息

1) 单击"查找档案3"工作表标签，用"高级筛选"命令筛选，条件见表 4-3。

表 4-3　档案"筛选"条件

出生年月	团员否	入学总分
>＝1989-1-1	是	>500

2) 选择筛选方式为"在原有区域显示筛选结果"，其他设置同上，单击"确定"按钮。

(7) 保存文件、关闭工作簿。

本节知识要点

1. 数据清单：工作表中的一个连续数据区。

2. 数据筛选：是指从数据清单中选出符合条件的记录。

(1) 自动筛选　选择数据区域中的任一单元格，单击"数据"菜单中"筛选"子菜单下的"自动筛选"命令，此时工作表每一个字段旁出现一个"筛选"按钮。

1）单列自动筛选。单击欲筛选列中的"筛选"按钮,在弹出的下拉列表框中选择筛选条件。

2）多列自动筛选。单击不同字段的"筛选"按钮,设置筛选条件,可实现在多列中自动筛选。

3）自定义筛选。单击"筛选"按钮,在下拉列表中选择"自定义",在打开的"自定义自动筛选方式"对话框中,设置筛选条件。

若是单个条件,按"确定"按钮即可,若为复合条件（最多两个）,则需在第二行的两个下拉列表框中选择运算符和数据项,完成后按"确定"按钮。

4）取消自动筛选。单击"数据"菜单中"筛选"子菜单下已选择的"自动筛选"命令,取消自动筛选。

（2）高级筛选

1）在工作表的空白区域输入筛选所需的条件。筛选条件的设置：条件的第一行为字段名,第二行以下是对应的条件。若复合条件为"与",则各条件在同一行输入,若复合条件为"或",则各条件在不同行输入。

2）光标放在表中,单击"数据"菜单中"筛选"子菜单下的"高级筛选"命令。

3）在打开的"高级筛选"对话框中,选择"数据区域"和"条件区域"的引用范围,并通过"选择筛选方式",指定筛选结果的存放位置。

3. 记录操作

选择数据区域,单击"数据"菜单的"记录单"命令,打开对话框,可以选择：

（1）编辑记录：直接修改,由公式计算的字段不能改。

（2）"删除"按钮：经确认,直接删除记录。

（3）"新建"按钮：在数据清单末尾追加一个空白记录,可直接输入内容。

（4）"上一条"、"下一条"按钮：移动记录。

（5）"关闭"按钮：关闭对话框,返回工作表。

（6）"条件"按钮：查询记录,打开条件对话框,输入查询条件。

说明：查询条件中可以使用通配符"?、*"。

4. 工作表的插入与删除

（1）插入工作表有两种方法：

1）用鼠标右击工作表标签（插入的工作表位于选定工作表之前）,在快捷菜单中,单击"插入"命令,选择"常用"标签,单击"工作表"图标。

2）单击"插入"菜单下的"工作表"命令。

（2）删除工作表有两种方法：

1）用鼠标右击要删除的工作表标签,在快捷菜单中,单击"删除"命令。

2）选择要删除的工作表,单击"编辑"菜单下的"删除工作表"命令。

5. 工作表的移动与复制

（1）在同一工作簿中移动或复制工作表有两种方法：

1）菜单法

① 选择欲移动的工作表,单击"编辑"菜单中的"移动或复制工作表"命令,如图5-51所示,打开"移动或复制工作表"对话框,如图5-52所示。

第 4 章　电子表格软件 Excel 的应用

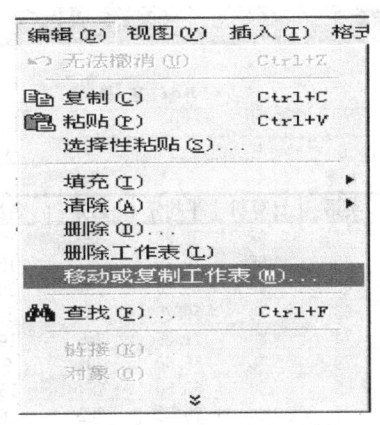
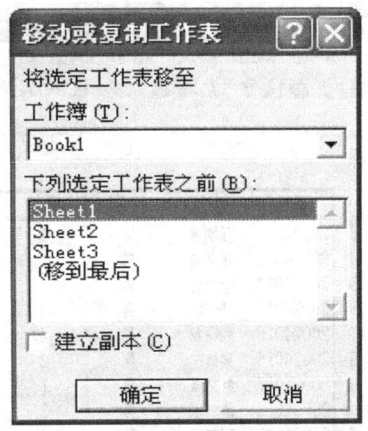

图 4-51　"编辑"菜单　　　　　图 4-52　"移动或复制工作表"对话框

② 选择"下列选定工作表之前"列表框中的目标工作表位置，若复制工作表，则选中"建立副本"复选框，若移动工作表，则不选"建立副本"复选框。

2) 鼠标拖动法

① 移动工作表：在要移动的工作表标签上，按住左键拖动鼠标，到达指定位置后松开鼠标。

② 复制工作表：先按下 Ctrl 键，再用鼠标拖动要复制的工作表标签。

(2) 在工作簿之间移动或复制工作表　打开工作簿 1 和工作簿 2，在工作簿 1 中选定工作表，单击"编辑"菜单下的"移动或复制工作表"命令，打开"移动或复制工作表"对话框。单击"工作簿"下拉按钮，选择目标工作簿 2，在"下列选定工作表之前"列表框中，选择移动或复制的目标工作表位置，若复制，则选中"建立副本"复选框，若移动，则不选。

4.5　运用排序与分类汇总进行数据分析

任务 10　成绩表的分类汇总

成绩表的分类汇总的效果如图 5-53 所示。

1. 任务要求

(1) 新建工作簿"6-成绩表的分类汇总.xls"。

(2) 将工作簿文件"3-成绩表计算.xls"的表格内容分别复制、粘贴到"6-成绩表的分类汇总.xls"工作簿的 sheet1、sheet2 和 sheet3 工作表中。

(3) 将 sheet1、sheet2 和 sheet3 更名为"成绩表"、"按性别汇总"和"按小组汇总"。

(4) 分类汇总一：按"性别"汇总语文、数学、英语、计算机和总分。

(5) 分类汇总二：按"小组"汇总语文、数学、英语和计算机。

2. 操作步骤

(1) 新建工作簿文件　在"学生成绩管理"文件夹中，新建工作簿文件"6-成绩表的

127

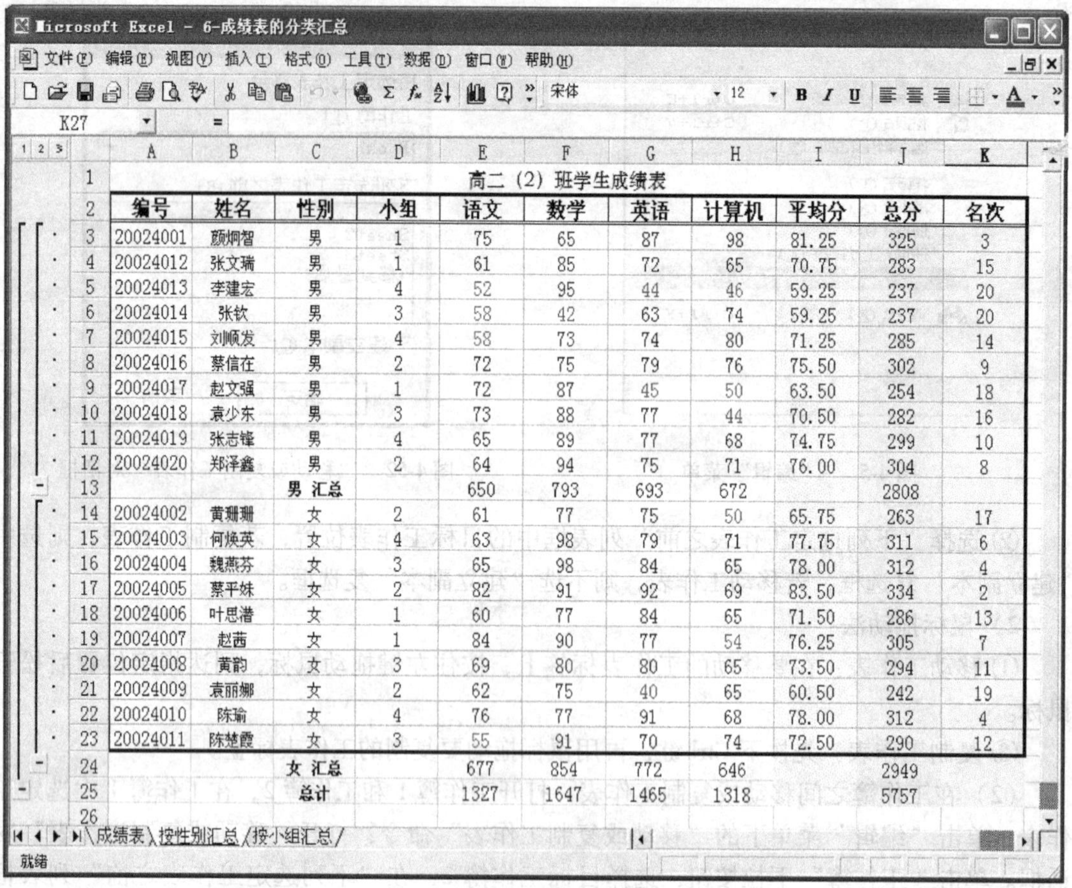

高二（2）班学生成绩表										
编号	姓名	性别	小组	语文	数学	英语	计算机	平均分	总分	名次
20024001	颜炯智	男	1	75	65	87	98	81.25	325	3
20024012	张文瑞	男	1	61	85	72	65	70.75	283	15
20024013	李建宏	男	4	52	95	44	46	59.25	237	20
20024014	张钦	男	3	58	42	63	74	59.25	237	20
20024015	刘顺发	男	4	58	73	74	80	71.25	285	14
20024016	蔡信在	男	2	72	75	79	76	75.50	302	9
20024017	赵文强	男	1	72	87	45	50	63.50	254	18
20024018	袁少东	男	3	73	88	77	44	70.50	282	16
20024019	张志锋	男	4	65	89	77	68	74.75	299	10
20024020	郑泽鑫	男	2	64	94	75	71	76.00	304	8
		男 汇总		650	793	693	672		2808	
20024002	黄珊珊	女	2	61	77	75	50	65.75	263	17
20024003	何焕英	女	4	63	98	79	71	77.75	311	6
20024004	魏燕芬	女	3	65	98	84	65	78.00	312	4
20024005	蔡平妹	女	2	82	91	92	69	83.50	334	2
20024006	叶思潜	女	1	60	77	84	65	71.50	286	13
20024007	赵茜	女	1	84	90	77	54	76.25	305	7
20024008	黄韵	女	3	69	80	80	65	73.50	294	11
20024009	袁丽娜	女	2	62	75	40	65	60.50	242	19
20024010	陈瑜	女	4	76	77	91	68	78.00	312	4
20024011	陈楚霞	女	3	55	91	70	74	72.50	290	12
		女 汇总		677	854	772	646		2949	
		总计		1327	1647	1465	1318		5757	

图 4-53　成绩表分类汇总

分类汇总. xls”。

（2）将工作簿文件“3-成绩表计算. xls”的表格内容分别复制到“6-成绩表的分类汇总. xls”工作簿的 sheet1、sheet2 和 sheet3 工作表中。

（3）将 sheet1、sheet2 和 sheet3 重命名为“成绩表”、“按性别汇总”和“按小组汇总”。

（4）按“性别”分类汇总

1）按“性别”排序，操作步骤如下：

① 单击“按性别汇总”工作表标签，选中“性别”列中任一单元格，单击“数据”菜单中的“排序”命令，打开“排序”对话框，如图 4-54 所示。

② 在“主要关键字”框中，单击下拉列表按钮，选择“性别”，单击“递增”单选按钮，单击“确定”按钮。

2）按“性别”汇总，操作步骤如下：

① 单击“性别”列中任一单元格，从“数据”菜单中选择“分类汇总”命令，打开“分类汇总”对话框，如图 4-55 所示。

② 在“分类字段”下拉列表框中，单击“性别”，在“汇总方式”下拉列表框中，单击“求和”，在“选定汇总项”列表框中，选定需汇总项目为语文、数学、英语、计算机和

第 4 章　电子表格软件 Excel 的应用

图 4-54　"排序"对话框

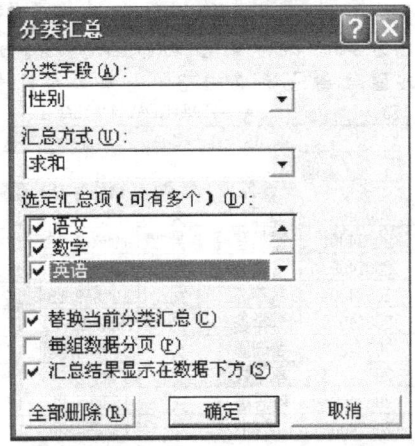

图 4-55　"分类汇总"对话框

总分，单击"确定"按钮。

（5）按"小组"分类汇总

1）按"小组"排序　单击"按小组汇总"工作表标签，选中"小组"列中任一单元格，进行数据"排序"，方法同上。在"主要关键字"框中，选择"小组"，单击"递增"单选按钮，单击"确定"。

2）按"小组"汇总　方法同上。在"分类字段"下拉列表框中，单击"小组"；在"汇总方式"下拉列表框中，单击"平均值"；在"选定汇总项"列表框中，选定汇总项目为语文、数学、英语和计算机，单击"确定"按钮。

（6）保存文档、关闭工作簿。

任务 11　档案归类

档案归类的效果如图 4-56 所示。

1. 任务要求

（1）打开"学生学籍管理"文件夹中的文件"学生档案管理.xls"。

（2）复制、移动两张工作表，并重命名为"档案归类1"和"档案归类2"。

（3）档案归类1：按年龄归类档案。

（4）档案归类2：按户口性质归类档案。

2. 操作步骤

（1）打开"学生档案管理.xls"文件。

（2）复制"档案表计算"工作表

1）用鼠标右击"档案表计算"工作表标签，在快捷菜单中选择"移动或复制工作表"命令，弹出"移动或复制工作表"对话框，如图 4-57 所示。

2）选择"（移到最后）"工作表，单击"建立副本"复选框，单击"确定"按钮。

用相同方法再复制一张工作表，将新复制的工作表分别命名为"档案归类1"和"档案归类2"。

129

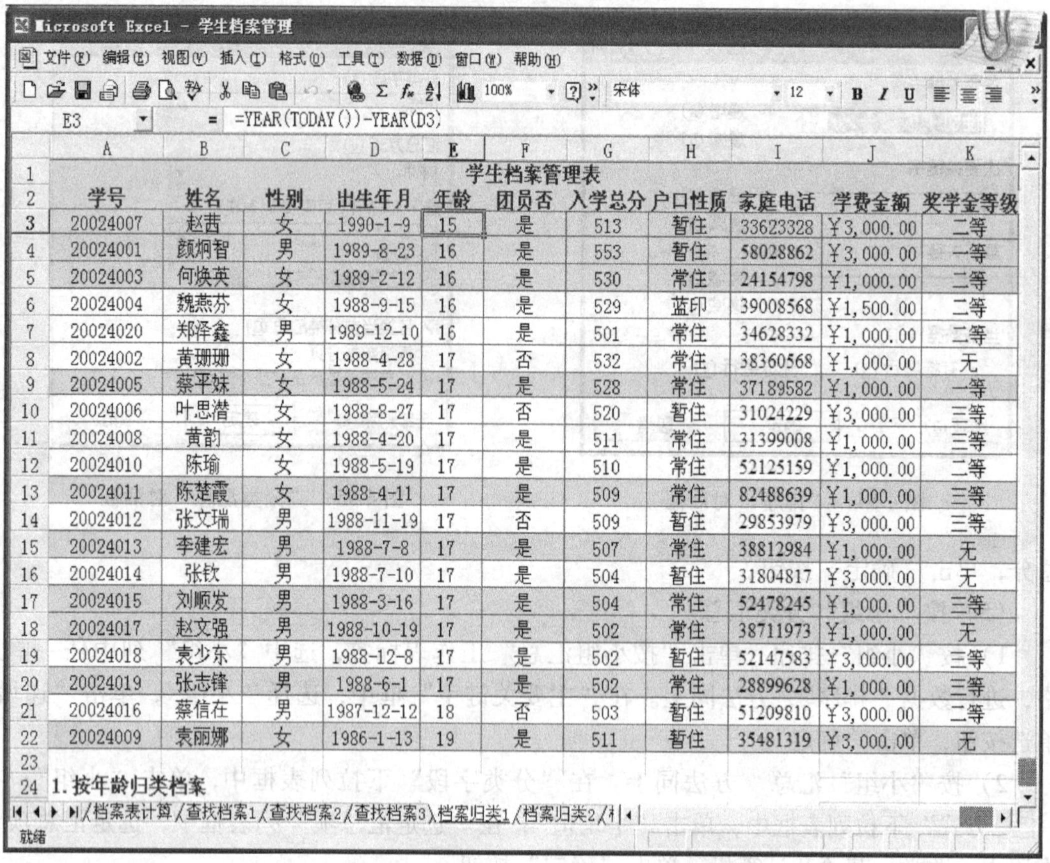

学生档案管理表

学号	姓名	性别	出生年月	年龄	团员否	入学总分	户口性质	家庭电话	学费金额	奖学金等级
20024007	赵茜	女	1990-1-9	15	是	513	暂住	33623328	¥3,000.00	二等
20024001	颜炯智	男	1989-8-23	16	是	553	暂住	58028862	¥3,000.00	一等
20024003	何焕英	女	1989-2-12	16	是	530	常住	24154798	¥1,000.00	二等
20024004	魏燕芬	女	1988-9-15	16	是	529	蓝印	39008568	¥1,500.00	二等
20024020	郑泽鑫	男	1989-12-10	16	是	501	常住	34628332	¥1,000.00	二等
20024002	黄珊珊	女	1988-4-28	17	否	532	常住	38360568	¥1,000.00	无
20024005	蔡平妹	女	1988-5-24	17	是	528	常住	37189582	¥1,000.00	一等
20024006	叶思潜	女	1988-8-27	17	否	520	暂住	31024229	¥3,000.00	三等
20024008	黄韵	女	1988-4-20	17	是	511	常住	31399008	¥1,000.00	三等
20024010	陈瑜	女	1988-5-19	17	是	510	常住	52125159	¥1,000.00	二等
20024011	陈楚霞	女	1988-4-11	17	是	509	常住	82488639	¥1,000.00	三等
20024012	张文瑞	男	1988-11-19	17	否	509	暂住	29853979	¥3,000.00	三等
20024013	李建宏	男	1988-7-8	17	是	507	常住	38812984	¥1,000.00	无
20024014	张钦	男	1988-7-10	17	是	504	暂住	31804817	¥3,000.00	无
20024015	刘顺发	男	1988-3-16	17	是	504	常住	52478245	¥1,000.00	三等
20024017	赵文强	男	1988-10-19	17	是	502	常住	38711973	¥1,000.00	无
20024018	袁少东	男	1988-12-8	17	是	502	暂住	52147583	¥3,000.00	三等
20024019	张志锋	男	1988-6-1	17	是	502	常住	28899628	¥1,000.00	三等
20024016	蔡信在	男	1987-12-12	18	否	503	暂住	51209810	¥3,000.00	二等
20024009	袁丽娜	女	1986-1-13	19	是	511	暂住	35481319	¥3,000.00	无

图 4-56　按“年龄”归类后的档案表

（3）档案归类 1　单击“档案归类 1”工作表标签，选中表头和数据区域，选择“数据”菜单中的“排序”命令，在对话框的“主要关键字”列表中选择“年龄”选项，单击“确定”按钮。

图 4-57　“移动或复制工作表”对话框

（4）档案归类 2

1）建立户口性质自定义序列，操作步骤如下：

① 单击“档案归类 2”工作表标签，选择“工具”菜单中的“选项”命令，打开对话框。

② 单击“自定义序列”选项卡，单击“添加”按钮，在“输入序列”中输入“常住”，按 Enter 键。

③ 继续输入“暂住”和“蓝印”，单击“添加”按钮，则添加到左边窗口，单击“确定”按钮。

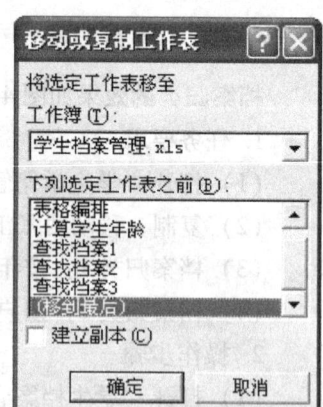

2）按自定义序列排序，操作步骤如下：

① 选中表头和数据区域，选择“数据”菜单中的“排序”命令，在“排序”对话框的“主要关键字”下拉列表中，选择“户口性质”。

② 单击“选项”按钮，打开“排序选项”对话框，如图 4-58 所示，在“自定义排序次

序"列表中,选择自定义序列"常住、暂住、蓝印"项,单击"确定"按钮,返回"排序"对话框,再单击"确定"完成排序。

(5)保存文档,关闭工作簿。

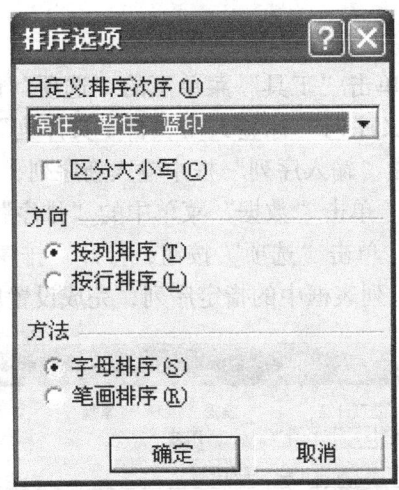

图 4-58 "排序选项"对话框

本节知识要点

1. 排序

(1)利用排序按钮对一列数据排序 单击数据区域中要排序的字段名,单击"升序"按钮或"降序"按钮,如图 4-59 所示。

(2)利用菜单对多列排序

1)单击欲排序数据区域中任一单元格,单击"数据"菜单中的"排序"命令,打开"排序"对话框,如图 4-60 所示。

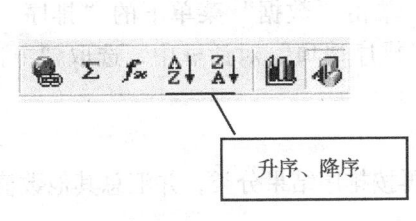

图 4-59 "升序"/"降序"按钮

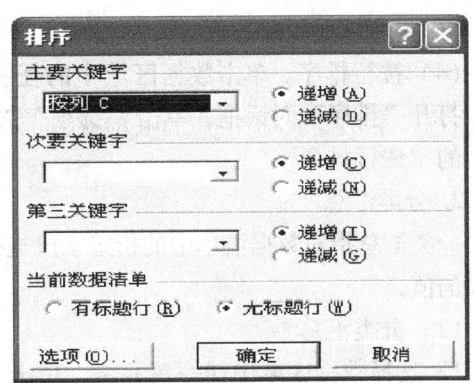

图 4-60 "排序"对话框

2)单击"主要关键字"下拉列表按钮,指定"主要关键字"的字段名,然后选择"递增"或"递减"排序。

若有第二关键字,则在"次要关键字"框中指定相应字段名,并选择"递增"或"递减"。

若有第三关键字,则在"第三关键字"框中指定相应字段名,并选择"递增"或"递减"。

(3) 自定义排序

1) 创建自定义新序列。单击"工具"菜单下的"选项"命令,打开"选项"对话框,如图 4-61 所示,单击"自定义序列"标签,在"自定义序列"列表框中,选择"新序列"选项,单击"添加"按钮,在"输入序列"框中输入新序列,按回车键分隔列表条目。

2) 按自定义新序列排序。单击"数据"菜单中的"排序"命令,指定排序关键字,选择"递增"或"递减"排序,单击"选项"按钮,打开"排序选项"对话框,如图 4-62 所示,选择"自定义排序次序"列表框中的指定序列,完成设置后单击"确定"按钮返回。

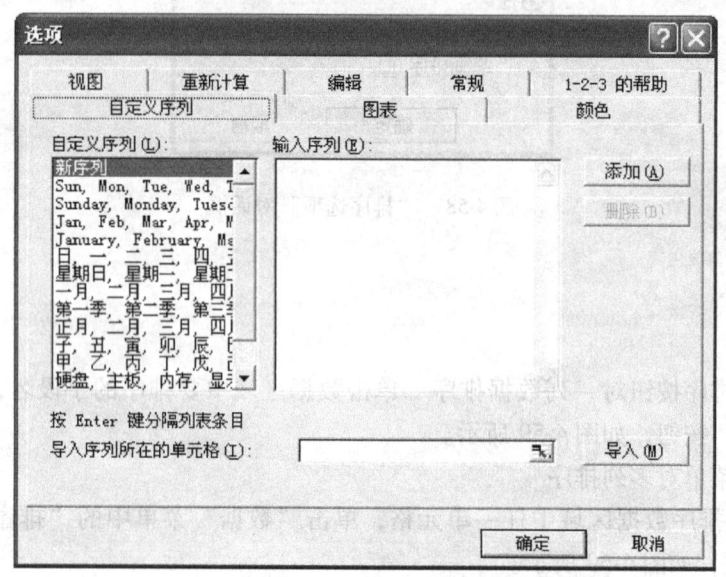

图 4-61 "选项"对话框

(4) 按行排序。单击数据区域中的任一单元格,单击"数据"菜单下的"排序"命令,打开"排序"对话框,单击"选项"按钮,在"排序选项"对话框中,选取"方向"框中的"按行排列"。

2. 分类汇总

分类汇总指对数据清单中的指定字段进行排序,再按排序结果分类,并汇总其他数值列字段的值。

(1) 分类汇总

1) 选择数据区域中任一单元格,单击"数据"菜单下"分类汇总"命令,打开"分类汇总"对话框,如图 4-63 所示。

2) 选择"分类字段"下的列表项(排序字段),在"汇总方式"下,选择汇总方式(如"求和"、"计数"、"平均值"等),在"选定汇总项"中,选择欲进行汇总的字段。

第4章 电子表格软件 Excel 的应用

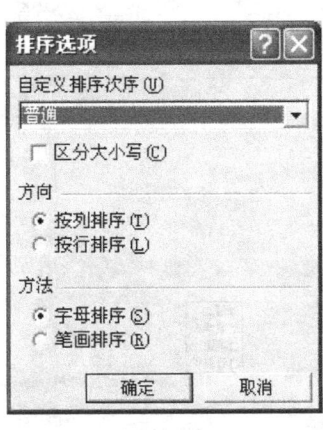

图 4-62 "排序选项"对话框

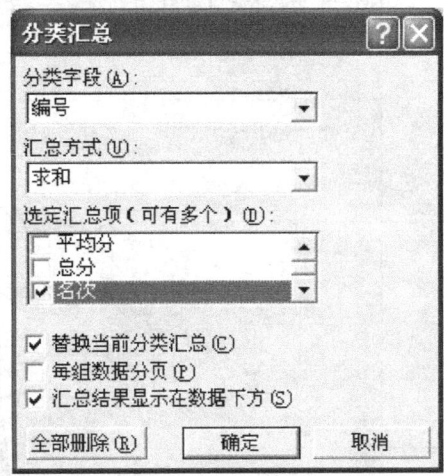

图 4-63 分类汇总

（2）清除分类

选择已汇总的数据区域，单击"数据"菜单下的"分类汇总"命令，选择"全部删除"。

4.6 项目中的图表操作

任务 12　用图表进行成绩分析

用图表进行成绩分析的效果如图 4-64 所示。

1. 任务要求

（1）新建工作簿"7-用图表进行成绩分析.xls"。

（2）复制工作表　将工作簿文件"4-班各科成绩统计.xls"的成绩表和班各科成绩统计表分别复制、粘贴到新建工作簿的 sheet1 和 sheet2 工作表中，并分别更名为"成绩表"和"成绩统计表"。

（3）个人成绩图表：用饼图显示个人成绩图表。

（4）单科成绩图表：用簇状柱形图显示班级单科成绩图表。

（5）班级成绩图表：用数据点折线图显示班级每位同学总分图表。

2. 操作步骤

（1）新建工作簿文件"7-用图表进行成绩分析.xls"。

（2）复制工作表　打开工作簿文件"4-班各科成绩统计.xls"，将"成绩表"和"班各科成绩统计"分别复制、粘贴到工作簿文件"7-用图表进行成绩分析.xls"的 sheet1 和 sheet2 工作表中，并分别重命名为"成绩表"和"成绩统计表"。

（3）插入个人成绩图表

1）单击"成绩表"标签，单击工具栏的"图表向导"按钮，打开"图表向导——4 步骤之 1——图表类型"对话框，如图 4-65 所示。

133

计算机操作与应用基础教程

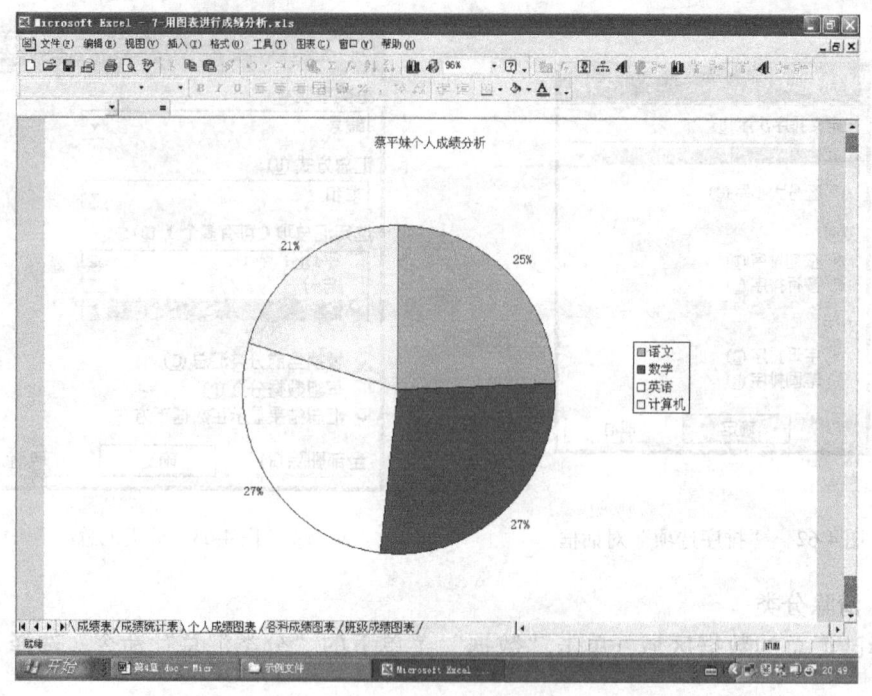

图 4-64　个人成绩分析图表

2）在"标准类型"标签上单击"饼图"，在"子图表类型"中选择"饼图"，单击"下一步"按钮。

3）在"图表向导——4 步骤之 2——图表源数据"对话框的"数据区域"标签中导入数据"=成绩表！\$E\$7：\$H\$7"，并选择系列产生在"行"，如图 4-66 所示。

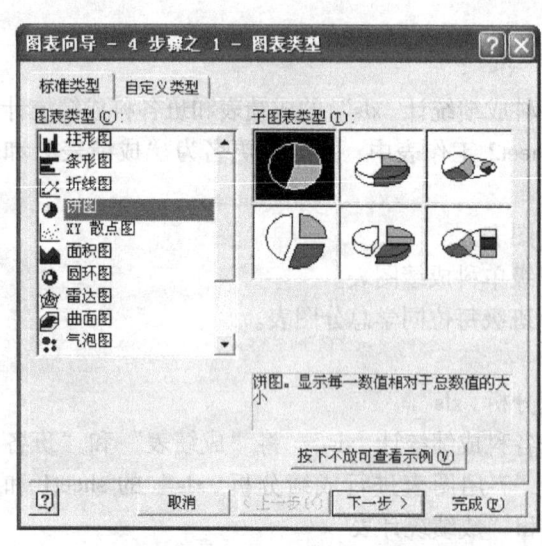
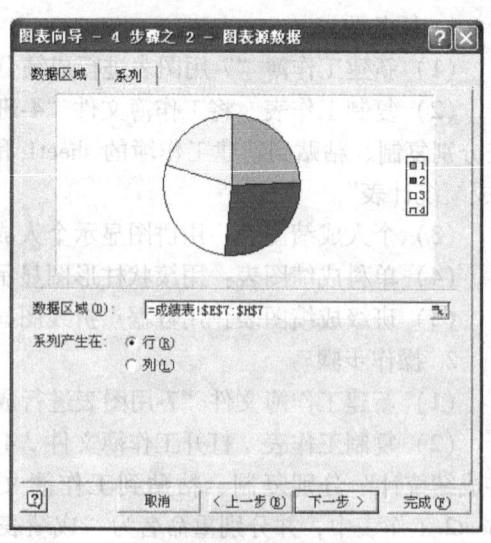

图 4-65　"4 步骤之 1——图表类型"对话框　　图 4-66　"4 步骤之 2——图表源数据"对话框

4）单击对话框的"系列"标签，如图 4-67 所示，在"系列"标签的"名称"中引用

"=成绩表！\$B\$7"，在"值"框中引用"=成绩表！\$E\$7：\$H\$7"，在"分类标志"框中引用"=成绩表！\$E\$2：\$H\$2"，单击"下一步"按钮。

5）在"图表向导——4 步骤之 3——图表选项"对话框的"标题"标签上，输入"蔡平妹个人成绩分析"，如图 4-68 所示。

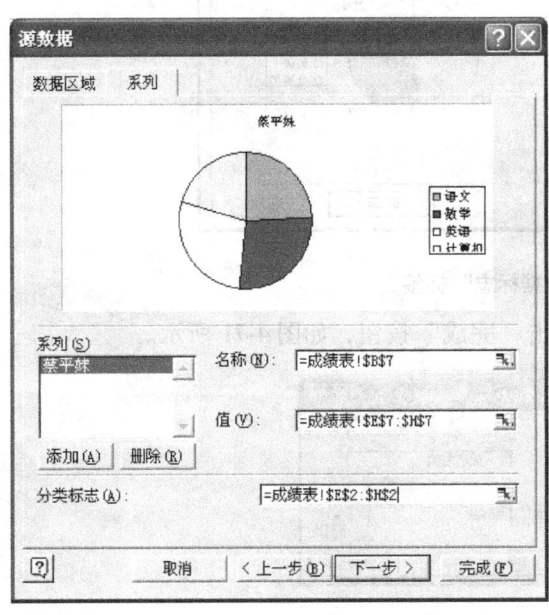

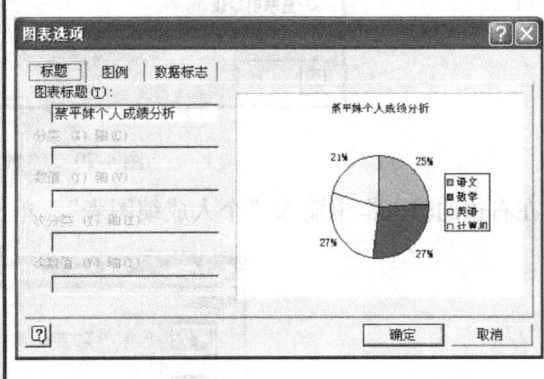

图 4-67　"系列"标签　　　　　　　　图 4-68　"标题"标签

6）单击"图例"标签，选"显示图例"项，选择图例位置为"靠右"，如图 4-69 所示。

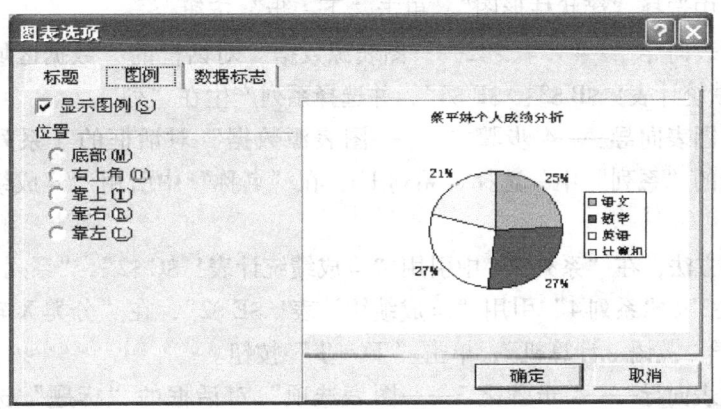

图 4-69　"图例"标签

7）单击"数据标志"标签，选择"显示百分比"，单击"确定"按钮，如图 4-70 所示。

8）在"图表向导——4 步骤之 4——图表位置"对话框中选择"作为新工作表插入"，

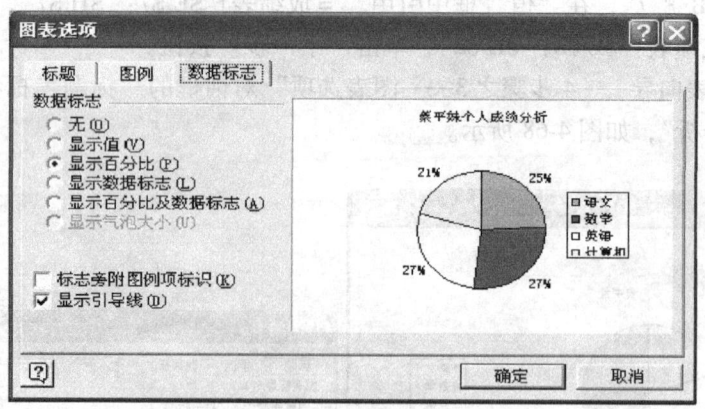

图 4-70 "数据标志"标签

在右边的输入框中输入"个人成绩图表",单击"完成"按钮,如图 4-71 所示。

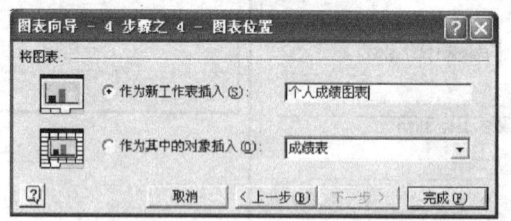

图 4-71 "图表向导——4 步骤之 4——图表位置"对话框

(4)插入单科成绩图表

1)单击"成绩统计表"标签,单击"插入"菜单下的"图表"命令,打开"图表向导——4 步骤之 1——图表类型"对话框,在"标准类型"选项卡上单击"柱形图",在"子图表类型"中选择"簇状柱形图",单击"下一步"按钮。

2)在"图表向导——4 步骤之 2——图表源数据"对话框的"数据区域"选项卡中导入数据"=成绩统计表!\$B \$3:\$E \$3",并选择系列产生在"列"。

3)单击"图表向导——4 步骤之 2——图表源数据"对话框的"系列"选项卡,在"系列"选项卡的"系列"中,选择"系列 1",在"名称"中引用"=成绩统计表!\$B \$2"。

4)同样的方法,在"系列 2"中引用"=成绩统计表!\$C \$2","系列 3"引用"=成绩统计表!\$D \$2","系列 4"引用"=成绩统计表!\$E \$2",在"分类 X 轴标志"框中输入"语文 数学 英语 计算机",单击"下一步"按钮。

5)在"图表向导——4 步骤之 3——图表选项"对话框的"标题"选项卡上,输入"各科成绩分析"。

6)单击"图例"选项卡,勾选"显示图例"项,选择图例位置为"靠右"。

7)单击"数据标志"选项卡,选择"显示值",单击"下一步"按钮。

8)在"图表向导——4 步骤之 4——图表位置"对话框中选择"作为新工作表插入",在右边的输入框中输入"各科成绩图表",单击"完成"按钮,如图 4-72 所示。

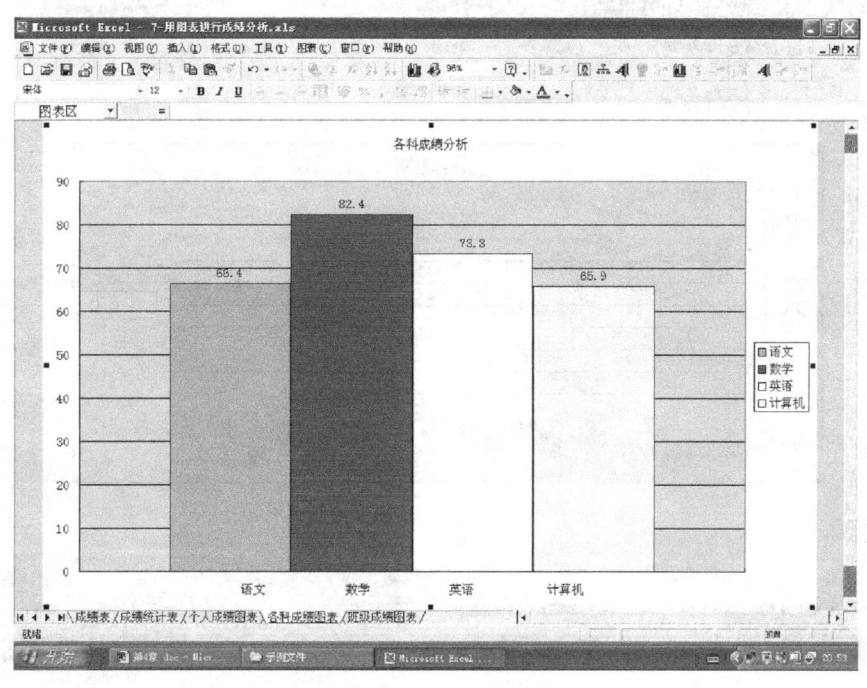

图 4-72 各科成绩分析图表

（5）插入班级成绩图表

1）单击"成绩表"标签，单击"插入"菜单下的"图表"命令，打开"图表向导——4 步骤之 1——图表类型"对话框，在"标准类型"选项卡上单击"折线图"，在"子图表类型"中选择"数据点折线图"，单击"下一步"按钮。

2）在"图表向导——4 步骤之 2——图表源数据"对话框的"数据区域"选项卡中导入数据"成绩表！$J $2：$J $22"，并选择系列产生在"列"。

3）单击"图表向导——4 步骤之 2——图表源数据"对话框的"系列"选项卡，在"系列"选项卡的"系统"中，选择"系列 1"，在"名称"中引用"＝成绩表！$J $2"，在"分类 X 轴标志"框中引入"＝成绩表！$B $3：$B $22"，单击"下一步"按钮。

4）在"图表向导——4 步骤之 3——图表选项"对话框的"标题"选项卡上，输入"班级成绩分析"。

5）单击"图例"选项卡，勾选"显示图例"项，选择图例位置为"靠右"。

6）单击"数据标志"选项卡，选择"显示值"，单击"下一步"按钮。

7）在"图表向导——4 步骤之 4——图表位置"对话框中选择"作为新工作表插入"，在右边的输入框中输入"班级成绩图表"，单击"完成"按钮。

8）鼠标右击图表区，弹出快捷菜单，选择"图表区格式"命令，单击"图表区格式"对话框的"图案"标签，选择区域颜色为蓝色，单击"确定"按钮，如图 4-73 所示。

（6）保存文档、关闭工作簿。

计算机操作与应用基础教程

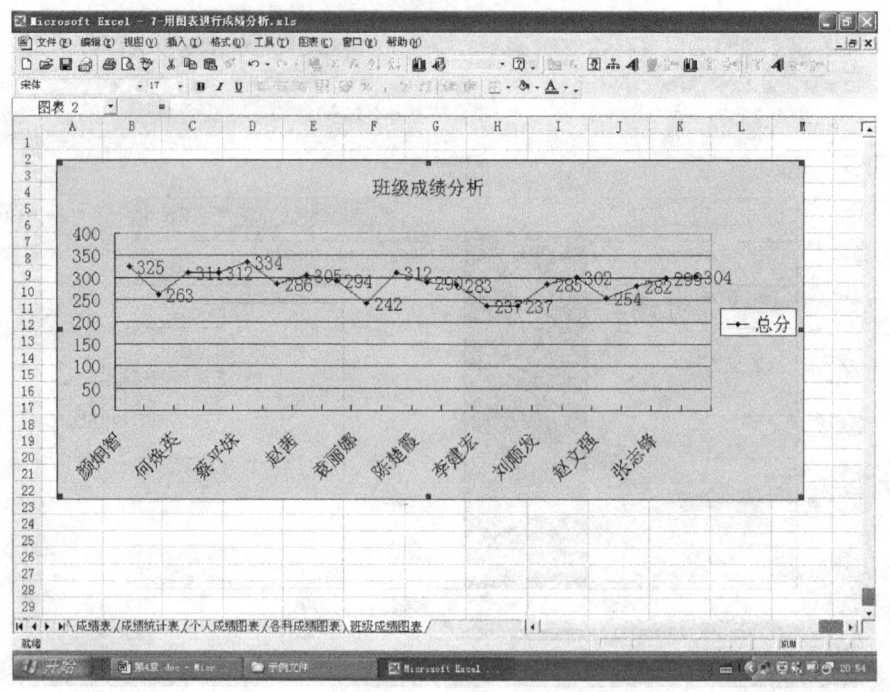

图 4-73　班级成绩分析图表

本节知识要点

1. 创建图表

（1）使用"图表向导"创建图表　选择欲创建图表的数据区域，单击"插入"菜单下的"图表"命令或单击工具栏中的"图表向导"按钮，打开"图表向导"对话框，选择图标类型。

（2）使用"图表"工具栏创建图表　单击"图表"工具栏中的"图表类型"按钮，如图 4-74 所示。单击指定图表类型按钮，建立图表。

2. 编辑图表

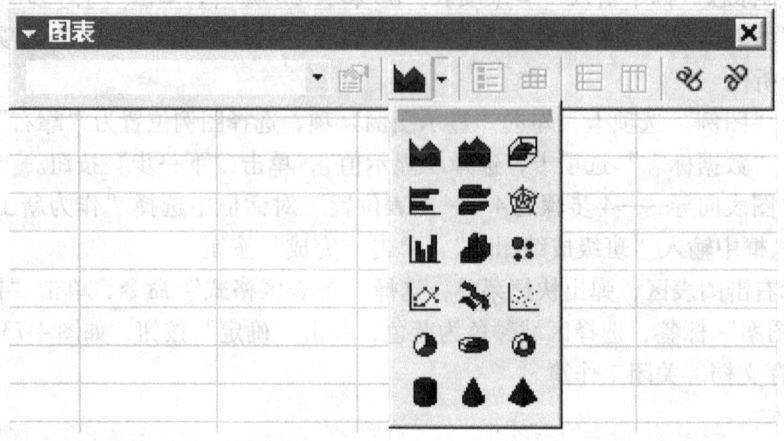

图 4-74　图表工具栏

（1）更改图表中数据范围　用鼠标右击被编辑图表的任一位置，弹出快捷菜单，选择“数据源”命令，打开“源数据”对话框，单击“数据区域”标签，编辑“数据区域”框中的单元格引用。

（2）更改图表类型　用鼠标右击被编辑图表的任一位置，弹出快捷菜单，选择“图表类型”命令，打开“图表类型”对话框，单击“标准类型”标签，重新指定“图表类型”选项和“子图表类型”选项。

（3）修改图表选项　用鼠标右击被编辑图表的图表区任一位置，弹出快捷菜单，选择“图表选项”命令，打开“图表选项”对话框，分别单击“标题”、“坐标轴”、“图例”等标签，重新设置标题、坐标轴、图例等选项内容。

（4）改变图表大小　单击欲修改的图表，图表四周产生八个控制柄，将鼠标指针移动到图表控制柄上，当鼠标指针变成双向箭头时，拖动鼠标可改变图表的大小。

（5）重新设定图表位置　用鼠标右击被编辑图表的图表区任一位置，弹出快捷菜单，选择“位置”命令，打开“图表位置”对话框，选择指定选项。

（6）格式化图表元素　双击要格式化的图表元素，弹出相对应的“×××格式”对话框，重新设置欲格式化的选项。

4.7　在项目表格中创建数据透视表

任务 13　制作“成绩透视表”

制作“成绩透视表”的效果如图 4-75 所示。

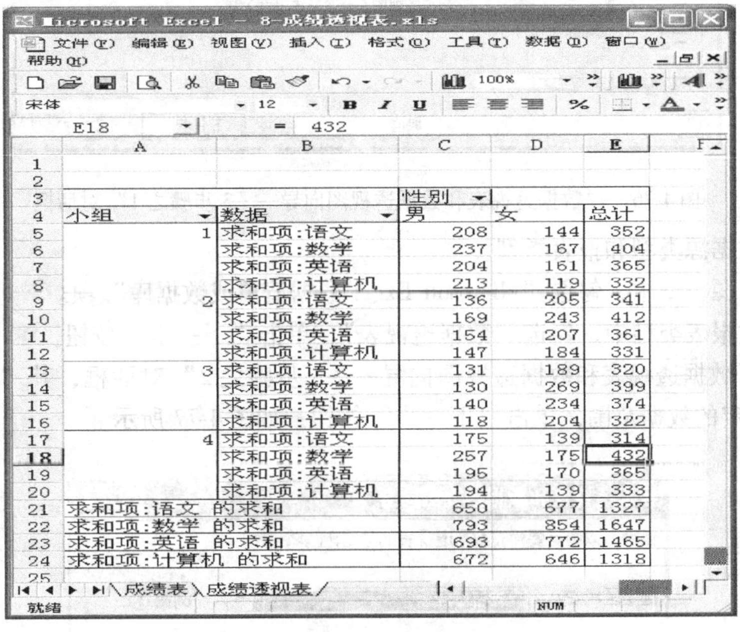

	A	B	C	D	E
1					
2					
3			性别		
4	小组	数据	男	女	总计
5	1	求和项:语文	208	144	352
6		求和项:数学	237	167	404
7		求和项:英语	204	161	365
8		求和项:计算机	213	119	332
9	2	求和项:语文	136	205	341
10		求和项:数学	169	243	412
11		求和项:英语	154	207	361
12		求和项:计算机	147	184	331
13	3	求和项:语文	131	189	320
14		求和项:数学	130	269	399
15		求和项:英语	140	234	374
16		求和项:计算机	118	204	322
17	4	求和项:语文	175	139	314
18		求和项:数学	257	175	432
19		求和项:英语	195	170	365
20		求和项:计算机	194	139	333
21	求和项:语文 的求和		650	677	1327
22	求和项:数学 的求和		793	854	1647
23	求和项:英语 的求和		693	772	1465
24	求和项:计算机 的求和		672	646	1318
25					

图 4-75　成绩透视表

1. 任务要求

（1）新建工作簿"8-成绩透视表.xls"。

（2）复制工作表　将工作簿文件"3-班成绩表计算.xls"的成绩表复制、粘贴到新建工作簿的 sheet1 工作表中，并更名为"成绩表"。

（3）创建成绩透视表　按小组汇总男女学生语文、数学、英语和计算机学科成绩。

2. 操作步骤

（1）在"学生成绩管理"文件夹中，新建工作簿文件"8-成绩透视表.xls"。

（2）将文件"3-班成绩表计算.xls"中"成绩表"复制、粘贴到文件"8-成绩透视表.xls"的 sheet1 工作表中，并将 sheet1 更名为"成绩表"。

（3）创建成绩透视表

1）单击"成绩表"标签，选择数据区域 A2~K22 单元格。

2）调用数据透视表向导，操作步骤如下：

① 选择"数据"菜单下的"数据透视表和图表报告"命令，打开"数据透视表和数据透视图向导——3 步骤之 1"对话框，如图 4-76 所示。

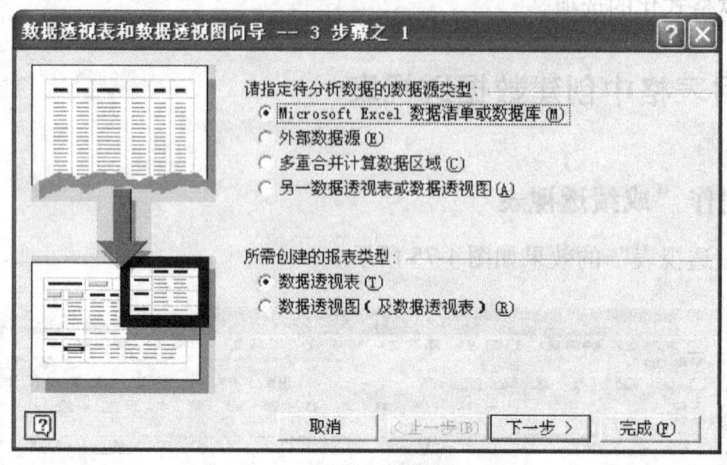

图 4-76　"数据透视表和数据透视图向导——3 步骤之 1"对话框

② 指定数据源类型和报表类型。

③ 在数据源类型中，勾选"Microsoft Excel 数据清单或数据库"项。

④ 在创建报表类型中，勾选"数据透视表"，单击"下一步"按钮。

⑤ 弹出"数据透视表和数据透视图向导——3 步骤之 2"对话框，其"选定区域"中显示步骤 1 选定的数据范围，单击"下一步"按钮，如图 4-77 所示。

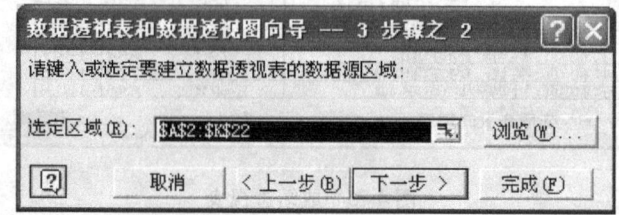

图 4-77　"数据透视表和数据透视图向导——3 步骤之 2"对话框

⑥ 指定数据透视表的显示位置。

⑦ 在"数据透视表和数据透视图向导——3 步骤之 3"对话框中，如图 4-78 所示，选择"新建工作表"项，单击"完成"按钮。

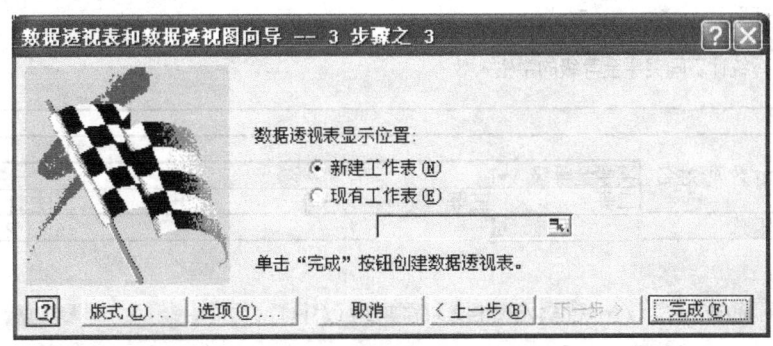

图 4-78 "数据透视表和数据透视图向导——3 步骤之 3"对话框

⑧ 指定数据透视表的行、列内容

将"语文"、"数学"、"英语"和"计算机"，从"数据透视表"浮动工具栏拖至空白数据透视表的数据项区域，将"小组"从浮动工具栏拖至 A3 单元格，作为行字段，将"性别"从浮动工具栏拖至 C3 单元格，作为列字段，一个二维数据透视表创建完毕，如图 4-79 所示。

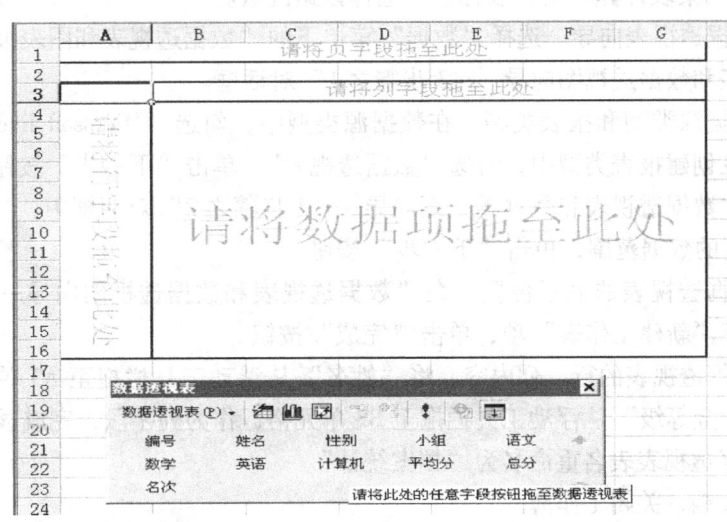

图 4-79 数据透视表及其浮动工具栏

（4）将数据透视表表名重命名为"成绩透视表"。

（5）保存文档、关闭工作簿。

任务 14　档案统计

档案统计的效果如图 4-80 所示。

1. 任务要求

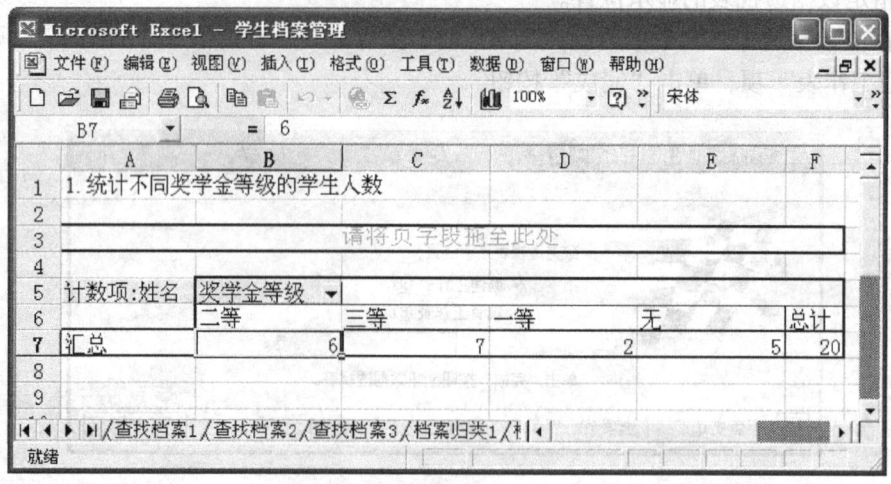

图4-80 学生档案统计表

在"学生档案管理.xls",中创建档案统计透视表：统计不同奖学金等级的学生人数。

2. 操作步骤

（1）打开工作簿文件"学生档案管理.xls"。

（2）创建档案统计透视表

1）单击"档案表计算"工作表标签，选择数据区域。

2）调用数据透视表向导。选择"数据"菜单下的"数据透视表和图表报告"命令，打开"数据透视表和数据透视图向导——3步骤之1"对话框。

3）指定数据源类型和报表类型。在数据源类型中，勾选"Microsoft Excel 数据清单或数据库"项，在创建报表类型中，勾选"数据透视表"，单击"下一步"按钮。

在弹出的"数据透视表和数据透视图向导——3步骤之2"对话框中，"选定区域"中显示步骤一选定的数据范围，单击"下一步"按钮。

4）指定数据透视表的显示位置。在"数据透视表和数据透视图向导——3步骤之3"对话框中，选择"新建工作表"项，单击"完成"按钮。

5）指定数据透视表的行、列内容。将"姓名"从浮动工具栏拖至A3单元格，作为行字段，将"奖学金等级"从浮动工具栏拖至B3单元格，作为列字段，完成透视表的创建。

（3）将数据透视表表名重命名为"档案统计"。

（4）保存文档、关闭工作簿。

本节知识要点

1. 建立数据透视表

单击工作表中任一单元格，单击"数据"菜单下的"数据透视表和图表报告"命令，打开对话框：

（1）选择数据源类型为"Microsoft Excel 数据清单或数据库"，报表类型为"数据透视表"。

（2）选择透视表的数据来源的区域，或输入数据源选定区域的引用位置。

第4章 电子表格软件 Excel 的应用

（3）选定透视表的位置、名称和版式，生成数据透视表。

2. 编辑数据透视表

（1）删除数据透视表 用鼠标右键单击数据透视表中任一单元格，弹出快捷菜单，选择"选定"下的"整张表格"命令，再单击右键，弹出快捷菜单，选择"删除"命令。

（2）修改数据透视表布局 在数据透视表中直接拖动字段按钮或字段项标题，即可更改数据透视表的布局。

（3）格式化数据透视表

1）设置数据透视表单元格格式 选择欲设置格式的透视表单元格区域，用鼠标右击选定区域，弹出快捷菜单，选择"设置单元格格式"命令，打开"单元格格式"对话框，分别设置所需标签下的格式选项。

2）设置数据透视表报告格式 用鼠标右击数据透视表任一单元格，弹出快捷菜单，选择"设置报告格式"命令，打开"自动套用格式"对话框，选择所需报表样式。

3. 创建数据透视图

根据数据透视表直接生成图表。

4. 编辑数据透视图

单击"数据透视表"工具栏上的"图表向导"按钮，重新编辑透视图。

4.8 打印项目工作表

任务15 打印班级成绩表

打印班级成绩表的效果如图4-81所示。

1. 任务要求

（1）在"学生成绩管理"文件夹中创建工作簿文件"9-成绩表的打印输出.xls"。

（2）将文件"3-成绩表计算.xls"中的"成绩表"复制、粘贴到文件"9-成绩表的打印输出.xls"中的sheet1中，并将工作表表名重命名为"成绩单"。

（3）设置成绩单页面。

（4）打印预览成绩单。

（5）打印成绩单。

2. 操作步骤

（1）在"学生成绩管理"文件夹中创建工作簿文件"9-成绩表的打印输出.xls"。

（2）打开文件"3-成绩表计算.xls"，将"成绩表"复制、粘贴到文件"9-成绩表的打印输出.xls"的sheet1中，将表名重命名为"成绩单"。

（3）设置页面

1）单击"文件"菜单中的"页面设置"命令，打开"页面设置"对话框，选择"页面"标签，勾选方向为"纵向"，勾选缩放为"调整为1页宽1页高"，纸张大小、打印质量、起始页码为默认，如图4-82所示。

2）设置页边距。单击"页边距"标签，设置"上"、"下"、"左"、"右"页边距和"页眉"、"页脚"的位置为默认。居中方式勾选"水平居中"，如图4-83所示。

图 4-81　成绩表打印输出预览

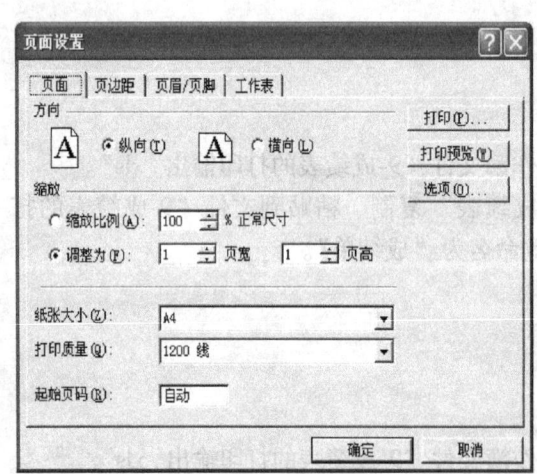

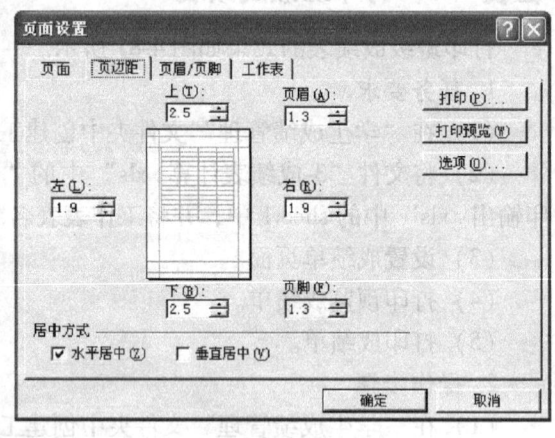

图 4-82　"页面设置"对话框"页面"标签　　图 4-83　"页面设置"对话框"页边距"标签

　　3）设置页眉和页脚。单击"页眉/页脚"标签，单击"自定义页眉"按钮，弹出"页眉"对话框，在编辑框中输入"成绩表的打印输出"，单击"确定"按钮，完成页眉设置。
　　4）单击"页脚"列表框的下拉按钮，从"页脚"列表中选取"第 1 页"，单击"确定"按钮，如图 4-84 所示。
　　(4) 预览成绩单　单击"文件"菜单，选择"打印预览"命令。
　　(5) 打印成绩单　单击"文件"菜单，选择"打印"命令。

第 4 章　电子表格软件 Excel 的应用

（6）保存文档、关闭工作簿。

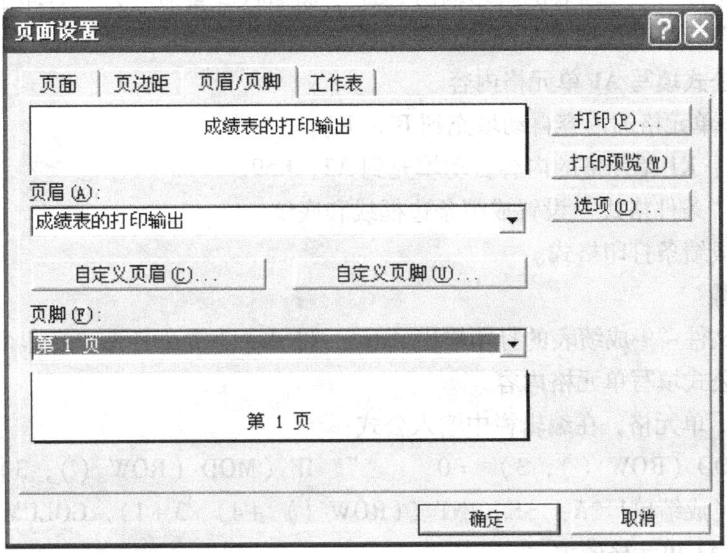

图 4-84 "页面设置"对话框"页眉/页脚"标签

*任务 16　打印学生成绩条（选做）

打印学生成绩条的效果如图 4-85 所示。

	A	B	C	D	E	F	G	H	I	J	K
1	编号	姓名	性别	小组	语文	数学	英语	计算机	平均分	总分	名次
2	20024001	颜炯智	男	1	75	65	87	98	81.25	325	2
3											
4	编号	姓名	性别	小组	语文	数学	英语	计算机	平均分	总分	名次
5	20024002	黄珊珊	女	2	61	77	75	50	65.75	263	16
6											
7	编号	姓名	性别	小组	语文	数学	英语	计算机	平均分	总分	名次
8	20024003	何焕英	女	4	63	98	79	71	77.75	311	5
9											
10	编号	姓名	性别	小组	语文	数学	英语	计算机	平均分	总分	名次
11	20024004	魏燕芬	女	3	65	98	84	65	78	312	3
12											
13	编号	姓名	性别	小组	语文	数学	英语	计算机	平均分	总分	名次
14	20024005	蔡平妹	女	2	82	91	92	69	83.5	334	1
15											
16	编号	姓名	性别	小组	语文	数学	英语	计算机	平均分	总分	名次
17	20024006	叶思潜	女	1	60	77	84	65	71.5	286	12
18											
19	编号	姓名	性别	小组	语文	数学	英语	计算机	平均分	总分	名次
20	20024007	赵茜	女	1	84	90	77	54	76.25	305	6
21											
22	编号	姓名	性别	小组	语文	数学	英语	计算机	平均分	总分	名次

图 4-85　学生成绩条

1. 任务要求

（1）打开文件"9-成绩表的打印输出.xls"，将 sheet2 重命名为"打印个人成绩单"。
（2）设置单元格区域格式类型和对齐方式。
（3）根据公式填写 A1 单元格内容。
（4）将 A1 单元格的内容自动填充到 B1：K1。
（5）将 A1：K1 单元格的内容自动填充到 A2：K59。
（6）运用"条件格式"设置成绩条边框线和底纹。
（7）设置成绩条打印格式。

2. 操作步骤

（1）打开文件"9-成绩表的打印输出.xls"，将 sheet2 重命名为"打印个人成绩单"。
（2）根据公式填写单元格内容

1）单击 A1 单元格，在编辑栏中输入公式：

"= IF（MOD（ROW（），3）= 0， ""，IF（MOD（ROW（），3）= 1，成绩单！A $2，INDEX（成绩单！$A：$K，INT（（ROW（）+4）/3 +1），COLUMN（））））"，按 Enter 键，完成 A1 单元格的填写。

2）再用自动填充功能，先填充 B1：K1 单元格区域，再填充 A2：K59 单元格内容。

（3）设置单元格格式　设置 A1～A59 单元格区域的数学分类为"自定义"型："2002"0000，设置 A1～K59 单元格区域的"文本对齐"方式为"居中"。

（4）设置成绩条边框和底纹

1）选择表格区域 A1～K59，单击"格式"菜单中的"条件格式"命令，选择"条件1"下拉列表框为"公式"，在右边框中输入公式为"= mod（row（），3）=1"。

2）单击"格式"按钮，选择"图案"标签，选择单元格底纹颜色为：浅橘黄，选择"边框"标签，单击"外边框"按钮，单击"确定"，返回"条件格式"对话框。

3）单击"添加"按钮，增加"条件2"，在"条件2"下拉列表框中选择"公式"，在右边的框中输入公式"= mod（row（），3）＜＞0"。

4）单击"格式"按钮，选择"边框"标签，单击"外边框"按钮，设置边框线，单击"确定"按钮，返回"条件格式"对话框，再单击"确定"按钮，完成条件格式设置，如图 4-86

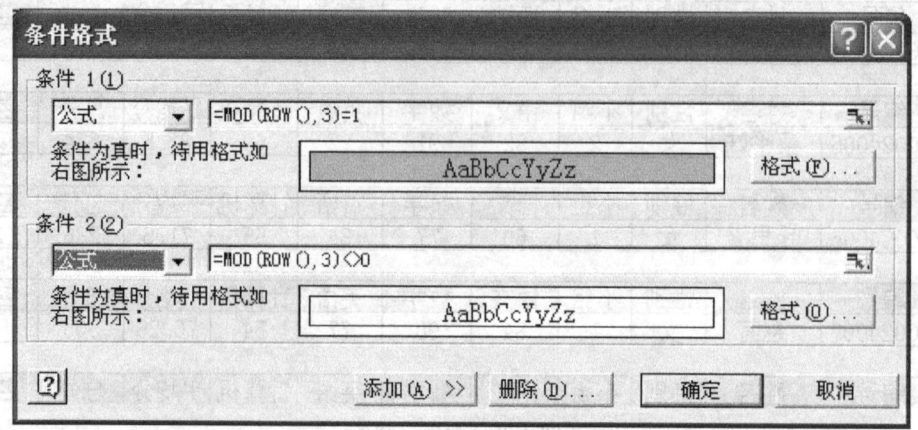

图 4-86　"条件格式"对话框

所示。

(5) 设置成绩条打印操作　选择"文件"菜单中的"打印"命令，打开"打印"对话框，设定打印机名称、打印范围、打印份数和打印对象，单击"确定"按钮。

(6) 保存文档、关闭工作簿。

本节知识要点

1. 页面设置

单击"文件"菜单中的"页面设置"命令，打开"页面设置"对话框，可设置页面、页边距、页眉/页脚和工作表的打印格式。

(1) 设置页面　在"页面设置"对话框中，单击"页面"标签，可设置"方向"、"缩放"、"纸张大小""打印质量"和"起始页码"等指定选项内容。

(2) 设置页边距　在"页面设置"对话框中，单击"页边距"标签，可设置"上"、"下"、"左"、"右"页边距大小数值；设置"页眉"、"页脚"的位置，设置文档"居中方式"。

(3) 设置页眉/页脚　在"页面设置"对话框中，单击"页眉/页脚"标签，在页眉或页脚列表框中，设定需要的页眉/页脚格式；也可单击"自定义页眉"按钮，输入自定义页眉内容，或单击"自定义页脚"按钮，输入自定义页脚内容。

(4) 设置工作表　在"页面设置"对话框中，单击"工作表"标签，如图 4-87 所示，可设置"打印区域"、"打印标题"、"打印顺序"等内容。

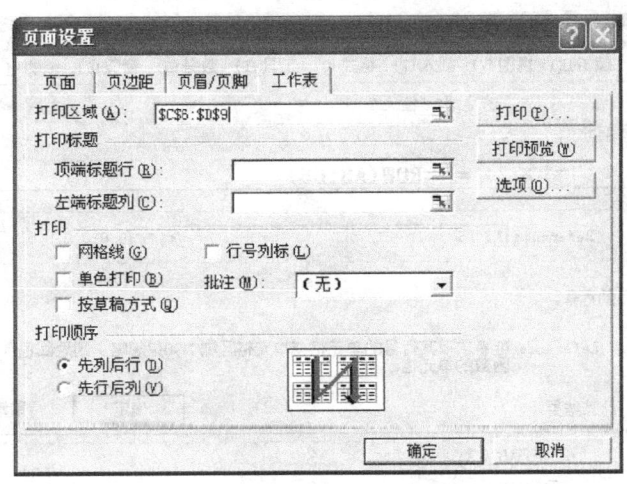

图 4-87　"页面设置"对话框"工作表"标签

1) 设置打印标题。希望每页都有标题：单击"工作表"标签，单击"顶端标题行"按钮，在工作表中选择数据上面的几行作为表头。

2) 设置打印区域。单击"打印区域"按钮，在工作表中选择需打印的数据范围或直接输入引用地址范围。

3) 设置"打印"项。可选择"网张线"、"行号列标"、"单色打印"、"按草稿方式"、"批注"。

4) 打印顺序。工作表比较大，可选择打印顺序"先列后行"或"先行后列"。

2. 打印设置

（1）打印预览　打印之前，可使用打印预览查看页面设置效果，并可在预览状态下调整版面，满意后直接打印。单击"文件"菜单下的"打印预览"命令，可进行"打印预览"设置。

（2）打印设置　单击"文件"菜单下的"打印"命令，打开"打印"对话框，在对话框中，设置打印机名称、范围、打印的份数等选项内容。

3. 补充函数

（1）MOD 函数

功能：返回两数相除后的余数。

格式：MOD（参数1，参数2）。

参数1：数值，被除数；参数2：数值，除数。

结果为数值型，正负号与除数相同。

例：=MOD（28，6）返回值为：4。

（2）ROW 函数

功能：返回给定引用的行号。

格式：ROW（参数）。

参数：单元格或单元格区域引用，省略参数则为函数所在单元格的引用。

例：=ROW（A3）、=ROW（）、=ROW（A3：B5）返回值，如图4-88 所示。

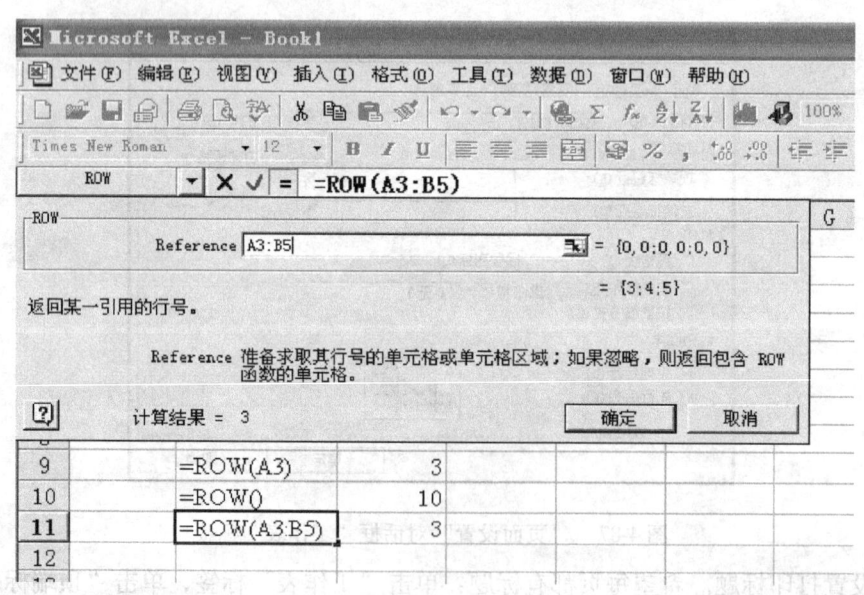

图 4-88　ROW 函数返回值

（3）COLUMN 函数

功能：返回给定引用的列号。

格式：COLUMN（参数）。

参数：单元格或单元格区域引用，省略参数则为函数所在单元格的引用。

例：=COLUMN（A3）、=COLUMN（）、=COLUMN（A3：C5）返回值，如图4-89 所示。

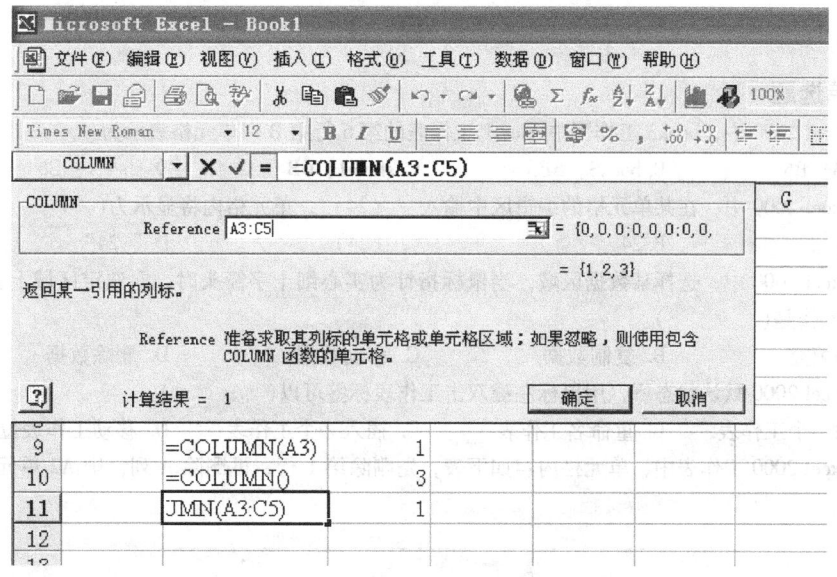

图 4-89　COLUMN 函数返回值

（4）INDEX 函数

功能：计算指定的行与列交叉处的单元格引用。

格式：INDEX（参数1，参数2，参数3，参数4）。

参数1：对一个或多个单元格区域的引用。

参数2：引用中某行的行序号。

参数3：引用中某行的列序号。

参数4：选择引用中的一个区域，并返回该区域中参数1和参数2的交叉区域，省略时为区域1，即参数1的区域。

例：如图 4-90 所示。

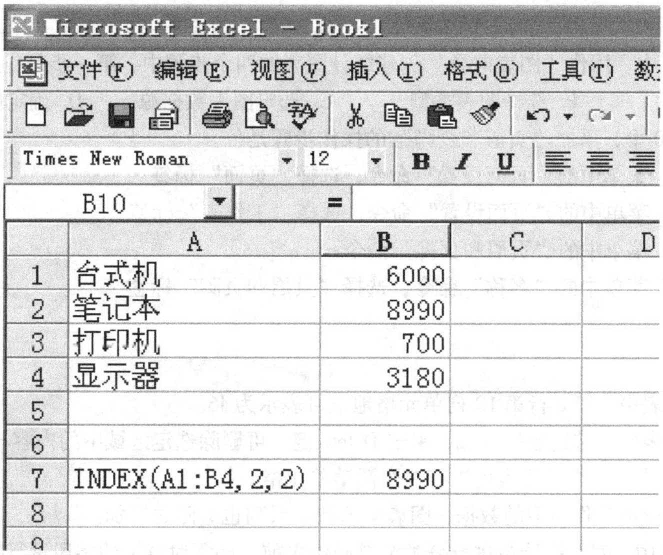

图 4-90　INDEX 函数返回值

习 题 4

一、单选题

1. 在 Excel 2000 中，book3 工作簿中 sheet1 工作表的第 6 行第 B 列单元格表示为(　　)。
   A. book3！B6　　　B. book3！6B　　　C. sheet1！6B　　　D. sheet1！B6
2. 在 Excel 2000 中，在某单元格的编辑区中输入"（24）"，单元格内将显示为(　　)。
   A. –24　　　　　　B. 24　　　　　　　C.（24）　　　　　D. "24"
3. 在 Excel 2000 中，选择某数据区域，当鼠标指针为实心细十字箭头时，向选定区域上方拖动鼠标，则可完成的操作是(　　)。
   A. 自动填充　　　　B. 复制数据　　　　C. 移动数据　　　　D. 删除数据
4. 在 Excel 2000 默认状态下，用鼠标左键双击工作表标签可以(　　)。
   A. 删除一个工作表　B. 重命名工作表　　C. 插入一个工作表　D. 移动工作表位置
5. 在 Excel 2000 工作表中，单元格内容如下表，先删除第 1 行，再删除 A 列，则 A2 单元格的内容为(　　)。

	A	B	C
1	1	4	7
2	2	5	8
3	3	6	9

   A. 5　　　　　　　B. 8　　　　　　　　C. 9　　　　　　　　D. 6
6. 在 Excel 2000 工作表中，要在某单元格中输入公式，下面选项中正确的为(　　)。
   A. B2 + D3　　　　B. 2 * A1　　　　　C. average（A1：A4）　D. = sheet1！B3 + C3
7. 在 Excel 2000 工作表中，单元格 C4 中有公式 " = A2 + $B $5"，在第 2 列之前插入一行，则单元格 C5 中的公式为(　　)。
   A. = A2 + $B $5　　B. = A2 + $B $6　　C. = A2 + $C $5　　D. = A2 + $C $6
8. 在 Excel 2000 工作表中，要进行"高级筛选"操作，在条件区域同一行中输入两个条件，表示(　　)。
   A. "或"的关系　　B. "与"的关系　　C. "非"的关系　　D. "异或"的关系
9. 在 Excel 2000 中，用作"图表向导"创建统计图表的四个步骤中，第一步是(　　)。
   A. 设置图表选项　　B. 选择图表类型　　C. 选定图表数据源　D. 确定图表位置
10. 在 Excel 2000 中，添加"页眉和页脚"的操作步骤是(　　)。
   A. 单击"文件"菜单中的"页面设置"命令，选择"页面"标签
   B. 单击"文件"菜单中的"页面设置"命令，选择"工作表"标签
   C. 单击"视图"菜单中的"页眉和页脚"命令
   D. 单击"插入"菜单中的"名称"命令，选择"页眉和页脚"标签

二、判断题

1. 在 Excel 工作表中，第 6 行第 10 列单元格地址可表示为 J6。　　　　　　　　　(　　)
2. 在 Excel 工作表中，选定数据区域，单击 Delete 键，可删除选定区域中的内容与格式。(　　)
3. 在 Excel 2000 中，一个工作表可以有多个活动单元格。　　　　　　　　　　　(　　)
4. 在 Excel 中，增加工作表中的数据，图表中的数据系列也会随之增加。　　　　(　　)
5. 在 Excel 2000 中，对数据清单进行分类汇总操作之前，必须对分类的字段进行排序操作。
   　　　　　　　　　　　　　　　　　　　　　　　　　　　　　　　　　　　(　　)

三、综合实操项目

项目要求：

1. 建立某商场一至六月销售统计表（示例样表如下）。

	A	B	C	D	E	F
1	日期	商品名称	销售数量	单价	销售额	部门
2	2004-1-1	冰箱	200	￥3,800.00		家电部
3	2004-1-1	电话	800	￥87.00		家电部
4	2004-1-2	皮鞋	500	￥320.00		鞋帽部
5	2004-1-2	空调	100	￥4,000.00		家电部
6	2004-1-3	钢笔	10000	￥100.00		文具部
7	2004-1-4	书包	500	￥50.00		文具部
8						

\1月 /2月 /3月 /4月 /5月 /6月 /

2. 用自动套用格式（会计2）格式化表格。
3. 按销售日期计算每笔业务的销售额和月销售总额。
4. 建立上半年各部门月销售额统计表。
5. 计算各部门上半年销售额。
6. 上半年部门销售排行榜。
7. 根据上半年部门销售额分配奖金。分配奖金的比例如下表所示。

销售额	5000元以下	10000元以下	15000元以下	20000元以下
奖金比例	5%	10%	15%	20%

8. 筛选出上半年销售额不足整个商场上半年销售总额10%的部门。
9. 按产品名称汇总一月份各类商品销售额。
10. 绘制各部门某月销售额图表。（用簇状柱形图表示）
11. 选"部门"和"销售额"两列数据，绘制部门上半年销售额图表，要求有图例，并显示各部门销售总数的百分比，图表标题为："各部门销售额百分比图"，嵌入在数据表格下方，存放在 A8：E18 区域内。（用饼图表示）

第 5 章 演示文稿制作软件 PowerPoint 的应用

学习目的和要求 学习 PowerPoint 的基本概念和基本功能,学会多媒体演示文稿的制作、放映的基本技能。

以第 3 章旅游文化电子杂志为基础,用同样的主题制作一个"中华旅游文化资源介绍"演示文稿项目。

在项目的不断学习、制作过程中,完成一个自己设计、命题的演示文稿课程设计作业。

PowerPoint 和 Word、Excel 一样,都是美国微软公司开发的办公自动化软件(Microsoft Office)的组件之一,主要用于设计制作演示文稿。

随着计算机的普及与广泛应用,我们不但需要用纸面和电子文档的形式进行信息交流,更需要利用多媒体的方式将这些信息展示出来,例如:在一些研讨、论坛、讲座等会议场合,已经不能满足只有会议资料的形式,更需要演讲过程中的声、像结合的交流、互动方式,另外,更多的企业展示会、产品广告宣传、培训都需要借助计算机多媒体形式。

PowerPoint 演示文稿是目前最常用、最简单易学、最适用于上述需求的方法,只要有了 Word 软件操作的基础,就很容易学会,随着办公自动化的普及和信息化的要求,PowerPoint 的应用越来越广。

项目 3 制作"中华旅游文化资源介绍"多媒体演示文稿

PowerPoint 演示文稿的扩展名为". PPT",保存为放映文件,扩展名为:". PPS"每个文档又包含若干张幻灯片。本项目由四个 PowerPoint 演示文稿组合而成。

1. 项目要求

(1)以第 3 章"项目 1"的素材为基础,参照样本,按栏目设计制作四个 PowerPoint 演示文稿,其中主文档名为"中华旅游文化资源介绍",其他演示文稿名分别为"世界文化遗产"、"世界自然遗产"、"中国食文化"。

(2)在主文档中以目录链接形式演示其他文稿的内容,各演示文稿也可以单独放映。

(3)本项目除了主题和必须包含的功能要求不能改变外,其他素材的引用、版面的设计、放映效果都可以自己创意设计。

(4)建立一个"素材"文件夹,存放演示文稿中用到的所有素材(包括自己选用的)。

(5)建立一个"项目 3"文件夹,保存"素材"文件夹和四个演示文稿。

2. 项目说明

(1)本项目制作的内容,按有利于 PowerPoint 各知识点、操作技能的学习,分几个阶段、若干个任务完成,必须完成整个项目的所有任务才能达到本软件的学习要求。

(2)本项目中所需的文字、图片等素材,由本书附带的光盘"项目 3"文件夹的"素材"文件夹提供,也可以选用自己编写和准备的其他素材。

第 5 章 演示文稿制作软件 PowerPoint 的应用

（3）完成本章节学习后，要求做一个课程设计，具体要求见本章后"综合练习"。学生可以在学习制作本项目的同时，按阶段学习内容，逐步完成自己的课程设计。

5.1 创建演示文稿

建立一个项目文件夹，名为："项目 3"，保存项目中的所有文档文件。

任务 1 创建"中华旅游文化资源介绍"演示文稿

"中华旅游文化资源介绍"演示文稿的效果如图 5-1 所示。

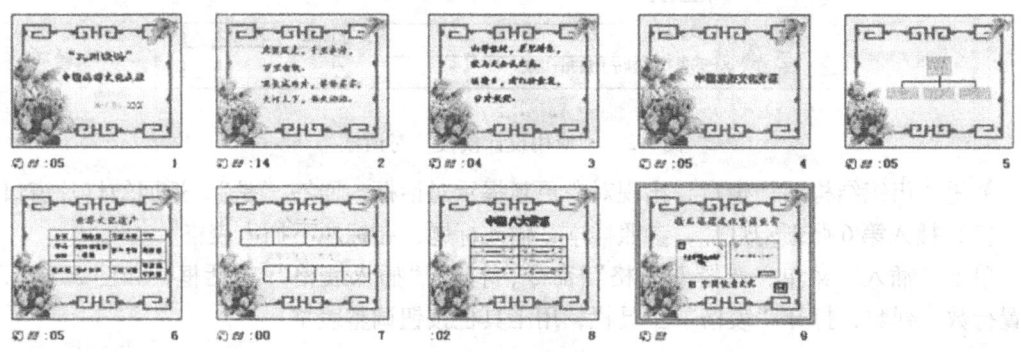

图 5-1 任务效果

1. 任务要求

（1）在演示文稿中任选一种"应用设计模板"。

（2）参照样本，输入文字内容，其中第 2、3 张幻灯片的文字可以自选，要求易于朗诵，保持每一行一个文本框的格式。

（3）参照样本，制作其他幻灯片，插入表格、组织结构图。

（4）将文档以"中华旅游文化资源介绍"命名、保存在"项目 3"文件夹中。

2. 操作步骤

（1）启动"PowerPoint"，系统显示一个对话框，提供了三种建立演示文稿的方法，通常选择"空演示文稿"，根据内容要求选择一种新幻灯片自动版式，也可以选择"空白"，创建第 1 张幻灯片。

（2）单击"格式"菜单，选择"应用设计模板"命令，打开"应用设计模板"对话框，选择一种模板，如图 5-2 所示。

（3）在版式中已有的文本框中或在插入的新文本框中输入标题文字内容，一个文本框输一行标题，修改文字格式。

（4）单击"插入"菜单或工具栏的"新幻灯片"按钮，插入第 2 张新幻灯片，选择空白幻灯片版式，输入文字内容，一行字用一个文本框，便于逐行放映，修改文字格式。

（5）用同样的方法，制作第 3、4 张幻灯片。

（6）插入第 5 张新幻灯片，选择"组织结构图"版式，双击结构图框，打开"组织结构图"窗口，如图 5-3 所示，修改结构图，方法同 Word。

计算机操作与应用基础教程

图 5-2 "应用设计模板"对话框

关闭"组织结构图"窗口，出现对象更新提示对话框，回答"是"，返回幻灯片窗口。

（7）插入第 6 张新幻灯片，参照样本，输入标题，在标题下插入表格。

单击"插入"菜单，选择"表格"命令，打开"插入表格"对话框，如图 5-4 所示，设置行数、列数，打开"表格"工具栏，用工具栏按钮调整表格。

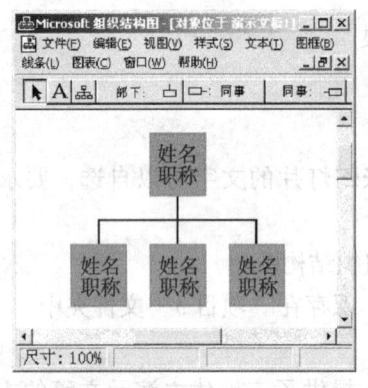

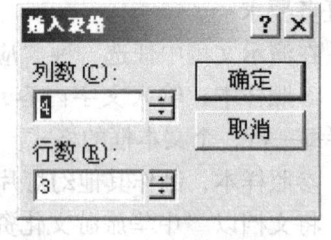

图 5-3 插入组织结果图　　　　　　　　　　图 5-4 "插入表格"对话框

（8）重复上一步骤制作第 7、8 张幻灯片中标题、表格的内容。

（9）插入第 9 张新幻灯片，作为本文档的结尾，其内容是与其他演示文稿的链接目录，只需先输入标题和"中国饮食文化"一行文字，其他内容在以后的任务中插入。

（10）以"中华旅游文化资源介绍"为名，保存到"项目 3"文件夹中。

任务2　创建"世界文化遗产"演示文稿

"世界文化遗产"演示文稿的效果如图 5-5 所示。

1. 任务要求

（1）参照样本，在演示文稿中设计一种有背景、有标记图标的幻灯片母版。

（2）选择几个典型的中国世界文化遗产资料作介绍，要求图文并茂。

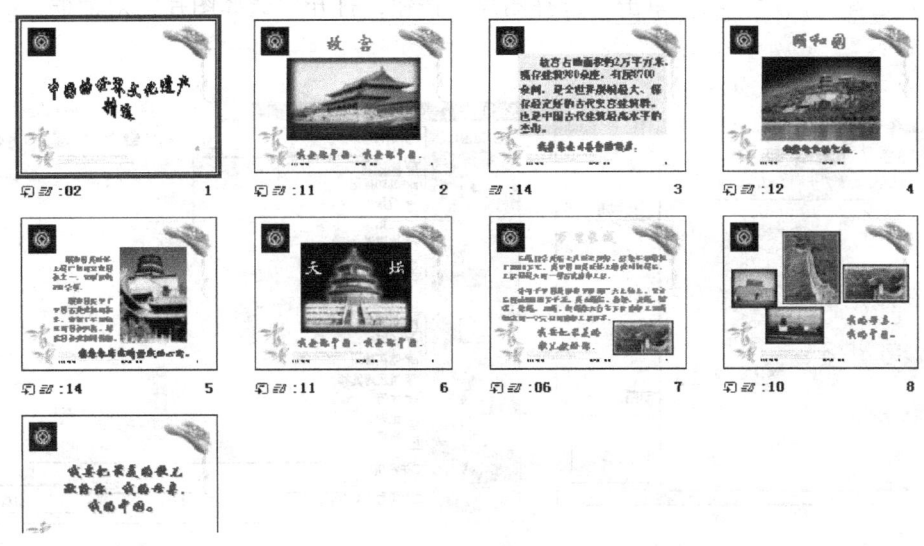

图 5-5 任务效果

（3）本任务中先不输入最下一行的歌词。

（4）将文档以"世界文化遗产"命名、保存在"项目 3"文件夹中。

2. 操作步骤

（1）启动"PowerPoint"，打开一个新文档。

（2）单击"视图"菜单，选择"母版"→"幻灯片母版"命令，打开"母版"窗口，如图 5-6 所示，母版中可以设置每张幻灯片的背景（幻灯片上的文字不会遮住母版背景）。

（3）在母版中单击"格式"菜单，选择"背景"命令（或用鼠标右键单击母版空白处，从弹出的快捷菜单中选择"背景"），打开"背景"对话框，如图 5-7 所示。

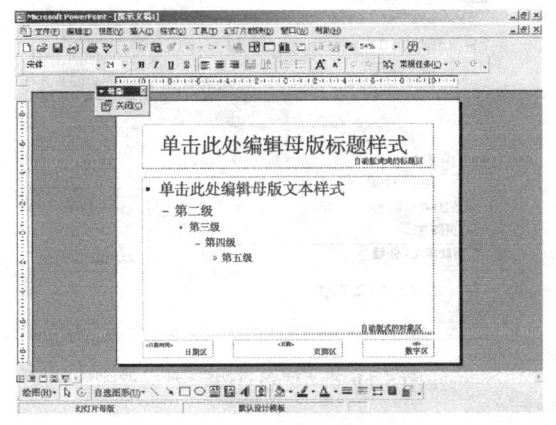
图 5-6 母版

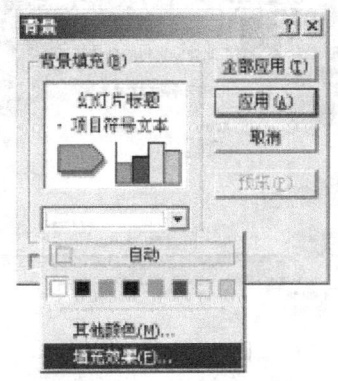
图 5-7 "背景"对话框

（4）单击"背景填充"窗口下方的下拉箭头，选择"填充效果"，打开"填充效果"对话框，如图 5-8 所示。

（5）选择"图片"项，单击"选择图片"按钮，打开"选择图片"对话框，如图 5-9 所示。

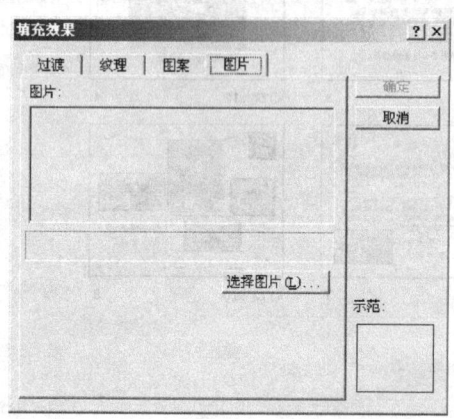

图 5-8　"填充效果"对话框

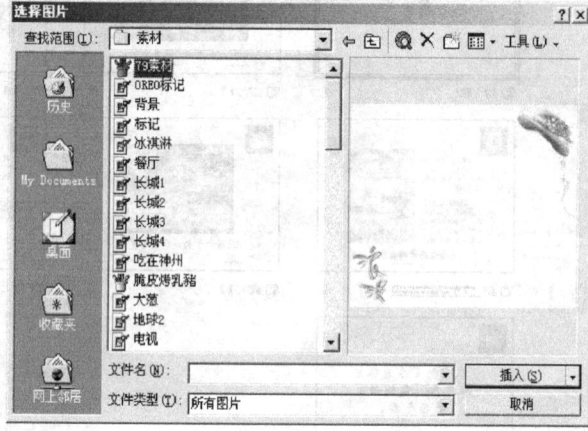

图 5-9　"选择图片"对话框

（6）参照样本，从光盘"项目 3"文件夹下的"素材"文件夹中选择相应的图片（或自己另选合适的图片），单击"插入"按钮。

（7）单击"确定"按钮，回到"背景"对话框，单击"应用"按钮，插入母版的背景图片。

（8）在母版左上角插入"素材"文件夹中的"世界遗产"图标，如图 5-10 所示。

（9）在母版中插入"页眉页脚"

1）单击"视图"菜单，选择"页眉页脚"，打开"页眉页脚"对话框，如图 5-11 所示。

图 5-10　插入图标

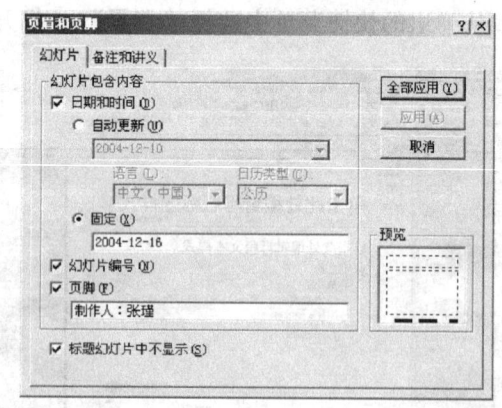

图 5-11　"页眉页脚"对话框

2）设置日期为当前固定日期；选择"幻灯片编号"复选框；在"页脚"栏中输入制作者姓名，选择"标题幻灯片中不显示"复选框。

3）单击"全部应用"，关闭"母版"窗口。

（10）在第 1 张幻灯片中插入艺术字标题，操作方法同 Word，格式可以自选。

第 5 章 演示文稿制作软件 PowerPoint 的应用

（11）插入第 2 张新幻灯片，输入标题文字"故宫"，在标题下插入简要说明文字框，插入一张图片，盖住文字（放映时，先显示文字，再显示图片）。

（12）插入第 3 张新幻灯片，分别插入 2 张图片，叠放在一起，下面的小上面的大，最上面插入文字框，盖住图片。

（13）插入第 4 张新幻灯片，插入标题文字，标题下插入一张图片。

（14）插入第 5 张新幻灯片，在左侧插入文字，在右侧插入一张图片。

（15）插入第 6 张新幻灯片，插入一张图片。

（16）参照样本，在图片相应的位置分别插入"天"、"坛"两个字，如图 5-12 所示。

（17）插入第 7 张新幻灯片，参照样本，插入文字和图片。

（18）插入第 8 张新幻灯片，参照样本，插入图片，调整图片摆放位置。

图 5-12　插入文字位置

（19）插入第 9 张新幻灯片，作为结尾，按样板输入内容或自定结尾内容。

（20）以"世界文化遗产"为名，保存到"项目 3"文件夹中。

任务3　创建"世界自然遗产"演示文稿

"世界自然遗产"演示文稿的效果如图 5-13 所示。

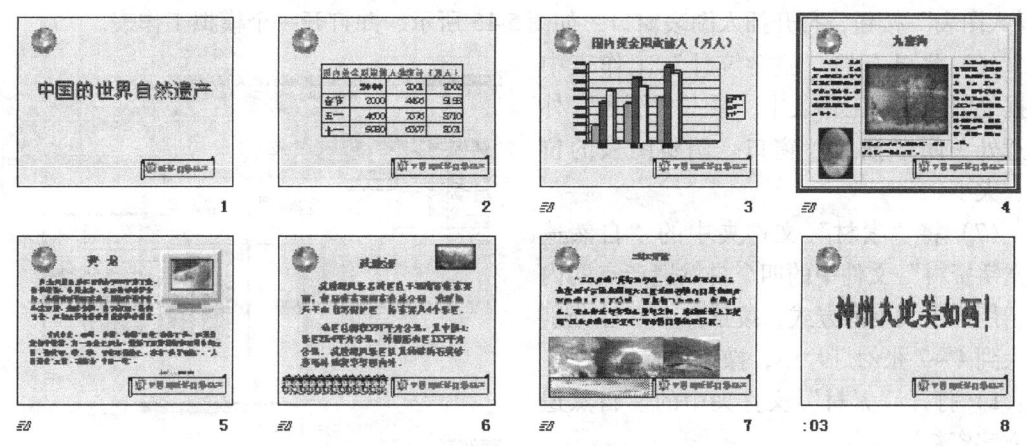

图 5-13　任务效果

1. 任务要求

（1）参考样本，设计一种幻灯片母版，在母版中插入动画图片。

（2）在演示文稿中插入 Excel 工作表和图表对象。

（3）通过插入大纲方式，将素材文字一次性插入到各张幻灯片中。

（4）用表格设置图文混排的版面格式。

(5) 插入图片，为制作图片的动画放映效果设置格式。

(6) 将文档以"世界自然遗产"命名、保存在"项目3"文件夹中。

2. 操作步骤

(1) 启动"PowerPoint"，打开一个新文档。

(2) 参考样本，设计一种带颜色效果的幻灯片母版，在母版左上角和右下角插入带动画的图片文件（.GIF 文件），并制作右下角的栏目图标可用"素材"文件夹的图片或从网上自己下载。

(3) 输入第 1 张幻灯片的标题文字。

(4) 插入第 2 张新幻灯片，单击"插入"菜单，选择"对象"命令，打开"插入对象"对话框，选择"由文件创建"单选项，插入"素材"文件夹中的"旅游统计"Excel 工作表，调整工作表的位置、大小，如图 5-14 所示。

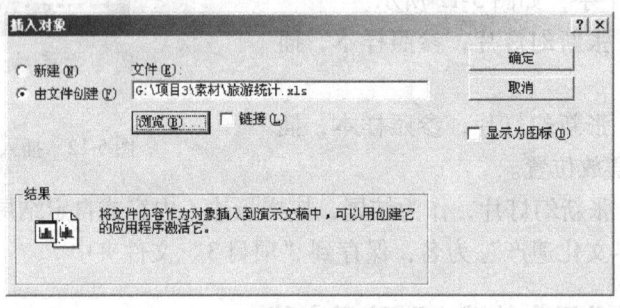

图 5-14　由文件创建

(5) 插入第 3 张新幻灯片，单击"插入"菜单，选择"图表"命令（或单击工具栏的"插入图表"按钮，打开插入图表窗口，如图 5-15 所示，并打开一个模拟工作表。

(6) 将已有的"旅游统计"工作表中数据复制到模拟工作表中，单击"图表"外任意处关闭"插入"窗口。调整图表的位置、大小。

(7) 将"素材"文件夹中的"自然遗产文字资料"文件中的四个自然遗产点的内容，用插入大纲的方式，按景点一次性分别插入到 4～7 张幻灯片中，操作步骤如下：

1) 打开"素材"文件夹中的"自然遗产文字资料"文件。

2) 将文字设为大纲形式：地名为"标题 1"，其余内容为"标题 2"，保存文件。

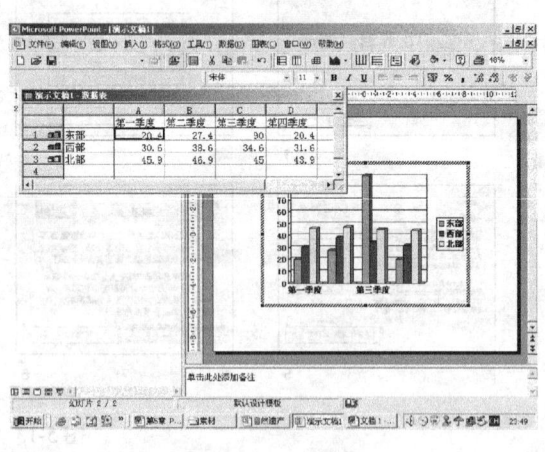

图 5-15　插入图表

3) 在第 3 张幻灯片位置，单击"插入"菜单，选择"幻灯片（从大纲）"命令，打开"插入大纲"对话框。

4) 选择"自然遗产文字资料"大纲文件，单击"插入"按钮，系统自动将每个"标题 1"以下的内容放在一张幻灯片中，共插入了四张幻灯片，如图 5-16 所示。

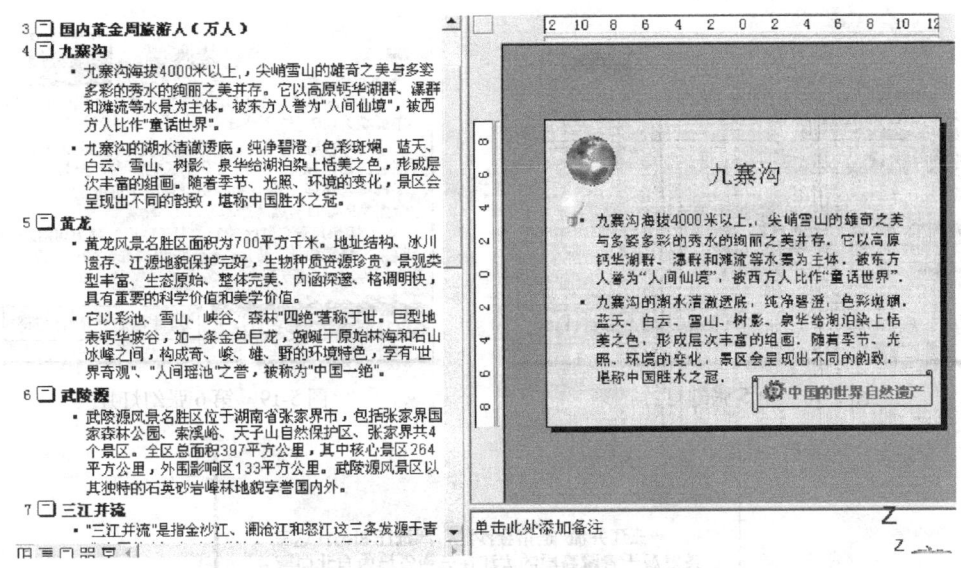

图 5-16 插入 4 张幻灯片

（8）参照样本，修改第 4 张幻灯片的文字格式，插入一个"表格"，将文字分别调整到各单元格中，在表格的中间格叠放插入 4 张九寨沟图片，如图 5-17 所示。

（9）参照样本，修改第 5 张幻灯片的格式，调整文字，一个自然段一个文本框，在右上角插入一张"素材"文件夹中的"电视"图片（含动画）。将"黄龙"的 3 张风景图片叠放在电视图片的屏幕中。在文字下面可以插入一张动画小火车图片，如图 5-18 所示。

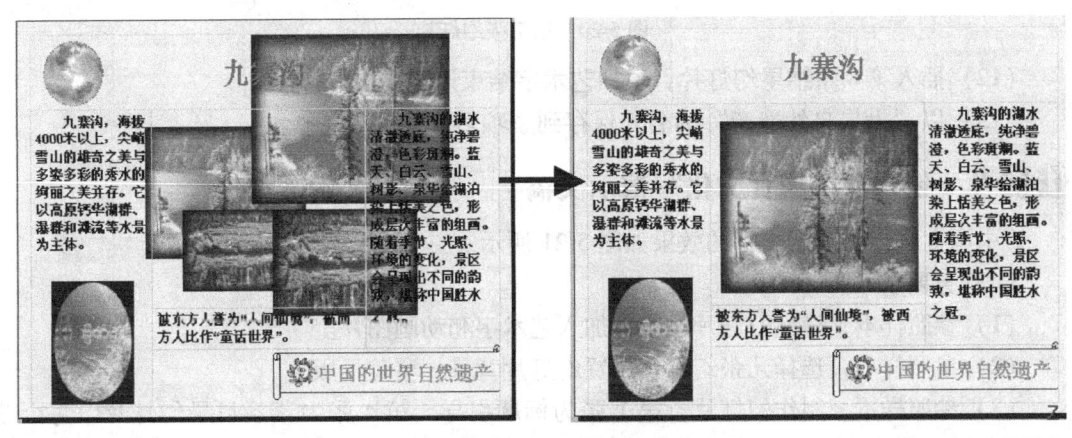

图 5-17 插入 4 张图片

（10）参照样本，修改第 6 张幻灯片，调整文字，可以在右上角插入一张风景图片；在幻灯片下面插入动画小人图片，为了产生动画小人向前走的动作效果，将小人图片复制多张，尽量密地依次排成一行，如图 5-19 所示。

（11）参照样本，修改第 7 张幻灯片，调整文字，插入 3 张风景图片。在下方插入"素材"文件夹的"流水"图片，复制多个叠放在一起（每张图片最好比下面一张小一点），最上面插一张"半透明"蓝色的与图片同样大小的矩形框，如图 5-20 所示。

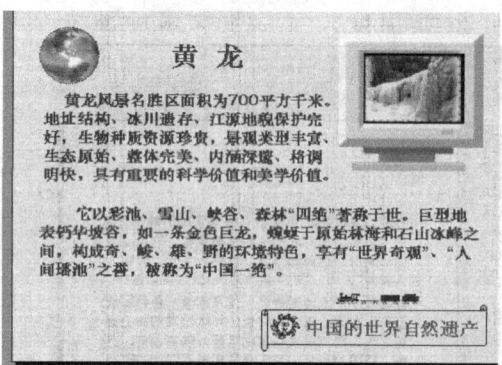

图 5-18　第 5 张幻灯片

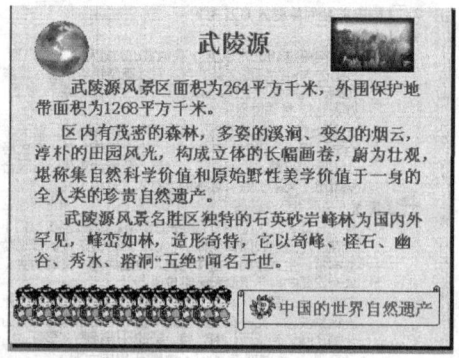

图 5-19　第 6 张幻灯片

图 5-20　第 7 张幻灯片

（12）插入第 8 张结尾幻灯片，填加艺术字结束语。

（13）以"世界自然遗产"为名，保存到"项目 3"文件夹中。

任务4　创建"中国食文化"演示文稿

"中国食文化"演示文稿的效果如图 5-21 所示。

1. 任务要求

（1）参照样本，设计幻灯片母版，加入艺术字和动画图片。

（2）参照样本，选择几张幻灯片设置幻灯片背景，覆盖母版。

（3）参照样本，制作幻灯片，第 1 张为标题引导，第 4 张为菜系目录幻灯片，每个菜系最少要有 2 张幻灯片，最后 1 张为结尾幻灯片（其他幻灯片自定，多几张幻灯片可以获得较好的配音乐效果）。

（4）将文档以"中国食文化"命名、保存在"项目 3"文件夹中。

2. 操作步骤

（1）启动"PowerPoint"，打开一个新文档，参照样本，设计一种幻灯片母版。

（2）为第 1 张标题引导幻灯片设计另一种彩色背景，覆盖住母版，操作步骤如下：

1）单击"格式"菜单，选择"背景"命令（或用鼠标右键单击幻灯片空白处，从快捷菜单中选择"背景"命令），打开"背景"对话框。

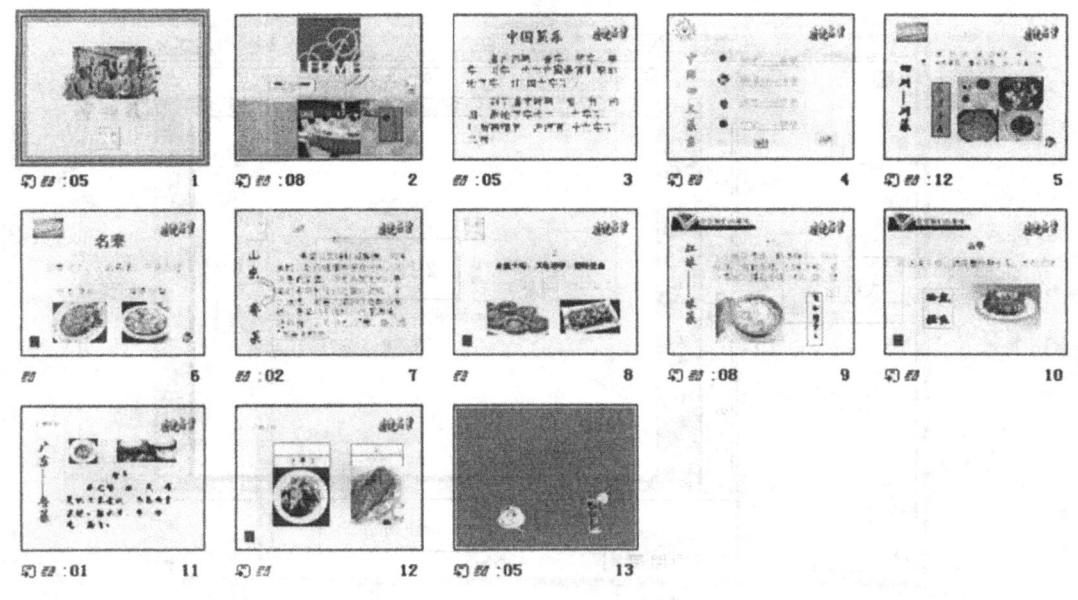

图 5-21 任务效果

2）选择一种背景填充效果，单击"应用"，覆盖第 1 张幻灯片的母版。

（3）参照样本，在第 1 张幻灯片中插入艺术字标题和相应的文字、图片。

（4）第 2、3 张幻灯片格式可自选，第 3 张幻灯片内容为中国菜系总介绍。

（5）插入第 4 张幻灯片，参考样本，设计成目录格式，每一条菜系一个独立的文本框。

（6）参考样本，制作第 5～12 张介绍各菜系的幻灯片，每个菜系最少要由 2 张图文并茂的幻灯片组成，其中第 7 张另设一种幻灯片背景（参照步骤（2））。

（7）参考样本，制作第 13 张结尾幻灯片，另设一种幻灯片背景。

（8）以"中国食文化"为名，保存到"项目 3"文件夹中。

本节知识要点

1. 建立演示文稿

（1）演示文稿和幻灯片的概念　演示文稿：一个 PowerPoint 的文件，扩展名为". ppt"。幻灯片：多张幻灯片组成一个演示文稿。

（2）进入 PowerPoint 后，显示出一个对话框，提供了三种建立演示文稿的方法：内容提示向导；设计模板；空演示文稿；

通常选择"空演示文稿"，打开"新幻灯片"自动版式窗口，可以选择一种版式，也可以选择"空白"版式。

2. 幻灯片视图

PowerPoint 中提供了五种不同的视图：普通视图、大纲视图、幻灯片视图、幻灯片浏览视图、幻灯片放映视图，最常使用的是普通视图和幻灯片浏览视图。

（1）普通视图　启动 PowerPoint 后直接进入普通视图，如图 5-22 所示。

（2）大纲视图　单击窗口左下角的"大纲视图"按钮，切换到大纲视图，随之打开了"大纲"工具栏，如图 5-23 所示。

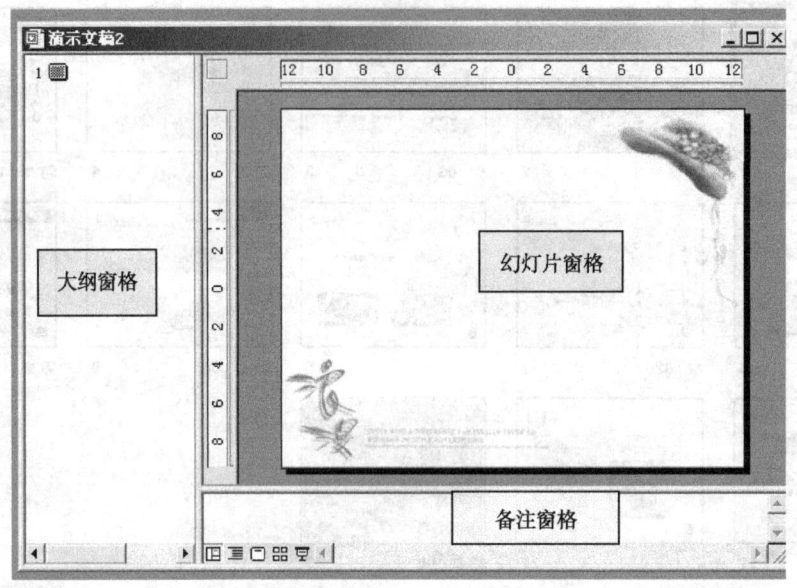

图 5-22 普通视图

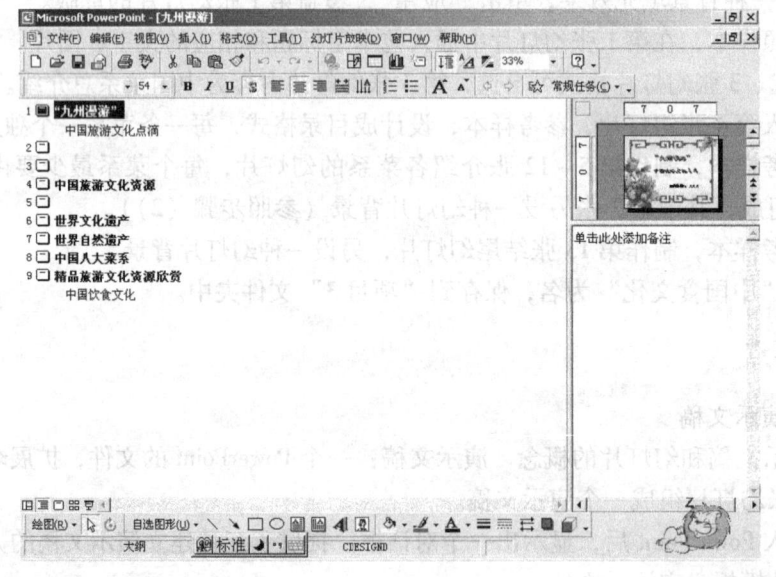

图 5-23 大纲视图

（3）幻灯片浏览视图　单击"幻灯片浏览视图"按钮,显示幻灯片浏览视图,如图 5-24 所示。

在浏览视图中,选中一张幻灯片,按〈Del〉键,幻灯片就被删掉了。拖动幻灯片,可以调整位置。

3. 插入文字

幻灯片中的文字都是用文本框插入的,一个文本框是一个放映单位。

PowerPoint 可以快速将 Word 大纲文件转换到演示文稿中,只转换 Word 文件大纲部分,所以应先将 Word 文件中要转换的内容设置为大纲标题,如图 5-25 所示。

第 5 章 演示文稿制作软件 PowerPoint 的应用

图 5-24 浏览视图

单击"插入"菜单,选择"幻灯片(从大纲)"命令,打开"插入大纲"对话框,选择要插入的大纲文件,单击"插入"按钮,每一个"标题 1"开始转换成一张新的幻灯片,如图 5-26 所示。

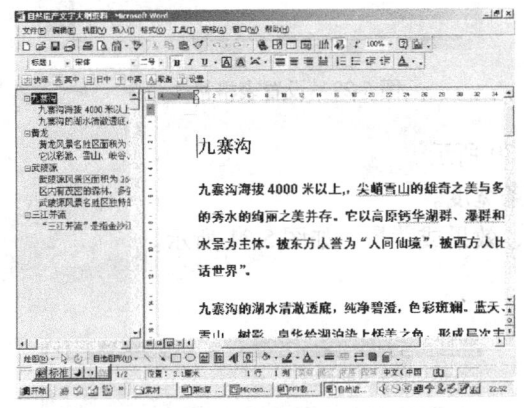 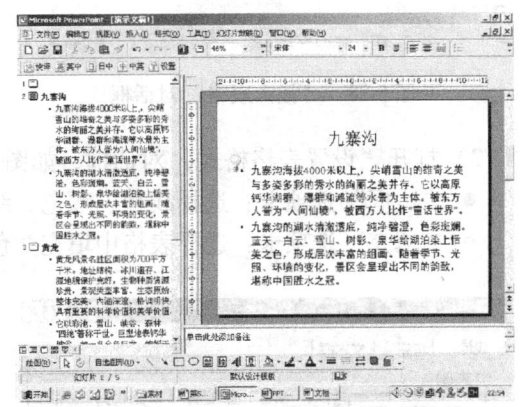

图 5-25 Word 大纲文件　　　　　　　　　　图 5-26 转换成幻灯片

4. 插入图片

凡是 Office 2000 支持的图片格式,都能插入到 PowerPoint 中。如:BMP、WMF、JPG、TIF、GIF 格式的动画图片,插入方法同 Word。

5. 插入图表、Excel 工作表

在 PowerPoint 中如果直接将 Excel 工作表、图表复制到幻灯片中,则这些内容是以图片形式插入的,不能对其中内容进行修改,只能通过"插入"菜单命令或工具栏按钮插入图表,通过"插入"菜单的"对象"命令,插入 Excel 工作表。

6. 插入表格

(1)利用自动版式的"表格"版式插入表格,如图 5-27 所示,双击添加表格区,

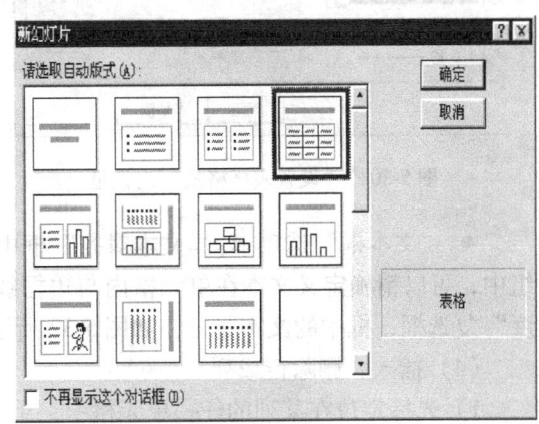

图 5-27 表格版式

163

打开"插入表格"对话框,输入行数和列数,如图 5-28 所示。

(2)直接在幻灯片中插入表格,单击"插入"菜单,选择"表格"命令,打开"插入表格"对话框,输入行数和列数。

(3)设置表格格式

1)选中表格,单击"格式"菜单,选取"设置表格格式"命令,如图 5-29 所示。

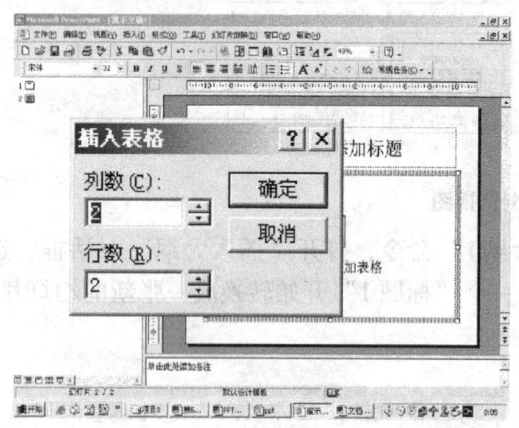

图 5-28 "插入表格"对话框　　　　　　图 5-29 设置表格格式命令

2)打开"设置表格格式"对话框,如图 5-30 所示。
- "边框"选项卡:选择线型、颜色、线条宽度。
- "填充"选项卡:选择表格中填充颜色、效果或背景,如图 5-31 所示。

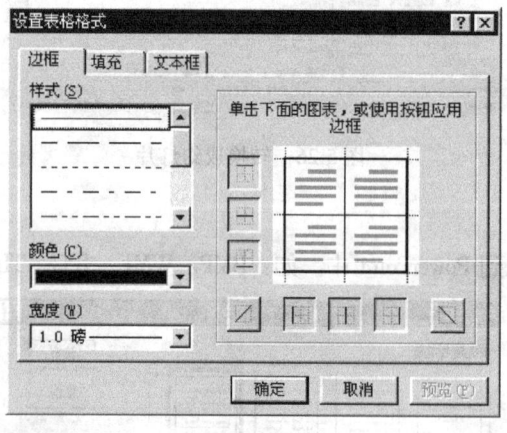
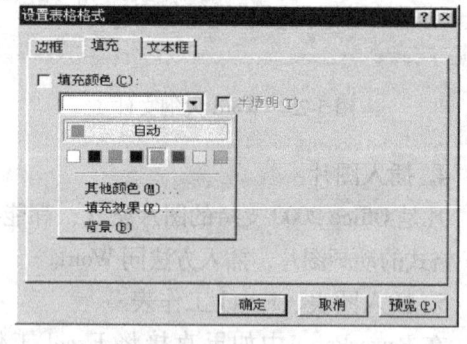

图 5-30 "设置表格格式"对话框　　　　　图 5-31 填充选项

- "文本框"选项卡:"文本对齐"框中,有六种常用的对齐方式,"内部边界"选项组中,可以精确定义文本在单元格内与边框线的距离;若勾选"将单元格内的文本旋转 90 度"复选框,框中的文本竖排,如图 5-32 所示。

(4)插入、删除行或列

1)光标定位在某列的任一单元格上,单击"表格和边框"工具栏上的"表格"按钮,在弹出的菜单中单击"从右侧插入列"命令(如图 5-33 所示),可在右侧插入一列。

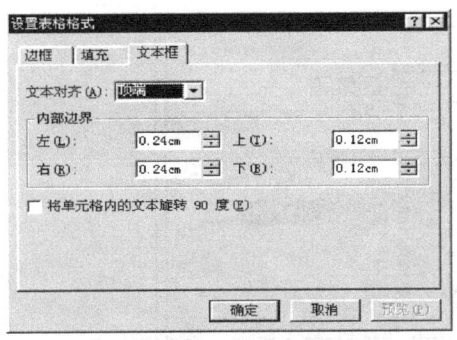

图 5-32 文本框选项

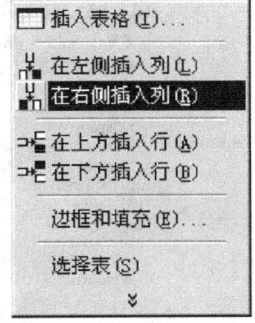

图 5-33 插入列

2）用同样的方法可在表格中再加一行。

3）删除行：将光标定位在要删除行的任一单元格上，单击"表格和边框"工具栏上的"表格"按钮，在弹出的菜单中单击"删除行"命令（如图 5-34 所示），即可删除。

4）拖动表格框的八个控制点，可以调整表格的尺寸，如图 5-35 所示。

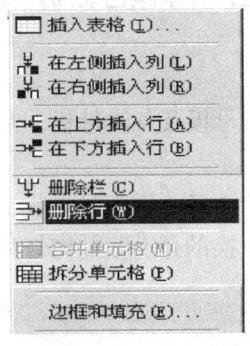

图 5-34 删除行

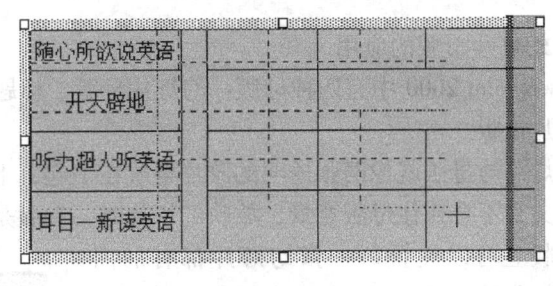

图 5-35 调整表格

7. 插入组织结构图

（1）新幻灯片中选择"组织结构图"版式，双击结构图框，打开"组织结构图"窗口，修改组织结构图，关闭窗口，结构图插入到幻灯片中。

（2）在幻灯片中单击"插入"菜单，选择"组织结构图"命令，打开相应的对话框，操作方法与 Word 中相同。

8. 设置幻灯片背景

（1）使用"应用设计模板"做背景，方法如下：

1）启动 PowerPoint，在"新建演示文稿"中选择"设计模板"单选项，如图 5-36 所示，单击"确定"，打开"新建演示文稿"对话框，选择"设计模板"选项卡，从中选择一种模板，如图 5-37 所示。

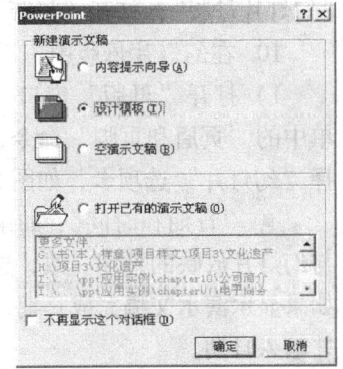

图 5-36 设计模板

2）选择幻灯片，单击"格式"菜单，选择"应用设计模板"，打开"设计模板"对话

计算机操作与应用基础教程

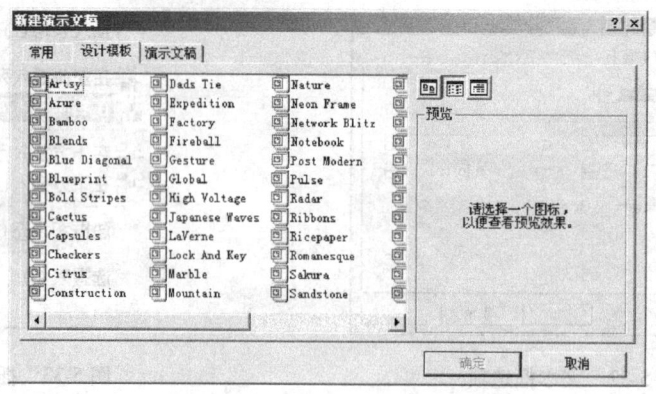

图5-37 应用设计模板

框,从中选择一种模板。

(2) 自己设置背景

1) 在幻灯片空白处单击鼠标右键,从快捷菜单中选择"背景"命令。

2) 单击"格式"菜单,选择"背景"命令。打开对话框,选择背景颜色或插入背景图片。

9. 幻灯片母版的应用

PowerPoint 2000 中有四种母版:幻灯片母版、标题母版、讲义母板及备注母板,常用的是幻灯片母版。

幻灯片与母版就像两张透明的胶片叠放在一起,上面是幻灯片本身,下面是母版,幻灯片上的文字不会遮住母版背景,放映幻灯片时,母版是固定的,更换的是上面的幻灯片。

母版上可以设置每一张幻灯片都有的内容,如,背景、徽标、日期、单位名称等,只有打开"母版"后,才能对母版进行修改。

单击"视图"菜单,从"母版"中选择"幻灯片母版",打开"母版"窗口。

10. 在幻灯片母版中,添加页眉和页脚

1) 打开"母版"窗口,单击"视图"菜单中的"页眉和页脚"命令,打开对话框,选择"幻灯片"选项卡,如图5-38所示,其中:

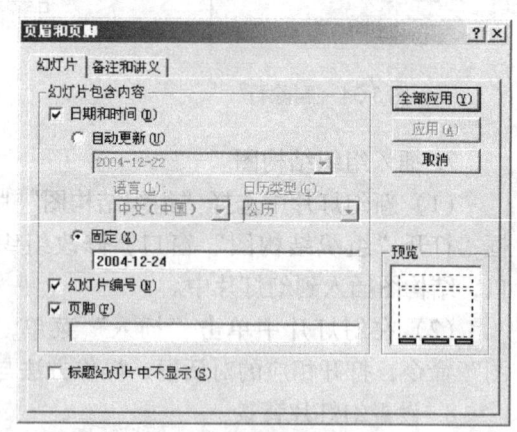

图5-38 "页眉和页脚"对话框

- "日期和时间":如果要求所加的日期与幻灯片放映的日期一致,选中"自动更新";如果显示演示文稿完成日期,就选中"固定",并输入日期。

- "幻灯片编号":显示演示文稿编号,当删除或增加幻灯片页数时,编号会自动更新。

- "标题幻灯片中不显示":第一页不显示编号。

- "页脚"栏:可以添加在每一张幻灯片中出现的文本信息,如"制作人:XXX"。

2) 单击"全部应用"按钮,关闭"页眉和页脚"对话框。

11. 项目符号和编号

单击"格式"菜单中的"项目符号和编号"命令,打开"项目符号和编号"对话框,选择"项目符号项"或"编号项",方法同 Word。

12. 插入幻灯片

在演示文稿中可以直接插入其他演示文稿的幻灯片内容。

(1)将光标置于要插入幻灯片的位置,单击"插入"菜单,选择"幻灯片(从文件)"命令,弹出"幻灯片搜索器"对话框。

(2)单击"浏览"按钮,选中要插入的演示文稿,在"选定幻灯片"窗口,显示了该演示文稿的所有幻灯片图片,如图 5-39 所示。

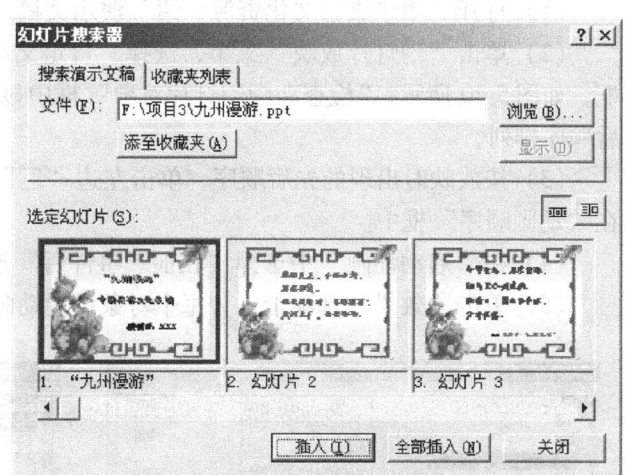

图 5-39 幻灯片搜索器

(3)选择要插入的幻灯片,单击"插入"按钮,或单击"全部插入"按钮。

5.2 幻灯片放映动态效果处理

为了使演示文稿的放映有更丰富多采的动态效果,可以给幻灯片内的各种对象设置动画效果,也可以通过幻灯片间切换产生动态效果。

幻灯片内对象设置动画效果有三种方法:

1. 使用"动画效果"工具栏。
2. 使用"幻灯片放映"菜单的"预设动画"命令。

上述两种方法可以通过"幻灯片放映"菜单的"动画预览"命令,打开预览窗口,预览动画设置效果。

3. 使用"幻灯片放映"菜单的"自定义动画"命令,这种方法动画效果设置种类最多。

任务 5 设置"中华旅游文化资源介绍"演示文稿的动态效果

1. 任务要求

(1)第 1 张幻灯片的三行标题文字按顺序动画放映。

(2)第 2、3 张幻灯片的内容后面要录制旁白,可以设定分行缓慢移入动画效果,切换速度要在录制旁白时调整,在此只设参考间隔时间。

(3)其他幻灯片中,对象内容的动画效果可以自己选定,要求自动连续放映,设定间隔时间。

(4)各幻灯片要求连续自动切换放映,"切换效果"可以自己选择,也可以选择"随机",在每次放映时由系统自选切换效果。

(5)最后一张幻灯片不选"换页方式",放映后停止,等待选择链接内容或按"结束"

按钮退出。

2. 操作步骤

（1）打开"中华旅游文化资源介绍"演示文稿，选定第 1 张幻灯片。

（2）单击"幻灯片放映"菜单，选择"自定义动画"命令，打开"自定义动画"对话框，如图 5-40 所示，"检查动画幻灯片对象"框中显示了本幻灯片中所有对象，按制作的先后顺序排列。

（3）按放映时出现的先后顺序，单击左边"□"，被选择的对象前加"√"，并依次排在"动画顺序"框中。

（4）在"启动动画"中选择"在前一事件后"连续放映的间隔时间。

（5）单击"效果"选项卡，为每个对象设置动画效果，如图 5-41 所示。

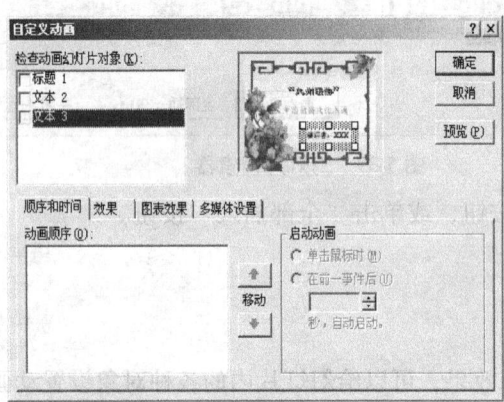

图 5-40　"自定义动画"对话框　　　　图 5-41　自定义动画"效果"

1）自选一种动作类型、方向。

2）可以选择一种动画放映时伴随的声音。

3）选择当本对象"动画播放后"的状态，第 1 张幻灯片中所有动画对象播放后都应该是保留，选择"不变暗"。

4）"引入文本"框中有 3 个选项：

- "整体发送"：对象中的所有文字一起动作。
- "按字"：中文是以"词"为单位，英文是以"字"为单位出现。
- "按字母"：中文是以"字"为单位，英文是以"字母"为单位出现。

（6）第 2、3 张幻灯片因为要求录制旁白，所以每行文字设置"缓慢移入"动画效果。

（7）其余幻灯片中对象的动画效果，参照以上步骤自行设定。

（8）选择第 1 张幻灯片，单击"幻灯片放映"菜单，选择"幻灯片切换"，打开"幻灯片切换"对话框，如图 5-42 所示。

按任务要求连续放映，所以不要选择"单击鼠

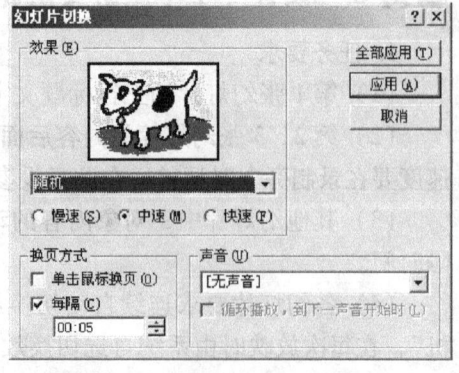

图 5-42　"幻灯片切换"对话框

标换页"选项,根据内容设置"换页方式"的间隔时间,如00:05(由于本演示文稿是主引导演示,所以要放慢一点)。

(9)分别选择第2、3张幻灯片,可以只设一个参考切换间隔时间。

选择最后一张幻灯片,不选任何换页方式(停止放映,等待)。

(10)其他幻灯片的切换可以自己设定,"换页方式"设定一个合适的时间,不要选择"单击鼠标换页"选项,还可以选择切换速度和切换时的声音效果,保存。

任务6 设置"世界文化遗产"演示文稿的动态效果

1. 任务要求

(1)第2张幻灯片的标题和说明文字框不设动画,图片自定义动画效果,动画播放后,不变暗,用大图片遮住说明文字。

(2)第3张幻灯片最下面的小图片不设动画,中间的图片先放出,文字框后出,动画效果可自己选。

(3)第6张幻灯片动画设置要求图片不设动画,"天坛"2个字按顺序播出动画效果。

(4)其他内容可以自己设计"自定义动画"。

(5)由于本演示文稿中要插入一首歌,并要在幻灯片中添加歌词,幻灯片切换要根据歌曲的演唱速度进行"排练计时",所以除了最后一张,其他幻灯片可只设切换效果,不设幻灯片"换页方式"。

2. 操作步骤

设置幻灯片"自定义动画"和"幻灯片切换"项目的操作方法同上。

(1)打开"世界文化遗产"演示文稿,选定第1张幻灯片,自定义艺术字的动画效果。

(2)选定第2张幻灯片,按要求只设置图片的动画效果,标题、文字不设动画。

(3)选定第3张幻灯片,最下面一张图片不设动画,设置对象动画顺序,先出图,后出字。

(4)自行设置第4、5、7、8、9张幻灯片的"自定义动画"。

(5)选定第6张幻灯片,图片不设动画,按"天"、"坛"的动画顺序,自设动画效果。

(6)选择最后一张幻灯片,设置幻灯片切换时间(最好不要为00:00),其他幻灯片不设幻灯片切换。

任务7 设置"世界自然遗产"演示文稿的动态效果

1. 任务要求

(1)表格可不设动画。

(2)在第6张幻灯片设置图片中小孩向右行走的动画效果,最后停下来,演示图片自带的动画动作。

(3)在第7张幻灯片模拟制作一个流水的动画效果。

(4)设置最后一张幻灯片切换,保持"00:02"秒自动关闭,其他幻灯片用"单击鼠标换页"。

2. 操作步骤

设置幻灯片"自定义动画"和"幻灯片切换"项目的操作方法同上。

(1) 打开"世界自然遗产"演示文稿,选定第1张幻灯片,自定标题的动画效果,或不设动画。

(2) 自己设计第2~5张幻灯片的动画效果。

(3) 选择第6张幻灯片,自行设计文字的动画效果。

(4) 设计第6张幻灯片中小孩行走动画效果,步骤如下:

1) 按从左向右选择小孩图片的动画"顺序和时间"排列。

2) 每个图片均设为"出现"动画效果,间隔出现时间为"00:00"。

3) 每张图片设置在"播放动画后隐藏"。

4) 将右上角的风景图片的动画放在最后一张小孩图片后,"启动动画"间隔长一些(如"00:10")使图片本身小孩的动作演示一下。

(5) 选择第7张幻灯片,自行设计文字和图片的动画效果。

(6) 设计第7张幻灯片中流水的动画效果,步骤如下:

1) 最下面的流水图片不设动画。

2) 其他图片动画顺序:半透明的图片排在最前,所有叠放的图片按从上到下顺序播放。

3) 所有图片动画效果"向右擦除",半透明的图片"动画播放完后""不变暗",其他图片"播放动画后隐藏"。

(7) 设置最后结尾一张"幻灯片切换"的"换页方式"为"00:02"秒自动关闭,其余幻灯片为"单击鼠标换页",保存。

任务8 设置"中国食文化"演示文稿的动态效果

1. 任务要求

(1) 将第1张幻灯片中的图片和"中国菜"文本框组合,用"动画效果"工具栏或"预设动画"命令设置"照相机"动画效果。

(2) 其余各张幻灯片的"自定义动画"效果自己选定。

(3) 本演示文稿是根据第4张幻灯片目录内容选择放映方式,最后通过"结束"按钮,转到最后一张幻灯片结束,所以要配合链接转换设置切换动作。

2. 操作步骤

(1) 打开"中国食文化"演示文稿,选定第1张幻灯片,按下列顺序设置动画:

1) 将艺术字标题用"自定义动画"设置"从上部","缓慢移入"。

2) 将图片和"中国菜"文本框组合,单击"幻灯片放映"菜单的"预设动画"选择"照相机"(带声音)的动画效果。

3) 用"预设动画"选择"溶解"动画效果,设置"吃在神州"图片。

(2) 自己设置其他幻灯片的"自定义动画"效果。

(3) 设定第1、2、3张幻灯片自动切换间隔时间。

(4) 第4张幻灯片不设切换方式,停留等待选择目录。

(5) 每个菜系介绍的最后一张幻灯片(第6、8、10、12张),不设切换方式,停留等待通过"按钮"返回。

(6) 设置最后一张幻灯片的切换为

"效果":"随机";"换页方式":"每隔00:05";"声音":"鼓掌"。

(7) 其余幻灯片自己设置"换页方式"的间隔时间,连续放映,保存。

本节知识要点

1. 幻灯片内对象设置动画效果方法如下:

(1) 使用"动画效果"工具栏,如图5-43所示。

(2) 使用"幻灯片放映"菜单的"预设动画"命令,如图5-44所示。

可以通过"幻灯片放映"菜单的"动画预览"命令,打开预览窗口,预览动画效果,如图5-45所示。

 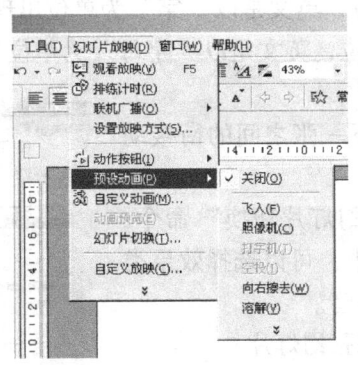 

图5-43 动画效果　　　　图5-44 预设动画　　　　图5-45 动画预览

(3) 单击"幻灯片放映"菜单,选择"自定义动画"命令,打开"自定义动画"对话框,如图5-46所示。

1)"检查动画片对象"对话框中显示了所有对象,它的顺序是按制作的顺序排列,对象前没有"√"的是该对象不设动画,按设置动画放映时出现的先后顺序,单击左边"□",被选择的对象依次排在"动画顺序"框中。

2) 在"启动动画"中有2个选项,是设置选择对象动画效果开始的方式,单击"效果"选项,为每个设置动画的对象设置动画效果,如图5-47所示。

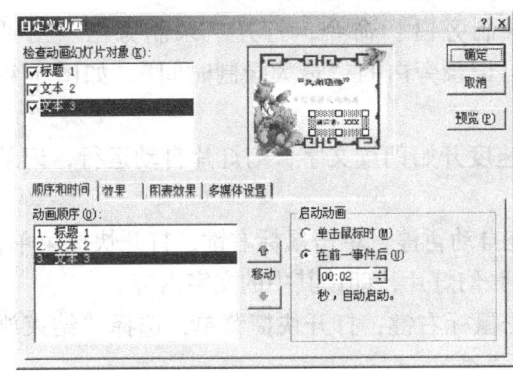 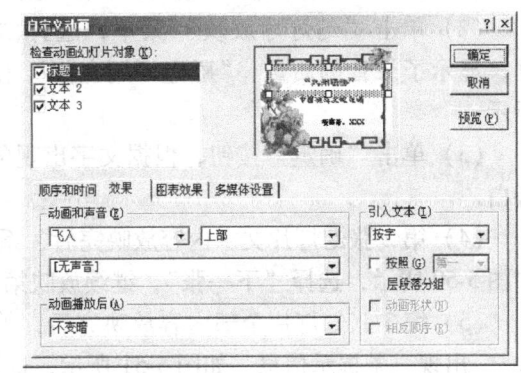

图5-46 "自定义动画"对话框　　　　图5-47 自定义动画效果

①"动画和声音"可以自选一种动作类型、方向;可以选择一种动画放映时伴随的声音。

②"动画播放后"的状态有4种选项,可根据效果需要任选一种:
- "选1种颜色":动画效果演示完后改变的颜色。
- "不变暗":演示完后保持原位、原样。
- "播放动画后隐藏":动画效果演示完后不再出现画面。
- "下次单击后隐藏":画面保存到下一个动画出现时消失。

③"引入文本"框中有3种选项:
- "整体发送":对象中的所有文字一起动作。
- "按字":中文是以"词"为单位,英文是以"字"为单位出现。
- "按字母:中文是以"字"为单位,英文是以"字母"为单位出现。

2."幻灯片切换"放映效果

幻灯片切换是设置幻灯片放映时与下一张之间的衔接动作。

单击"幻灯片放映"菜单,选择"幻灯片切换"命令,打开对话框,如图5-48所示,在对话框中,可以选择效果类型和速度、换页方式、换页时是否出现声音。

- "全部应用":所设动作应用于每张幻灯片。
- "应用":只应用于本张幻灯片。

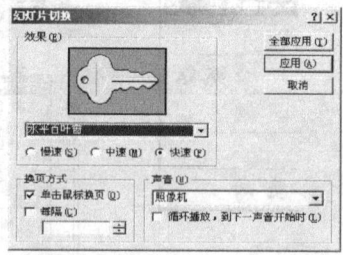

图5-48 "幻灯片切换"对话框

5.3 插入声音放映效果

任务9 为"中华旅游文化资源介绍"演示文稿录制"旁白"

1. 任务要求

为演示文稿的第2、3张幻灯片录制旁白,按动画放映速度朗读其内容。

2. 操作步骤

(1)打开"中华旅游文化资源介绍"演示文稿,选择第2张幻灯片。

(2)单击"幻灯片放映"菜单,选择"录制旁白"命令,打开"录制旁白"对话框,显示了录音的质量、"磁盘可用空间"和可记录旁白的"最大录制时间",如图5-49所示。

(3)单击"确定"按钮,根据文字出现的速度开始朗读文字,幻灯片自动运行,记录旁白。

(4)第2张幻灯片文字内容放映完后,系统自动暂停,单击鼠标右键,打开快捷菜单,如图5-50所示,选择"下一张",继续放映第3张幻灯片,朗读其中的文字内容。

(5)第3张幻灯片全部内容放映完后,单击鼠标右键,打开快捷菜单,选择"结束放映",出现一条提示信息,如图5-51所示,选择"否"。

旁白录制完后,每张录制了旁白的幻灯片的右下角会出现一个声音图标,放映幻灯片时,旁白将随之播放,保存。

第 5 章　演示文稿制作软件 PowerPoint 的应用

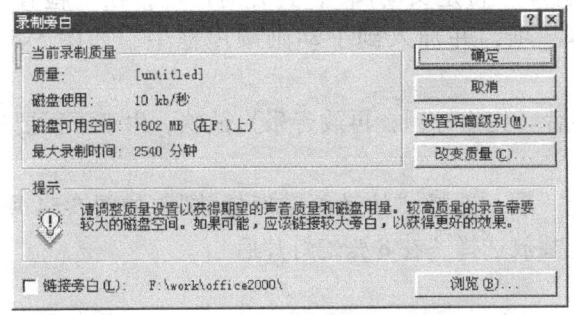

图 5-49　录制旁白

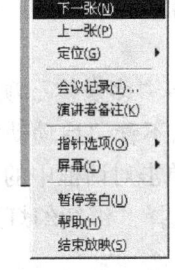

图 5-50　快捷菜单

图 5-51　录制旁白结束提示

任务⑩　在"世界文化遗产"演示文稿中插入一首歌曲

1. 任务要求

在演示文稿中插入"我爱你中国"歌曲片段，根据歌曲演唱的速度，将歌词分别插入到幻灯片中，通过"排练计时"使歌曲在最后一张结尾幻灯片前结束。

2. 操作步骤

（1）打开"世界文化遗产"演示文稿。

（2）参照样本，在第 2~8 张幻灯片处插入歌词，每句歌词一个文本框，均衡地插入到各幻灯片中。

（3）参照样本，设置各张幻灯片中歌词的动画，如果一张幻灯片中插入了两句歌词，可以设置两句歌词中间插播图片动画。

（4）选择第 1 张幻灯片，单击"插入"菜单，选择"影片和声音"项，在了菜单中选取"文件中的声音"，打开"插入声音"对话框。

（5）从光盘"项目 3"的"素材"文件夹中选取歌曲，单击"确定"按钮，出现提示框，如图 5-52 所示，选择"是"，幻灯片中会出现一个声音图标。

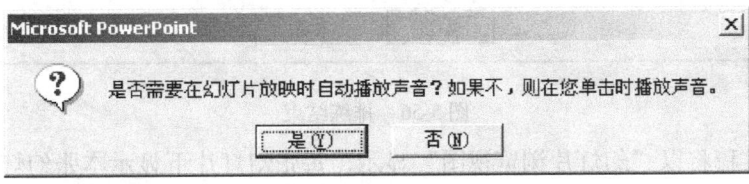

图 5-52　插入声音结束

173

(6) 单击"幻灯片放映"菜单,选择"自定义动画",打开对话框,在"检查动画幻灯片对象"栏中多了一个"多媒体"项,并加入到了动画顺序框中,如图 5-53 所示。

(7) 将"多媒体"项调整到艺术字后(先出标题,再放音乐)放映,由于下面要进行排练,可以不管"启动动画"的设置。

(8) 单击对话框中的"多媒体设置"项,选择"按动画顺序播放",如图 5-54 所示。播放时,选择"继续幻灯片放映";停止播放选择"在 8 张幻灯片后"。

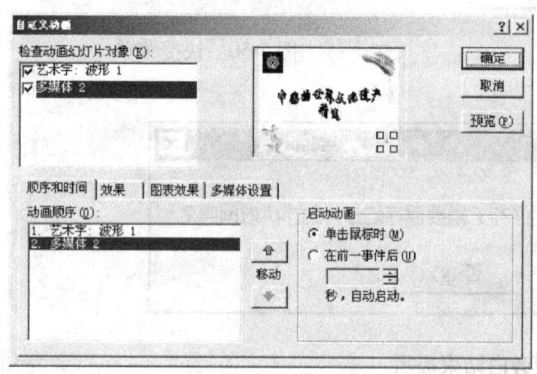
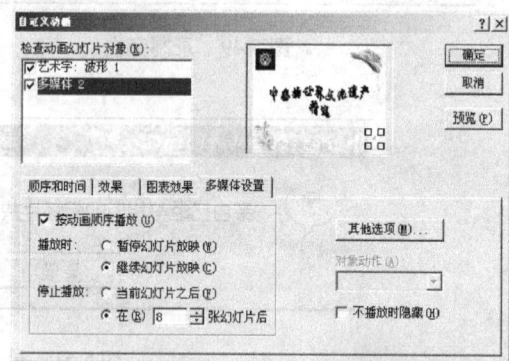

图 5-53 自定义动画   图 5-54 多媒体设置

(9) 选择第 1 张幻灯片,根据歌曲的播放速度,对幻灯片放映进行"排练计时"。

1) 单击"幻灯片放映"菜单的"排练计时"命令,系统从第 1 张幻灯片开始自动放映,并在窗口出现一个"预演"计时工具栏,同时开始计时,如图 5-55 所示。

2) 迅速单击"预演"计时工具栏的"下一项"按钮,使歌曲从第 2 张开始,伴随歌词的动画出现,排练计时,时间控制在当第 2 张幻灯片中的歌词也唱完后,放映计时结束。

图 5-55 "预演"计时

3) 单击"预演"计时工具栏的"下一项"按钮继续,以后的幻灯片排练同上,控制到第 8 张幻灯片放映完,歌曲正好放完。

4) 单击"下一项"按钮,排练最后一张幻灯片放映时间,再单击"下一项"按钮,屏幕出现一个提示对话框,如图 5-56 所示,回答"是"。

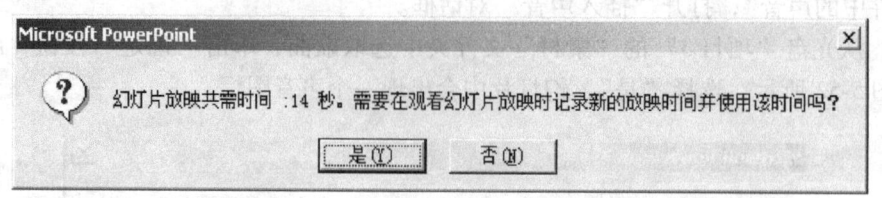

图 5-56 排练结束

5) 演示文稿将以"幻灯片浏览视图"显示,每张幻灯片下显示本张幻灯片排练后的放映时间,保存。

任务 11　在"中国食文化"演示文稿中插入一首乐曲

1. 任务要求

在演示文稿中插入一首乐曲,由于本演示文稿内采用的是按目录选择,超级链接放映,所以要求音乐循环播放,直到结束放映。

2. 操作步骤

(1) 打开"中国食文化"演示文稿,选择第 1 张幻灯片。

(2) 单击"插入"菜单,选择"影片和声音"项,在子菜单中选取"文件中的声音",打开"插入声音"对话框,插入操作同上,声音小喇叭图标出现时,将它隐藏到图片下面。

(3) 单击"幻灯片放映"菜单,选择"自定义动画",打开"自定义动画"对话框,在"检查动画幻灯片对象"栏中多了一个"多媒体 1"项,并加入到了动画顺序中,如图 5-57 所示。

(4) 调整到艺术字后(先出标题,再放音乐),"在前一事件后""00:00"启动动画。

(5) 单击对话框中的"多媒体设置"项,选择"按动画顺序播放",如图 5-58 所示。

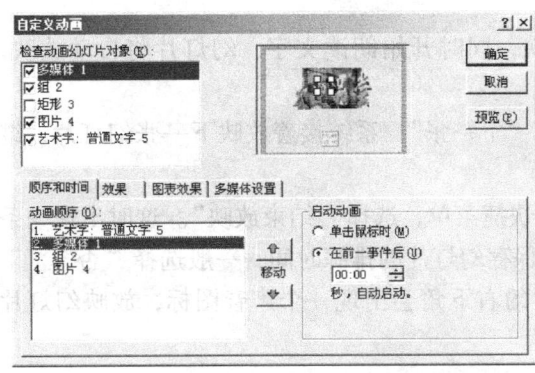　　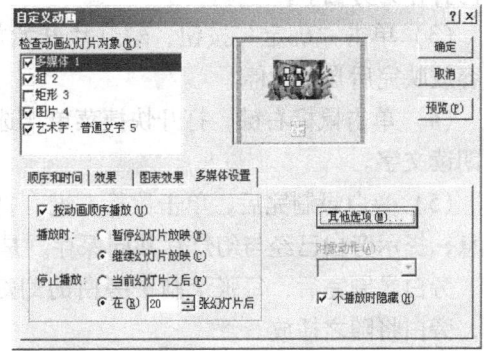

图 5-57　"自定义动画"对话框　　　　图 5-58　多媒体设置

- 播放时:选择"继续幻灯片放映"。
- 停止播放:考虑播放时的超级链接使幻灯片的重复放映,选择循环放映的张数多一点,如:"在 20 张幻灯片后"。
- 选择:"不播放时隐藏"(在艺术字标题出现时,声音小喇叭图标不出现,播放音乐时才出现,当图片动画放映时,将其盖住)。

单击"其他选项"按钮,打开对话框,选择"循环放映,直到停止"。

(6) 保存。

本节知识要点

1. 录制旁白

旁白是指讲演者对演示文稿的解释,要想录制旁白,要求计算机有声卡和送话器。

(1) 打开演示文稿,选择要加旁白的幻灯片。

(2) 单击"幻灯片放映"菜单的"录制旁白"命令,出现"录制旁白"对话框,显示了录音的质量、"磁盘可用空间"和可记录旁白的"最大录制时间",如图 5-59 所示。在对话框中：

1）单击"设置话筒级别"，打开对话框，按提示朗读文字，可以测试话筒的音量。

2）单击"改变质量"打开对话框，可以查看声音的默认设定值，还可以将"旁白"起个名字作为文件保存。

3）选择对话框下面的"链接旁白"，单击"浏览"按钮，使用已有的"旁白"声音文件内容作为旁白。

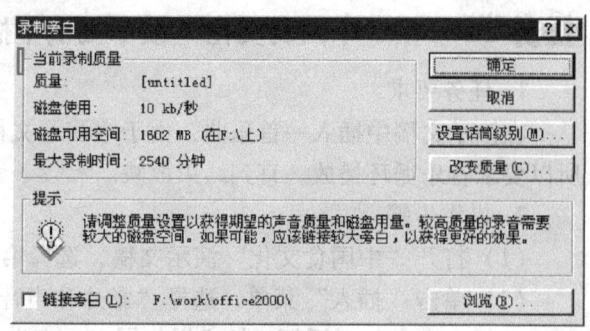

图 5-59 "录制旁白"对话框

4）单击"设置话筒级别"，打开对话框，按提示朗读文字，可以测试话筒的音量。

5）单击"改变质量"，打开对话框，可以查看声音的默认设定值，还可以将"旁白"起个名字作为文件保存。

6）选择对话框下面的"链接旁白"，单击"浏览"按钮，使用已有的"旁白"声音文件内容作为旁白。

（3）单击"确定"按钮，幻灯片开始放映，同时开始朗读文字，幻灯片将自动放映，内容放映完后自动暂停。

（4）单击鼠标右键，打开快捷菜单，选择"下一张"，系统接着放映下一张幻灯片，继续朗读文字。

（5）旁白录制完后，单击鼠标右键，打开快捷菜单，选择"结束放映"。这时出现一条信息，提示旁白已经与幻灯片共同保存，是否保存幻灯片的排练时间，一般选择"否"。

旁白录制完后，每张录制了旁白的幻灯片的右下角会出现一个声音图标，放映幻灯片时，旁白将随之播放。

2. 插入影片和声音

在演示文稿中还可以插入影片或声音文件，一同放映。

（1）打开演示文稿，选择要开始插入影片或声音的幻灯片，单击"插入"菜单，从"影片和声音"中选择：

- 剪辑库中……：系统剪辑库中提供的文件。
- 文件中……：自选已有的影片或声音文件。

（2）打开对话框，选定文件，单击"确定按钮"，出现提示框，如图 5-60 所示，选择"是"，幻灯片中会出现一个声音图标。

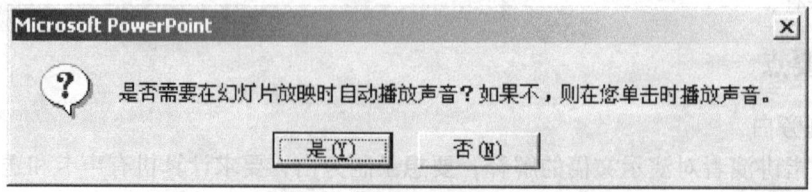

图 5-60 自动播放提示

可以在幻灯片中插入歌词，配合动画设置与歌曲同步播放，产生卡拉 OK 的效果。

（3）单击"幻灯片放映"菜单，选择"自定义动画"，打开对话框，在"检查动画幻灯片对象"栏中可以看到多了一个"多媒体1"项，并加入到了动画顺序框中。

（4）单击选择对话框中的"多媒体设置"项，根据音乐与幻灯片的配合放映设置有关选项，如图5-61所示。

3. 排练计时

为了使演示文稿自动放映速度更加适合内容的演讲，或与插入的声音匹配，除了可以通过幻灯片切换换页速度控制外，

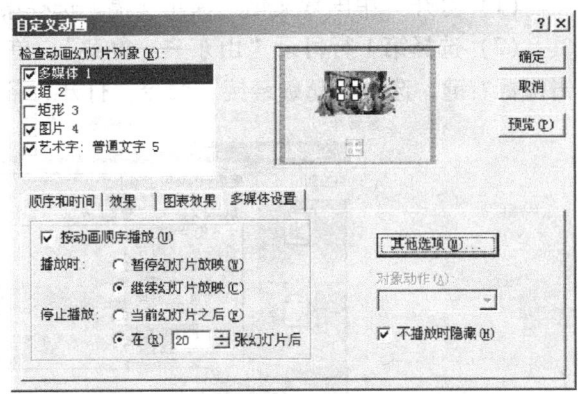

图5-61 多媒体设置

还可以通过预先对幻灯片放映进行排练，精确地设定每张幻灯片放映切换时间。

（1）单击"幻灯片放映"菜单的"排练计时"命令，系统从第1张幻灯片开始自动放映，并在窗口出现一个"预演"计时工具栏，并开始计时，如图5-62所示。

（2）持续等待需要结束本张幻灯片放映时，单击"预演"

图5-62 "预演"计时

计时工具栏的"下一项"按钮，开始下一张幻灯片计时，继续所有幻灯片的计时操作，直到最后一张幻灯片放映完后，屏幕出现一个提示对话框，如图5-63所示，单击"是"。

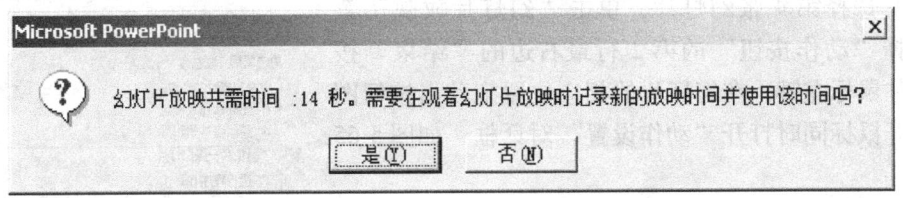

图5-63 排练计时结束

（3）演示文稿将以"幻灯片浏览视图"显示，每张幻灯片下显示本张幻灯片排练后的放映时间。

5.4 幻灯片放映

任务12 设置"中国食文化"演示文稿的链接放映

1. 任务要求

（1）用"超级链接"方式设置演示文稿按第4张幻灯片中的目录内容链接放映。

（2）每个菜系内容放映完后，通过"动作按钮"返回第4张目录幻灯片，整个演示文稿必须通过第4张幻灯片中的"结束"按钮结束放映。

2. 操作步骤

(1)打开"中国食文化"演示文稿,选择第 4 张幻灯片。

(2)选择第 1 行目录"山东——鲁菜",单击"插入"菜单,选择"超级链接"或单击鼠标右键,选择"超级链接"命令,打开"插入超级链接"对话框,如图 5-64 所示。

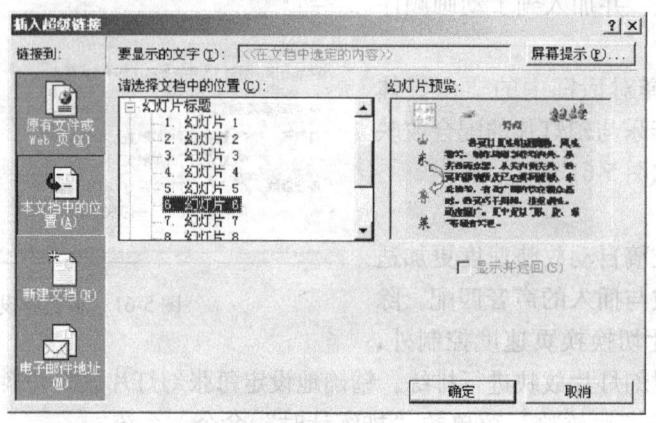

图 5-64 "插入超级链接"对话框

(3)在对话框的"链接到"栏选择"本文档中的位置",在右边的窗口中选择要链接的幻灯片,单击"确定"按钮。

放映时,当鼠标指针停在被链接的文字上变成小手的形状时,单击鼠标,系统自动从链接的幻灯片开始继续放映。

(4)制作其余的目录行的超级链接,方法同 (2)、(3)。

(5)选择第 4 张幻灯片,单击"幻灯片放映"菜单,选择"动作按钮"的第 2 行最右边的"结束"按钮,按住鼠标左键,在幻灯片的相应位置拖动出按钮图标,松开鼠标同时打开"动作设置"对话框,如图 5-65 所示。

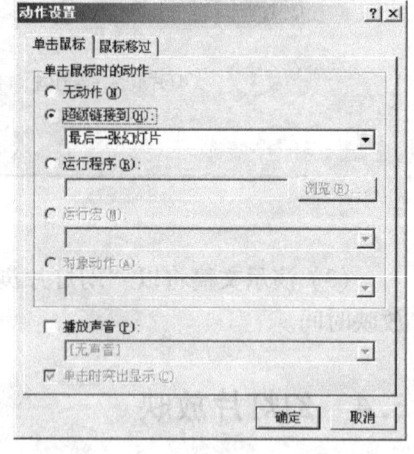

(6)选择"单击鼠标"选项卡,在"单击鼠标时的动作"框中选择"超级链接到"单选项,再在其中选择"最后一张幻灯片"(可以选择"播放声音",但此处不设,因为有背景音乐),单击"确定"按钮。

(7)设置动作按钮的填充颜色。

(8)分别选择第 6、8、10、12 张幻灯片(每个菜系结尾的幻灯片),同样插入"向前或前一项"动作按钮,全部链接到第 4 张幻灯片,方法同上。

图 5-65 "动作设置"对话框

(9)保存。

任务 13 设置"中华旅游文化资源介绍"演示文稿的链接放映

1. 任务要求

在最后一张幻灯片设置链接其他 3 个相关的演示文稿的放映。

(1)在"中国食文化"标题前添加动作按钮,通过使用"鼠标移过"的动作设置超级链接"中国食文化"演示文稿放映。

（2）用插入演示文稿对象的方式，链接"世界文化遗产"、"世界自然遗产"演示文稿放映。

（3）在幻灯片中添加动作按钮，用"鼠标移过"的动作设置，结束演示文稿放映。

2. 操作步骤

（1）打开"中华旅游文化资源介绍"演示文稿，选择最后 1 张幻灯片。

（2）在"中国食文化"标题前添加一个"前进或下一项"按钮，参照"任务 12"操作步骤（5），打开"动作设置"对话框。

（3）选择"鼠标移过"项，在"超级链接到"栏中选择"其他 PowerPoint 演示文稿"，打开对话框，查找并选择"中国食文化"演示文稿，单击"确定"按钮，返回"动作设置"对话框，再单击"确定"按钮。

（4）设置动作按钮的填充颜色。

（5）用同样的方法添加一个"结束"按钮，选择"鼠标移过"项，在"超级链接到"栏中选择"结束放映"。

（6）用插入对象的方式，链接"世界文化遗产"和"世界自然遗产"演示文稿

1）单击"插入"菜单，选择"对象"命令，打开"插入对象"对话框，如图 5-66 所示。

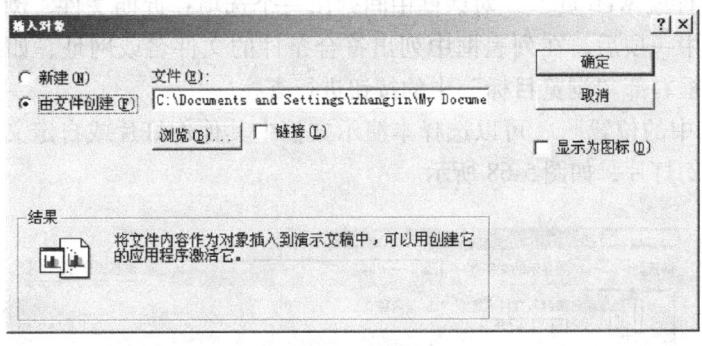

图 5-66　"插入对象"对话框

2）在对话框中选择"由文件创建"，单击"浏览"按钮，打开"浏览"对话框。

3）选择"世界文化遗产"演示文稿，单击"确定"按钮，返回"插入对象"对话框，单击"确定"按钮。

4）"世界文化遗产"演示文稿的第 1 张幻灯片的图片插入到本幻灯片中，调整图片的大小、位置，幻灯片放映时，鼠标移到图片时，光标变成一个小手形，单击鼠标可以打开"世界文化遗产"演示文稿放映。

5）用同样插入对象方法设置"世界自然遗产"演示文稿的超级链接，保存演示文稿。

（7）将文稿另存一个 PowerPoint 放映文件（.PPS），打开放映文件，不用进入 PowerPoint 窗口，可直接放映。

本节知识要点

1. 插入超级链接

打开演示文稿，选择要插入超级链接的幻灯片，选中一个对象内容（文字、图片、表

格等），用下列任一种方式设置超级链接。

（1）单击"插入"菜单，选择"超级链接"命令。

（2）单击鼠标右键，选择"超级链接"命令，打开"插入超级链接"对话框，如图5-67所示，在左边"链接到"区域，提供了四个带图标的选项：

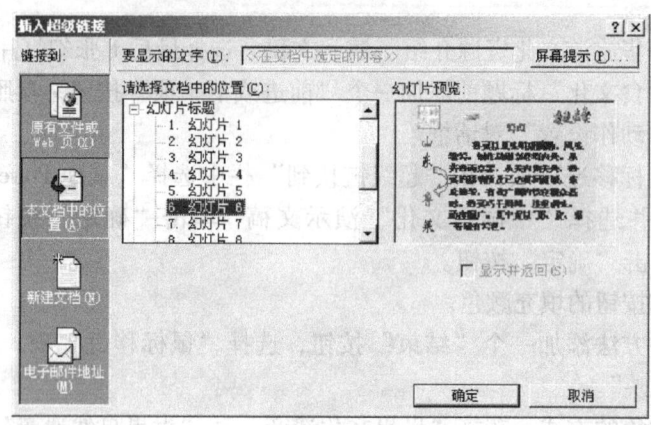

图 5-67 "插入超级链接"对话框

1)"原有文件或 Web 页"　对话框中间列出三个选项：近期文件、浏览过的网页和插入链接，选取其中一项后，在列表框中列出符合条件的文件名或网址，如果没有所需的项目，可以按对话框右部"浏览目标"中的按钮进行查找。

2)"本文档中的位置"　可以选择本演示文稿中其他幻灯片或自定义放映，在预览区可以预览链接的幻灯片，如图5-68所示。

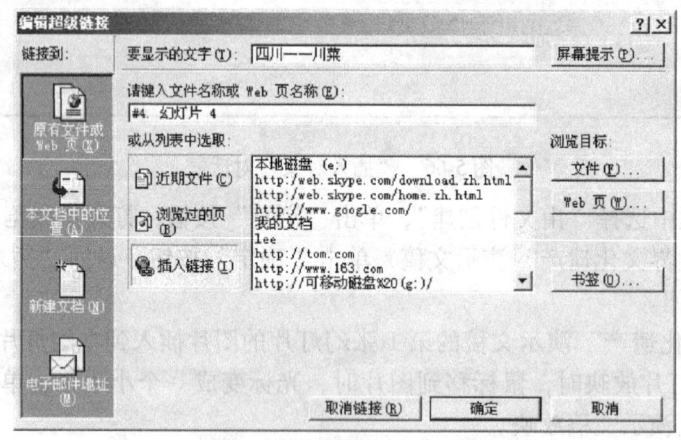

图 5-68 本文档中链接

3)"新建文档"　可以链接到一个新建的文档中，文档可以另外进行编辑。

4)"电子邮件地址"　可以从列表框中选取最近用过的邮件地址，或是输入新地址。

被链接的如果是文字，则加下划线且改变了原来的颜色；如果是其他对象则不发生变化。放映时，当鼠标指针停在被链接的对象上时，变成小手的形状，单击鼠标，系统就自动打开要链接的内容。单击鼠标右键，选择"编辑超级链接"，打开对话框，修改超级链接。

2. 动作设置

幻灯片中的对象内容可以通过"动作设置"功能进行"超级链接"放映设置。

选中幻灯片的一个对象内容，单击"幻灯片放映"菜单或单击鼠标右键，选择"动作设置"命令，打开"动作设置"对话框，如图 5-69 所示，选择：

（1）"单击鼠标"　设置的动作在单击鼠标时开始。

（2）"鼠标移过"　设置的动作在鼠标扫过该对象时开始。

（3）"超级链接到"　指定链接的位置。

（4）播放声音　可以在动作开始时，有声音效果出现。

3. 插入"动作按钮"

可以在演示文稿中插入 PowerPoint 自带的动作按钮，并定义超级链接。

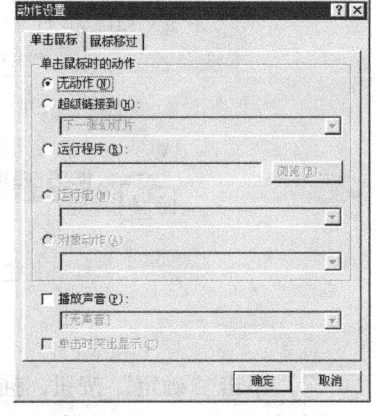

图 5-69　"动作设置"对话框

（1）打开演示文稿，选择要插入动作按钮的幻灯片，单击"幻灯片放映"菜单，选择"动作按钮"命令，根据动作要求选择一个按钮。

（2）光标移动到幻灯片窗口中，变成十字形状，按下鼠标拖动，画出所选的动作按钮，释放鼠标，"动作设置"对话框自动打开，设置"动作按钮"的"超级链接"动作。

4. 插入对象

PowerPoint 演示文稿的插入对象功能，可以在幻灯片中插入公式、组织结构图和其他演示文稿，还可以实现演示文稿的相互链接放映。

打开演示文稿，选择要插入对象的幻灯片，单击"插入"菜单，选择"对象"命令，打开"插入对象"对话框，如图 5-70 所示。

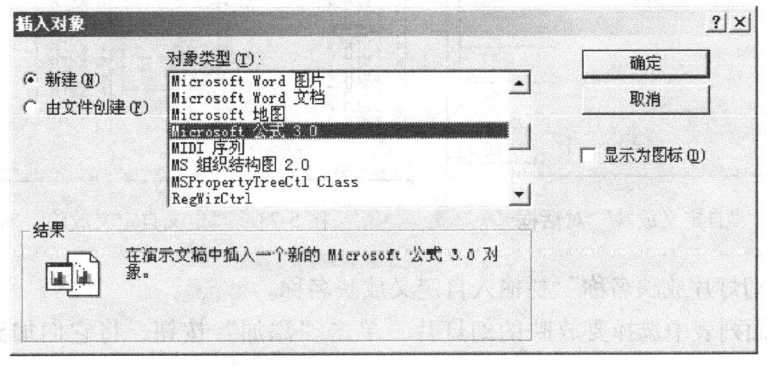

图 5-70　"插入对象"对话框

（1）插入公式、组织结构图　选择"新建"单选项，在"对象类型"列表中选择"Microsoft 公式 3.0"或"组织结构图"命令，打开相应的对话框，以后的操作同 Word 中插入方法相同。

（2）插入 PowerPoint 演示文稿对象

1）选择"由文件创建"单选项，单击"浏览"按钮，打开"浏览"对话框，指定演示文稿，单击"确定"按钮，返回"插入对象"对话框，如图 5-71 所示。

181

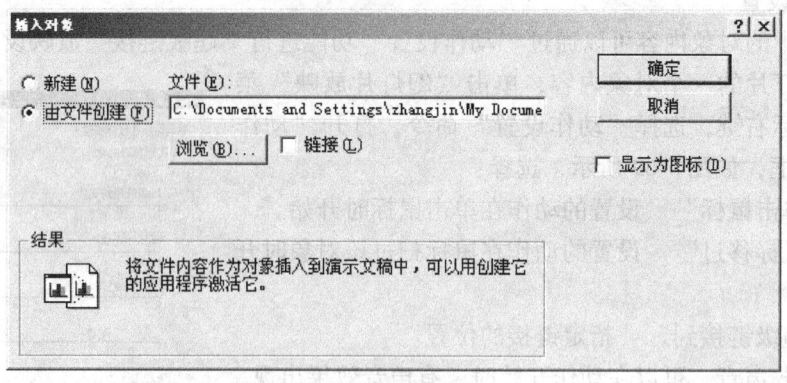

图 5-71　插入演示文稿对象

2）单击"确定"按钮，插入的演示文稿第 1 张幻灯片的图片插入到本幻灯片中，并且与本幻灯片建立了超级链接关系，调整图片的大小、位置。

放映时，光标移到图片位置变成一个小手形，单击鼠标自动放映插入演示文稿对象。

5．自定义放映

自定义放映是根据已经做好的演示文稿，自己定义放映哪些幻灯片和放映顺序。

（1）单击"幻灯片放映"菜单，选择"自定义放映"命令，打开"自定义放映"对话框，如图 5-72 所示。

（2）单击"新建"按钮，打开"定义自定义放映"对话框，如图 5-73 所示。

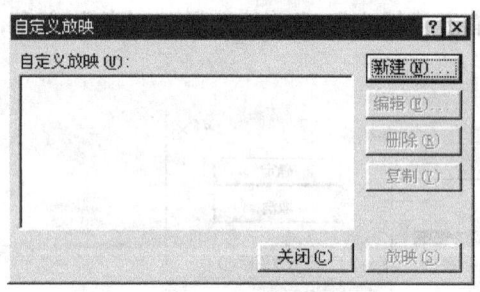 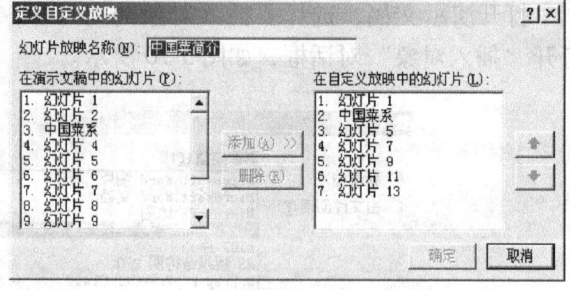

图 5-72　"自定义放映"对话框　　　　图 5-73　"定义自定义放映"对话框

1）在"幻灯片放映名称"栏输入自定义放映名称。

2）在左面列表中选择要放映的幻灯片，单击"添加"按钮，将它们加到右侧的列表中。

3）单击"删除"按钮，可删除在右侧列表中选择的幻灯片。

4）点击上、下箭头按钮调整幻灯片的顺序，单击"确定"按钮，返回"自定义放映"对话框，自定义放映名加在对话框中。

5）打开"自定义放映"对话框，选择相应的放映名称，单击"放映"按钮即可放映。

6．保存为"PowerPoint 放映"文件

将完成内容制作的演示文稿保存为"PowerPoint 放映"文件，可以在打开放映时，不启动 PowerPoint，而直接放映。

习 题 5

一、单选题

1. 在 PowerPoint 中,不能对个别幻灯片内容进行编辑修改的视图方式是( )。
   A. 大纲视图　　　B. 幻灯片浏览视图　　　C. 幻灯片视图　　　D. 以上三项均不能
2. 在 PowerPoint 中,结束幻灯片放映可按( )键。
   A. Esc　　　　　B. Pause　　　　　　　C. Home　　　　　　D. Tab
3. PowerPoint 文件的扩展名是( )。
   A. .doc　　　　 B. .xls　　　　　　　　C. .exe　　　　　　　D. .ppt
4. 在 PowerPoint 中,设置幻灯片放映时的换页效果,应使用"幻灯片放映"菜单下的( )选项。
   A. 动作按钮　　　B. 幻灯片切换　　　　 C. 预设动画　　　　 D. 自定义动画
5. 在 PowerPoint 中,增加新幻灯片可在( )菜单中选择"新幻灯片"命令。
   A. 编辑　　　　 B. 格式　　　　　　　　C. 文件　　　　　　　D. 插入
6. 在 PowerPoint 中,要在幻灯片中插入文字,可通过( )按钮插入文字。
   A. 图表　　　　 B. 格式刷　　　　　　　C. 文本框　　　　　　D. 剪贴画
7. 在 PowerPoint 中,母版使用的功能是( )。
   A. 添加特殊标记　B. 更改版式　　　　　 C. 更改模板样式　　 D. 添加公共项
8. PowerPoint 有幻灯片、幻灯片浏览、备注、幻灯片放映、( )5 种视图。
   A. 普通　　　　 B. 大纲　　　　　　　　C. 页面　　　　　　　D. 联机版式
9. PowerPoint 启动时可以有( )种"新建演示文稿"选择。
   A. 2　　　　　　B. 3　　　　　　　　　C. 4　　　　　　　　　D. 5
10. 可以在"幻灯片放映"菜单的( )选项中直接设置"照相机"的动画效果。
    A. 自定义动画　　B. 幻灯片切换　　　　 C. 动作按钮　　　　 D. 预设动画

二、判断题

1. PowerPoint 的演示文稿可以在 Internet 浏览器上播放。( )
2. 播放演示文稿过程中,若不想播放某张幻灯片,直接将它删除是唯一的方法。( )
3. 在 PowerPoint 中,文本框可随输入文字的内容来调节。( )
4. 对于演示文稿中不准备放映的幻灯片可以隐藏。( )
5. 保存的 PowerPoint 放映文件(.pps)不能再重新编辑、修改。( )

三、综合项目练习

项目要求:
1. 从下列提示中选择一个或自己设计一个主题,制作一份演示文稿。
① 设计一个作自我介绍的演示文稿,包括:照片、自我介绍、简历、特长描述等。
② 设计一个家乡的发展状况介绍演示文稿,包括:地理位置、风土人情、自然风光、名特产品。
③ 设计一个体育锻炼场景介绍演示文稿,包括:体育项目、器械介绍、运动场景照片、个人点评。
④ 设计一种产品广告宣传演示文稿,包括:产品组成、性能介绍、实物照片、使用场景特点演示。
⑤ 设计一个学校或专业介绍演示文稿,包括:学校或专业简介、照片、学校或专业发展概况、校园环

境或专业市场介绍。

2. 每个演示文稿至少有 8 张幻灯片，第一张是主题标题，最后一张是结尾。

3. 在项目演示文稿中用幻灯片母版设计页眉页脚，包括：自己的姓名、制作日期、幻灯片编号。

4. 整个项目的演示文稿要求包括：动画效果和幻灯片切换方式、录制旁白、插入音乐、插入表格或 Excel 图表，要图文并茂、版式色彩丰富。

5. 将整个项目所用到的图片、文字素材放到一个"素材"文件夹中。

6. 整个项目演示文稿制作完后，用"PowerPoint 放映文件"格式与"素材"文件夹和插入的音乐一起存放在一个"×××课程设计"文件夹中。

第 6 章 Internet 基础知识及应用

学习目的和要求 通过一系列问题和任务的引导,初步了解和认识计算机网络,掌握网络的基础知识及基本操作。

计算机网络是计算机技术与通信技术相结合的产物,它的出现和发展使计算机应用发生了质的变化。

6.1 计算机网络基础知识

了解计算机网络的基本概念、分类、基本组成以及计算机局域网操作系统,学会连接局域网并学会共享和使用局域网资源。

任务 1 了解什么是计算机网络和网络的分类

任务要求:按问题归纳总结知识要点,将答案填写在光盘的"项目实例"\"第 6 章任务作业"中。

问题 1. 如果你在第 1 章能够完成"任务 6"的操作,说明你的机房中的计算机是有网络联系的,这种网络联系属于哪一种网络?

问题 2. 你在机房使用的计算机可以上其他的网吗?你去过网吧或在家里上过网吗?这又属于哪一种网络?这个网络的功能和问题 1 的网络功能有什么不同?

问题 3. 计算机在网络中是如何连接的?

任务 2 了解计算机网络的基本组成结构

任务要求:按问题归纳总结知识要点,将答案填写在光盘的"项目实例"\"第 6 章任务作业"中。

问题 1. 计算机网络由哪些部分组成?

问题 2. 启动 windows 后,桌面有哪些与网络有关的图标?双击这些图标会看到什么?

本节知识要点

1. 计算机网络

计算机网络是计算机技术和通信技术发展的产物,它是利用通信设备和线路将地理位置不同、功能相对独立的多个计算机系统互联起来,以功能完善的网络软件(即网络通信协议、信息交换方式及网络操作系统等)实现网络中资源共享和信息传递的系统。

2. 计算机网络分类

(1)按网络作用的距离分类 计算机网络根据网络应用范围和应用方式的不同,可分为局域网和广域网两大类,示例如图 6-1 所示。

1)局域网(LAN—Local Area Network):局域网是指近距离的计算机连接而成的计算机

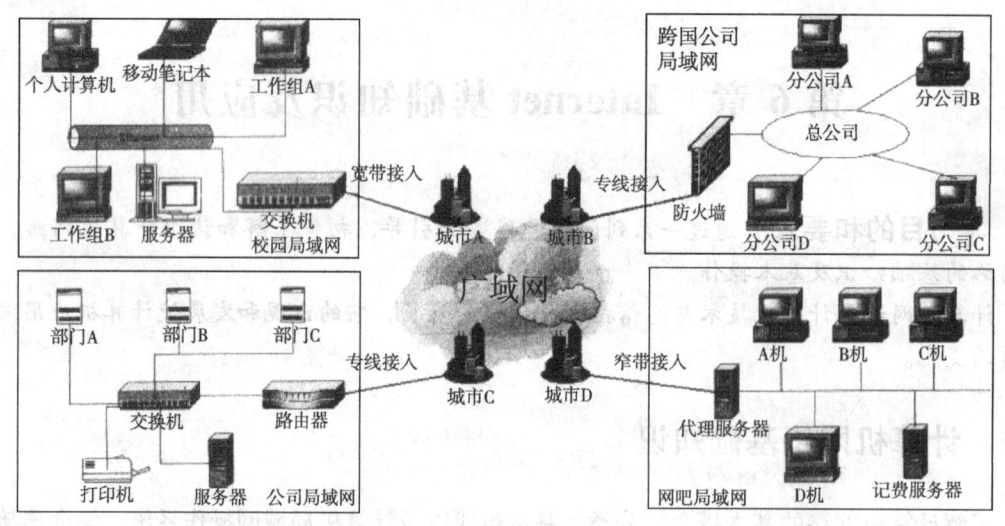

图 6-1　计算机网络

网络。其分布范围很窄，距离一般在几米到几公里之间，分布在一个或几个相邻的建筑物内。

局域网的特点是：分布的地理范围小；采用专用传输介质系统，具有较高的数据传输速率；误码率低；无需复杂的差错控制；介质访问控制技术复杂。

2）广域网（WAN——Wide Area Network）：广域网是指由远距离的计算机组成的计算机网络。

其特点是：分布的地理范围很广；传输距离远，传输速率低；要求有严格的差错控制和完善的路由选择。Internet 是最典型的一种广域网。

（2）按计算机网络的拓扑结构分类　计算机网络的拓扑结构是指通信节点互联的不同物理形态。

常见的拓扑结构有：星形、环形、总线形。

1）星形拓扑结构　如图 6-2 所示。优点：结构简单，易于管理。缺点：可靠性较低，一旦中心节点出了故障，则整个网络无法正常工作。

2）环形拓扑结构如图 6-3 所示。优点：结构简单，增删节点容易。缺点：可靠性差，任何一个节点出故障都将影响整个网络。

3）总线形拓扑结构如图 6-4 所示。总线结构节点通过网络接口连接到总线上，任何一

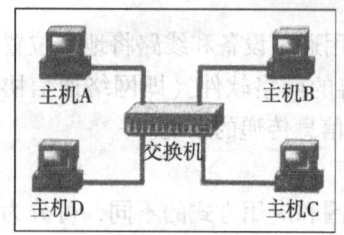
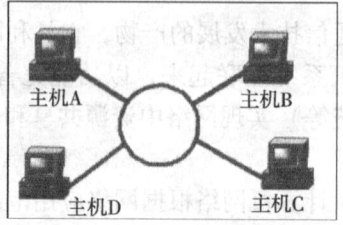
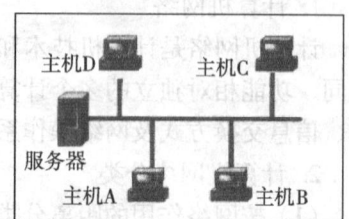

图 6-2　星形结构　　　　　　图 6-3　环形结构　　　　　　图 6-4　总线形结构

个节点发送信息,都可以被总线上其他所有节点接收。在总线中,节点的插入或拆卸非常方便,易于网络的扩充。

3. 计算机网络的基本组成

计算机网络包括了计算机硬件、软件、网络体系结构以及通信技术等。

计算机网络是由若干计算机(服务器、客户机)及各种通信设备通过高速通信线路连接组成。

(1) 服务器　服务器是一台高性能的计算机,用于网络管理、运行应用程序、处理各个网络工作站的信息请求等,并连接一些外部设备。服务器为网络提供共享资源,根据其作用的不同分为文件服务器、应用程序服务器、通讯服务器和数据库服务器等。

(2) 客户机　客户机也称工作站,连入网络中由服务器进行管理和提供服务的计算机都属于客户机,其性能一般低于服务器。客户机是网络用户直接处理信息和事务的计算机。

(3) 网络适配器　网络适配器也称网卡,用于将用户计算机与网络相连接。

(4) 网络电缆　网络电缆用于网络设备之间的通信连接,常用的网络电缆有双绞线、细同轴电缆、粗同轴电缆、光缆等。

(5) 网络操作系统　网络操作系统是用于管理网络的软件。

常用的网络操作系统软件有:UNIX 系统、PC UNIX 系统、Novell Net Ware、Windows NT、Apple Macintosh 等。

UNIX 因其有强大的通信和管理功能以及可靠的安全性等特性,占领了大型系统市场。

Windows NT 则利用它优势的价格、友好的用户界面、简易的操作方式和丰富的软件等特性,在小型系统市场竞争中脱颖而出。由于 Windows NT 有较好的扩展性、优良的兼容性,易于管理和维护,通常小型网络系统平台均选用它。

(6) 协议　协议是网络设备之间进行互相通信的语言和规范。

(7) 客户软件和服务软件　客户机上使用的应用软件统称为客户软件,它用于应用和获取网络上的共享资源。用在服务器上的服务软件则使网络用户可以获取这种服务。

4. 连接网络

启动 windows 后桌面有两个与网络有关的图标,"网上邻居"和"Internet Explorer"浏览器图标,用鼠标右键双击图标可以进入不同的网络,如图 6-5 所示。

(1) "网上邻居"　双击打开"网上邻居"图标,会出现与你相连的附近的计算机的名称。打开它们,可以复制这些计算机上共享的文件和其他信息,如图 6-6、6-7 所示。

(2) "Internet Explorer"图标　双击打开"Internet

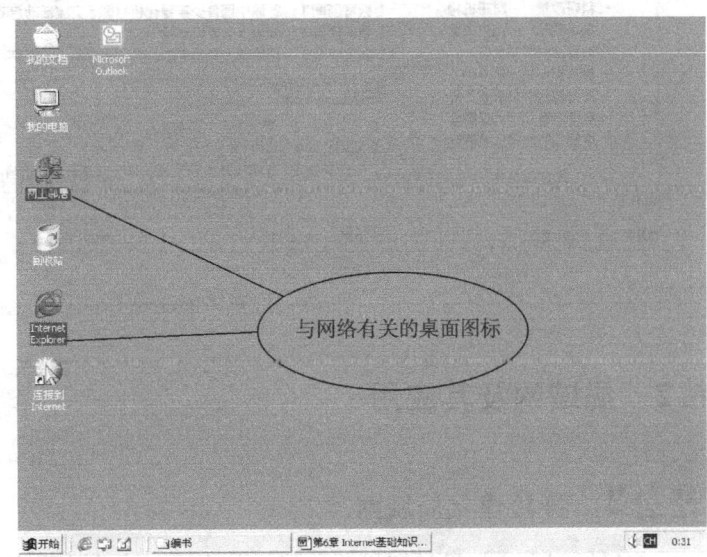

图 6-5　与网络有关的图标

Explorer"图标，可以连上 Internet，可以跟世界各地的计算机进行联系和资源共享。如图 6-8 所示。

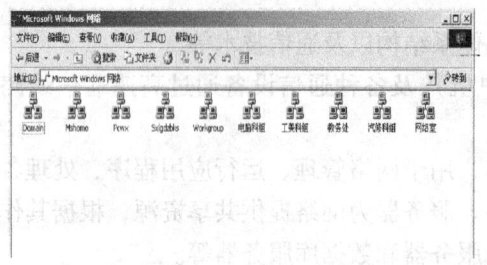

图 6-6 打开网上邻居

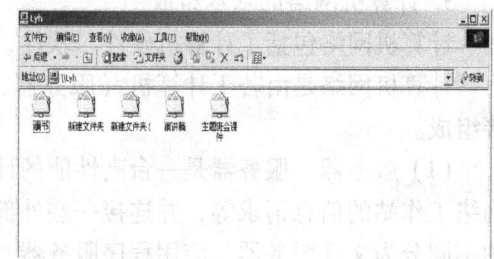

图 6-7 打开某一台计算机

图 6-8 打开"Internet Explorer"图标

6.2 局域网及其应用

任务3 连接建立局域网

在局域网中，如果计算机既能提供共享资源（充当服务器），又能使用网络中的共享资源（充当工作站），那么这样的网络称为对等网络。我们以建立对等网为例。

1. 任务要求

（1）确认使用局域网的计算机中安装的操作系统有网络功能，检查网络连接必备的硬件、软件条件。

（2）安装网卡、网卡驱动程序和网络协议。

2. 操作步骤

（1）如果计算机中安装有 Windows 98 以上的操作系统，系统本身就带有网络功能。

（2）网卡和驱动程序的安装　将网卡插在主板的扩充槽中，启动 Windows 2000，系统自动安装上网卡的驱动程序和网络协议。

（3）设置 TCP/IP 协议　对于 TCP/IP 协议，还要进行相关的设置才能正常的使用。

1）在"网上邻居"图标上单击鼠标右键，选择"属性"，打开"网络和拨号连接"窗口。

2）用鼠标右键单击"本地连接"，选择"属性"，打开"本地连接属性"对话框，如图 6-9 所示。

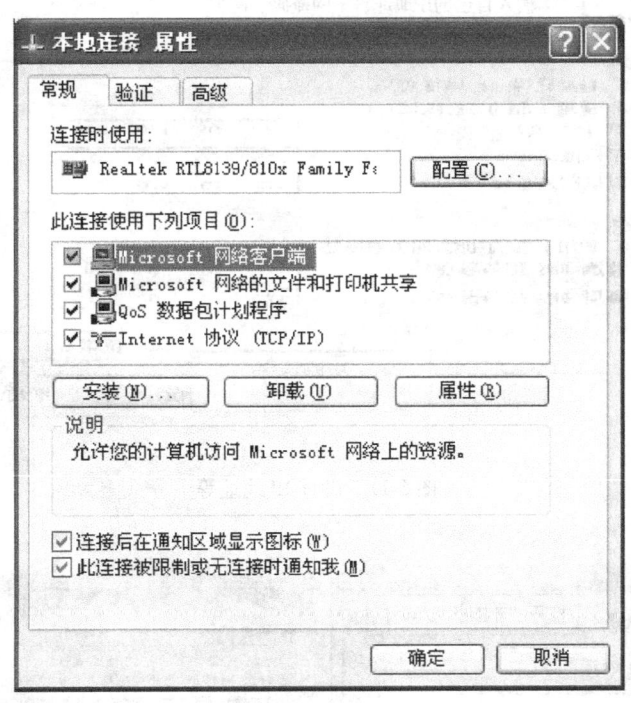

图 6-9　"本地连接属性"对话框

3）在"本地连接属性"窗口，选择"TCP/IP"协议，单击"属性"按钮，打开"TCP/IP 协议属性"对话框。

首先确定网络采用动态 IP 分配，还是固定 IP 分配。如果固定 IP，需要让网络管理员给自己分配 IP 地址，同时获得相应的"子网掩码"的地址，如图 6-10 所示。其次确定 DNS 域名解析服务器的 IP 地址，如果有网关，就需要知道网关的 IP 地址，如图 6-11 所示。最后确定 WINS 服务器的 IP 地址，如图 6-12、图 6-13 所示。

计算机操作与应用基础教程

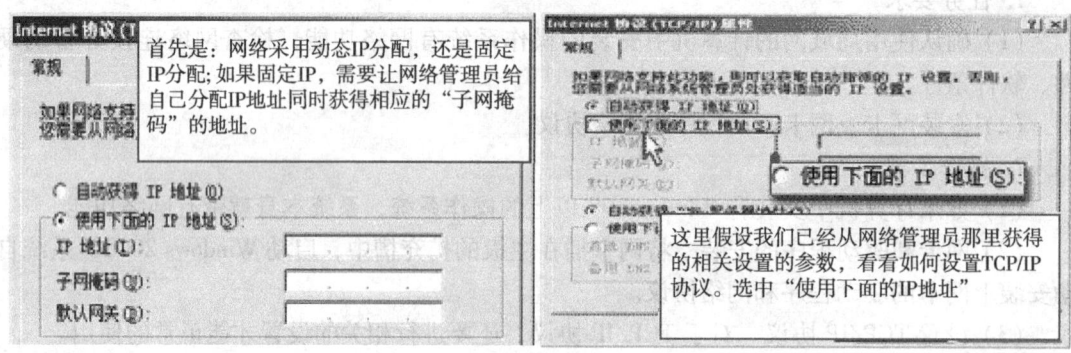

图 6-10 打开"TCP/IP"协议属性对话框，输入 IP 地址

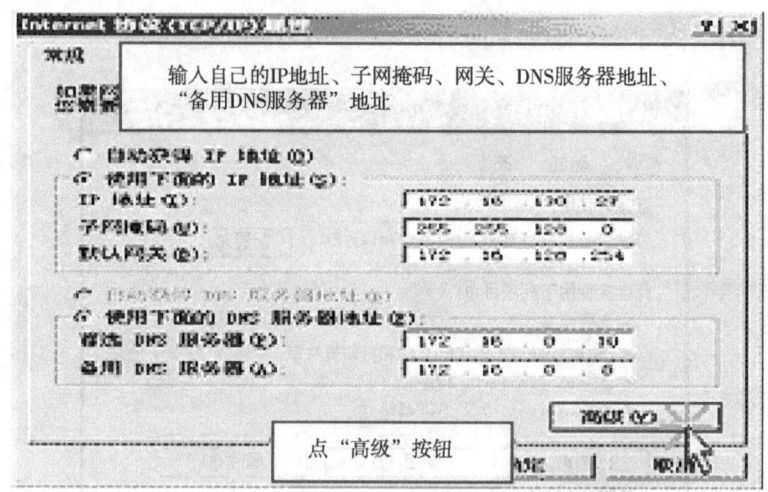

图 6-11 设置 IP 地址等

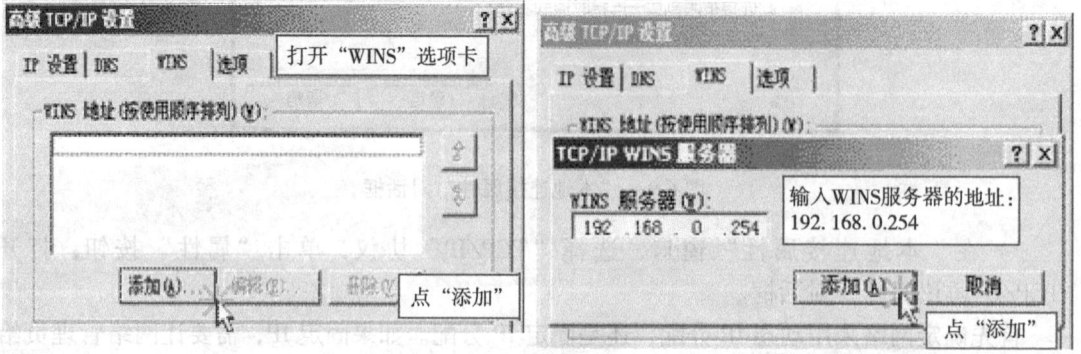

图 6-12 添加"WINS"选项　　　　　图 6-13 输入 WINS 服务器的地址

任务4 设置局域网共享资源和查找使用局域网共享资源

建立局域网后，服务器和用户可以把一些资源通过网络提供给其他用户共享，可以共享的资源包括打印机、硬盘、光盘、软盘驱动器和文件夹等。

1. 任务要求

（1）将自己使用的盘中某一个文件夹或整个盘共享，设置该文件夹的共享名为"共享"，权限为只读访问，密码为"888"。

（2）查找当前网络上工作的计算机、共享文件夹。

（3）打开共享的"共享"文件夹，查看、复制其中的一个文件。

2. 操作步骤

（1）用鼠标右键单击要共享的文件夹图标，在快捷菜单中选择"共享"选项，打开该文件夹属性对话框。

（2）单击"共享该文件夹"单选项，在"共享名"文本框中输入该文件夹的共享名，选"权限"中的"根据密码访问"，输入指定密码，单击"确定"按钮。

（3）在桌面上双击"网上邻居"图标，打开"网上邻居"窗口，窗口中列出了当前网络上正在工作的同一工作组中的所有用户。

如要显示其他工作组的用户，可双击"整个网络"图标，并选择相应的工作组，双击用户图标，可以看到该用户向网络提供的共享文件夹。

（4）在"网上邻居"窗口中双击用户图标，可以看到该用户向网络提供的共享文件夹，找到共享的"共享"文件夹，进行查看、复制操作。

本节知识要点

1. 局域网的基本组成

局域网一般由以下五部分组成：网络服务器、工作站（普通 PC 机）、网络适配器（网卡）、传输介质（网卡）和网络操作系统。

2. 连接建立局域网

（1）网卡驱动的安装 在安装 Windows 2000 时，操作系统将检测网卡，创建局域网连接，并在"控制面板"的"网络和拨号连接"中创建"本地连接"。同时局域网连接自动启动，如图 6-14 所示。

（2）网络协议的安装

1）在"网上邻居"图标上单击鼠标右键，选择"属性"选项，打开"网络和拨号连接"窗口。

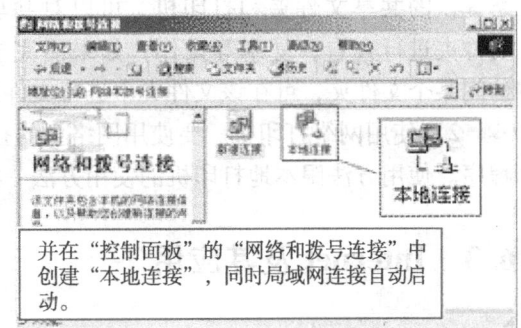

图 6-14 创建"本地连接"

2）在"本地连接"上单击鼠标右键，选择"属性"选项，打开"本地连接属性"对话框，如图 6-15 所示。

下面是加载到该网卡上的各种服务和协议，默认的情况下系统自动加载"Microsoft 网络客户端"、"网络文件和打印机共享"、"NetBEUI 协议"和"TCP/IP 协议"。

"TCP/IP"协议现在已成为 Internet 的标准协议。如果要访问局域网中的计算机，或者通过局域网访问 Internet，或者使用 MODEM 拨号连接 Internet，就要加载该协议。

3. 设置局域网共享资源和查找使用局域网共享资源

（1）共享文件夹

1）用鼠标右击要共享的文件夹图标，在弹出的快捷菜单中选择"共享"选项，弹出该文件夹属性对话框，如图 6-16 所示。

2）单击"共享该文件夹"单选项，在"共享名"文本框中输入该文件夹的共享名。共享名供其他计算机访问该文件夹时使用，可以是缺省名。

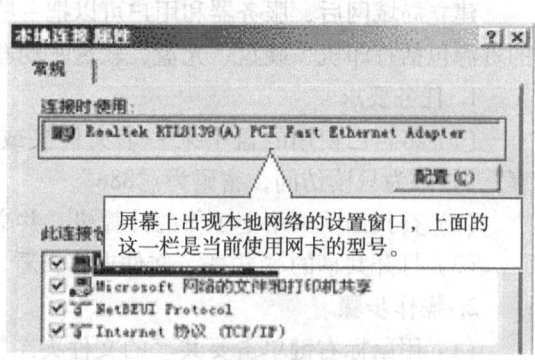

图 6-15　"本地连接属性"对话框

（2）共享打印机　在局域网中，可以将本地打印机设置为共享，其方法与设置文件、文件夹和驱动器的方法相似。

（3）使用局域网络上的共享资源　通过 Window 2000 提供的"网上邻居"程序可以浏览和使用网络上的共享资源。

在桌面上双击"网上邻居"图标，打开"网上邻居"窗口，"网上邻居"窗口中列出当前网络上正在工作的同一工作组中的所有用户。如要显示其他工作组的用户，可双击"整个网络"图标，并选择相应的工作组。

1）使用共享文件夹。在"网上邻居"窗口中双击用户图标，可以看到该用户向网络提供的共享文件夹和打印机。可以对共享文件夹进行查看、复制等操作，如果能完全

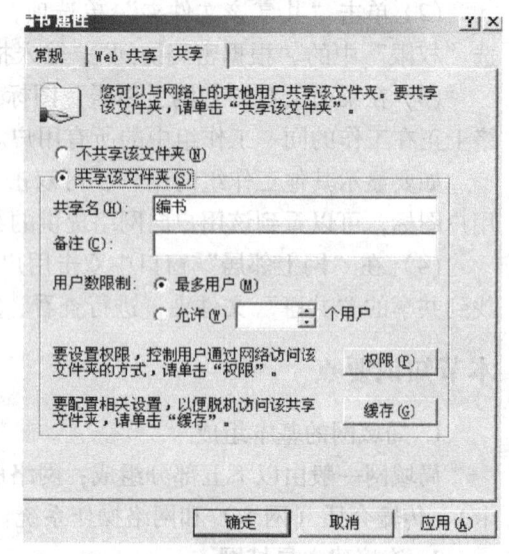

图 6-16　文件夹"属性"对话框

访问某个文件夹，可在该文件夹中进行文件及文件夹的建立、删除、修改等操作。

2）使用网络打印机。要使用网络上的打印机，必须先在本机上安装网络打印机的驱动程序。使用方法跟本地打印机的使用方法一样。

6.3　Internet 及其应用

任务5　了解 Internet 及其基本概念

任务要求：认识、了解 Internet 的基本概念，按问题归纳知识要点，将答案写在光盘的"项目实例"\"第 6 章任务作业"中。

问题1：什么是 Internet？

问题2：Internet 能做什么？

问题 3：什么是 IP 地址？
问题 4：什么是域名？它是如何设定的？
问题 5：WWW 是什么意思？
问题 6：什么是网站？什么是网页？

任务 6 使用 IE 浏览器上网

1. 任务要求

（1）在 IE 浏览器中浏览中国教育科研网和你所在学校的网站。

（2）设置主页为 http：//www.cernet.edu.cn/（中国教育科研网）。

（3）收藏网址：http：//www.cernet.edu.cn/（中国教育科研网）、http：//www.microsoft.com/（美国微软公司）。

（4）打开清华大学的网页，保存其中"教师队伍"子网页内容。

（5）使用搜索引擎中文雅虎快速查找 Internet 上有关"自学考试"信息。

2. 操作步骤

（1）启动 IE 用鼠标双击桌面上 Internet Explorer 的快捷图标，就可以启动 IE，系统自动连接浏览器的默认主页。

（2）浏览网页 在地址栏中输入要访问的网站地址。例如：http：//www.cernet.edu.cn/（中国教育科研网），按回车键，进入中国教育科研网。

在地址栏输入你所在学校的网址，即打开了你所在学校的网站。

（3）设置浏览器主页 "主页"是希望在每次启动 IE 后访问指定的网站。

1）单击"工具"菜单中的"Internet"选项，打开"Internet 选项"对话框。

2）在"常规"选项卡"主页"框的地址栏中输入网站的地址，如：http：//www.cernet.edu.cn/。

3）单击"确定"按钮。

用户也可以选择"使用当前页"、"使用默认页"和"使用空白页"。

（4）保存网址

1）浏览到某一个需要保存的网页时，单击"收藏"菜单，选择"添加到收藏夹"菜单命令，或单击工具栏的"收藏夹"按钮，打开"添加到收藏夹"对话框。

2）在"名称"栏中输入名称，如：http：//www.cernet.edu.cn/（中国教育科研网）或 http：//www.microsoft.com/（美国微软公司）；

3）单击"确定"按钮。

（5）保存网页内容

1）打开清华大学的主页，再打开"教师队伍"子网页。

2）单击"文件"菜单，选择"另存为"命令，打开"保存 Web 页"对话框。

3）在"保存为"下拉列表框中选择保存页面的文件夹，在"文件名"框中输入文件名，在"保存类型"框中选择文件类型，其中：

- Web 页，全部：保存该网页的全部文件。
- Web 档案，单一文件：保存 mht 文件。
- Web 页，仅 HTML：只保存 HTML 页，不保存声音、图象或其他文件。

- 文本文件：以纯文本格式保存 Web 的文本。

4）单击"保存"按钮。如果想保存网页中的图片，用鼠标指向要保存的图片，单击右键打开快捷菜单，在快捷菜单中选择"图片另存为"选项，然后按提示进行操作即可。

(6) 利用"搜索引擎"查找信息

1）在 IE 浏览器地址栏输入中文雅虎网站：http://cn.yahoo.com，按"Enter"键，进入雅虎主页，如图 6-17 所示。

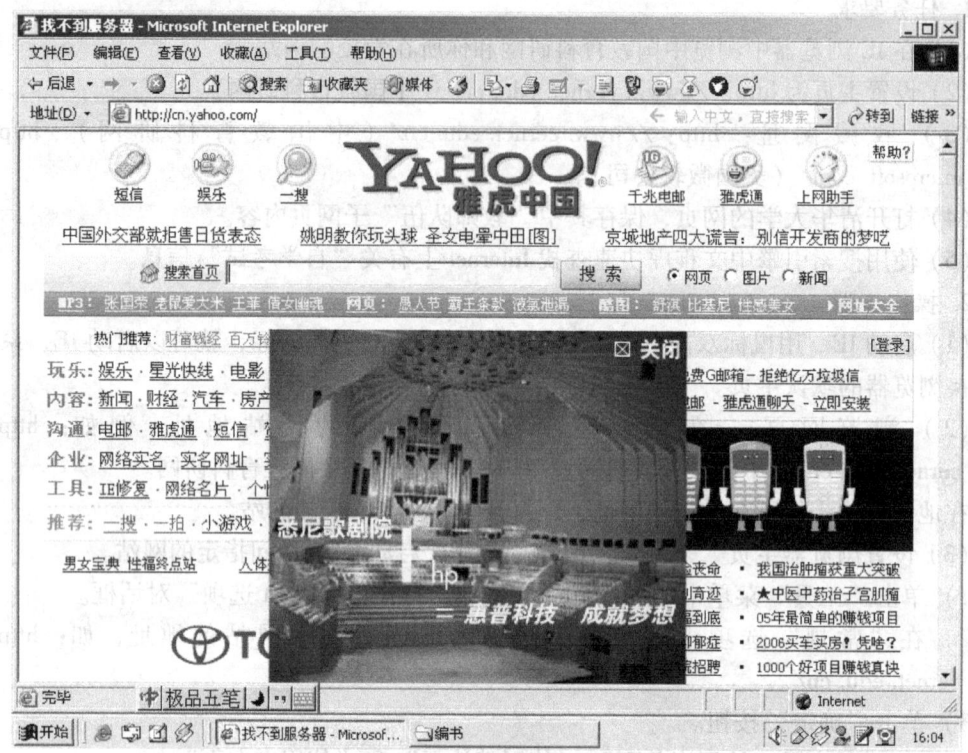

图 6-17　雅虎主页

2）在搜索输入文本框中输入要查找的关键字"自学考试"，单击"搜索"按钮。

如果在"自学考试"的前面加上"u："和加空格，即在搜索输入文本框中输入关键字"u：自学考试"，再单击"搜索"按钮，中文雅虎将搜索出与自学考试相关的网站。

本节知识要点

1. Internet

即因特网，又称国际互联网，是当今世界上最大的计算机网络，它覆盖了全球大部分国家和地区，是一个全球的、开放的信息资源网。

2. Internet 的功能

今天的 Internet 不仅仅是一个计算机网络，已经成为一个具有世界规模的巨大信息和服务资源网。通过 Internet，任何人都可以自由地和其他人进行交流和互通信息，共享 Internet 网络上的各种资源。

利用 Internet 可以在全世界范围内查阅资料、发布信息、结交朋友、与异地的同事协同工作、洽谈业务、购买商品、收发信件、接受培训、下载免费软件等等。

Internet 已成为进行科学研究、商业活动、远程教育和共享资源等的重要手段，它根本地改变了人们的生活方式和工作方式。

3. IP 地址

Internet 中的所有计算机均称为主机，每台主机必须有一个标识，那就是 IP 地址。

IP 地址由网络号和主机号组成，其中网络号用于识别网络，主机号用于识别该网络中的主机。

为使用方便，IP 地址通常用十进制数来表示。一个有效的 IP 地址应该是由点号分隔的四组十进制数，每组的取值范围在 0~255 之间。下面给出三个有效的 IP 地址：

28.0.0.54   128.101.255.0   198.10.00.2

4. 域名系统（DNS——Domain Name）

由于数字地址标识不方便记忆，所以 TCP/IP 专门设计了一种字符型的主机名字识别机制，即域名系统。

域名系统用域名来表示 IP 地址，是 IP 地址的一个映射。

例如：www 2.scut.edu.cn，其中：www 2 是主机名，scut，edu 和 cn 都是区域，scut 代表华南理工大学，edu 代表教育，cn 代表中国。

一般地，Internet 地址的最后一部分代表了最大的区域，通常为国家与地区代码，如 cn 代表中国，hk 代表中国的香港，tw 代表中国的台湾，ca 代表加拿大，uk 代表英国等。

由于 Internet 起源于美国，所以美国通常不使用国家与地区代码作为地址的最后一部分，而分别以 com（商业 commercial），edu（教育 educational），net（网络 network），int（国际组织 international），gov（政府 government），mil（军事 military），org（其他组织 organization）作为地址的结尾，如果最后一个部分不是以上七个区域，则这个区域可能是美国以外的国家了。

5. Internet 的服务

（1）邮件服务（Mail service）

（2）远程登录（Telnet）

（3）文件传输协议服务（FTP—File Transfer Protocol） 它允许把文件从一台计算机传送给另一台计算机。

用 FTP 把文件从一远程主机中拷贝到你的计算机中，这个过程叫"下载"（downloading）；把文件从自己的计算机传送给远程主机，叫做"上传"（uploading）。

（4）环球信息网（WWW） WWW（World Wide Web 环球信息网，简写 WWW 或 W3 或 Web）是当前 Internet 上最受欢迎、最流行的信息服务。

实际上它是指分布在世界各地的数据库服务器，根据不同的用户建立与设置相应的信息与数据库。如 www.mit.edu 代表美国麻省理工学院（MIT）的信息服务器，www.ibm.com 代表 IBM 公司的信息服务器，www.tsinghua.edu.cn 代表清华大学的信息服务器。

用户只要在浏览器中指出这些地址，就能访问到这些单位的信息。所以说 WWW 集成了 Internet 上现有的所有资源，使用户能够在 Internet 上查找已经建立了 WWW 服务器的所有站点所提供的超文本、超媒体资源文档。

6. 下载文件

计算机操作与应用基础教程

　　用鼠标右击某文件或文件夹，系统弹出快捷菜单，单击"复制到文件夹"选项，打开文件夹对话框，选择本地机的文件夹，单击"确定"按钮，IE 就开始下载 FTP 上的文件，下载时出现一个对话框以显示下载速度。

　　用浏览器下载文件具有使用简单、操作方便的特点，但也有如下缺点：

● 不安全。如果文件下载的过程中突然断线，那么你可能要从头再来，而且文件传输过程中的各种错误也无法控制，所以一般不用此方法下载大文件。

● 传输速度慢。因为浏览器是单线程的下载，没有充分利用网络的带宽。

● 文件管理功能差。文件下载后，你只能知道文件的格式、大小、时间等基本信息，对于下载文件的来源、软件的作用、类别等你无法知晓。

　　针对浏览器下载文件存在的缺陷，许多程序员便开发了专门下载的工具，常见的有 NetAnts（网络蚂蚁）、FlashGet（网际快车）、CuteFTP 等。专门的下载工具大多支持断点续传、采用多线程传输、有强大的文件管理功能、能批量下载文件、可设立计划任务表，因此，下载功能显得非常强大，大多数网民都采用这种方式来下载文件。

7. 上传文件

　　要上传文件，必须有 FTP 赋予的上传权限，因为上传需要占用服务器的硬盘空间，而且可能会给服务器带来垃圾或病毒等危害服务器安全的东西。

　　一般地，大多数匿名 FTP 服务器有一个"Incoming"或者"Updoad"子目录，专门为用户上传文件，而其他子目录只能下载，不能上传。在"Incoming"或者"Updoad"子目录下，是各种各样的匿名用户上传的文件，没有任何管理和保证，所以可能会有不安全的东西，下载此目录的内容要慎重。

　　要把本地机某文件或文件夹（"数学模型资料"文件夹）上传到匿名服务器 202.38.248.1 中，可按下列步骤操作：

　　（1）登录匿名 FTP 服务器。在 IE 地址栏中输入：ftp：//202.38.248.1。

　　（2）打开"我的电脑"或"资源管理器"，选中要上传的文件或文件夹，对它进行"复制"操作。

　　（3）在 IE 窗口中，进行"粘贴"操作，被选中的文件或文件夹即上传。

8. 超文本和超媒体（Hypertext & Hyper Media）

　　（1）超文本　包含着可用作链接的一些文字、短语或图标的文档，用户只需要在其上用鼠标轻轻一点，就能立即跳到相应的位置。

　　（2）超媒体　是超文本的扩展，是超文本和多媒体的组合。在超媒体中，不仅可以链接到文本，还可以链接到其他媒体，如声音、图形图像和影视动画等。因此，超媒体把单调的文本文档变成了生动活泼、丰富有趣的多媒体文档。

9. 网络站点（Web Site）

　　网络站点又被称做 Web 站点。一个网络站点就是指一个 Web 服务器。每一个 Web 服务器都管理着一定范围内的信息资源，如一个公司、一个学校或一个单位都可以拥有一个 Web 服务器。

10. 网页（Web Page）

　　网页又称 Web 页或页面。

　　Web 服务器将各种信息组成一个个文本文件，供用户阅读，所以 WWW 服务器就像将众多的信息资源有机地结合起来构成的一本大百科全书，而一个超文本文件称作一个 Web 页。

11. 主页（Homepage）

如前所述，如果将一个 Web 服务器看成是一本书的话，那么主页可看成是这本书的封面。主页是每一个 Web 服务器的入口，要了解一个 WWW 服务器的内容（即其他网页），就必须先通过访问主页才能进入。

12. 超文本标记语言（HTML）

在 WWW 中，超文本文件起着至关重要的作用。而超文本标记语言则是一种专门用来编写超文本文件的编程语言。

WWW 的每个页面都是由采用这些语言编制而成的超文本文件。超文本文件是由文件、格式代码以及指向其他文件的超链接所组成的，这类文件名通常以 "htm" 为扩展名。

13. 统一资源定位器（URL——Uniform Resource Locator）

为了惟一确定 WWW 上每个页面的位置，采用了一种被称为 URL（统一资源定位器）的标识符，它为每个 Web 页面赋予唯一的一个 URL 地址。所说的网页地址指的就是 URL。

URL 一般由三部分组成：① 资源类型；② 包含要传送的文件的机器名；③ 在该机器上定位要传送文件的全路径名。

基本格式是：传输协议或传输方式名称：//服务器地址或域名/路径/文件名．扩展名，如：http：//（HTTP 超文本传输协议）

ftp：//（FTP 文件传输协议）

例如，http：//www 2. scut. edu. cn/am/index. htm 表示采用超文本传输协议访问一个网页，该网页服务器域名为 www 2. scut. edu. cn，/am/index. htm 是路径名和文件名。

14. IE 浏览器

IE（Internet Explorer）是 Internet 上最流行的一个 WWW 浏览器。

它使我们方便、随意地浏览 WWW，订阅频道，它可以解释 HTML 文档所描述的动画、声音、文本、图形、图象以及超级链接等信息，可以下载文件，访问 FTP 等信息资源。该程序的搜索、收藏夹、历史和通道资源管理器能使我们方便地找到精彩的 Web 站点，并可将站点记录下来脱机浏览。IE 是 Microsoft 公司的产品，内嵌于 Windows 中。

IE 用户界面窗口由标题栏、菜单栏、工具栏、地址栏、Web 浏览区、状态栏组成。

15. 快速查找网上资料

Internet 上信息资源遍布世界的各个站点，它是一个信息的江洋大海，要在这人海中提取自己感兴趣的资料，就要借助于网上搜索引擎（网络搜寻工具），如 Yahoo，Sohu，InfoSeek 等，它们也是 Internet 上的网站，有自己的数据库，收集和保存 Internet 上很多站点的信息，而且不断更新。

6.4 拨号上网和 ADSL 宽带上网设置

任务 7 设置 Windows 2000 的拨号网络

1. 任务要求

（1）在指定的计算机上安装某一种类型的调制解调器。

(2) 建立新的拨号网络连接。

2. 操作步骤

(1) 硬件连接好某一种类型的调制解调器，Windows 2000 自动检测安装调制解调器。

(2) 单击桌面左下角的"开始"菜单，选"设置"中的"网络和拨号连接"命令，打开"网络和拨号连接"对话框。

(3) 鼠标双击"新建连接"图标，打开"网络连接向导"对话框，单击"下一步"按钮。

(4) 进入"网络连接类型"选择窗口，选择第二项，拨号到 Internet，如图 6-18 所示，单击"下一步"按钮。

(5) 打开"Internet 连接向导"窗口，选择第三项，"手动设置 Internet 连接或通过局域网（LAN）连接"，如图 6-19 所示，单击"下一步"按钮。

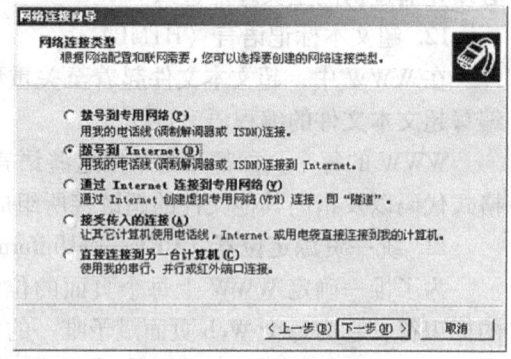

图 6-18　网络连接类型

(6) 打开设置连接窗口，如图 6-20 所示，选择第一项，单击"下一步"按钮。

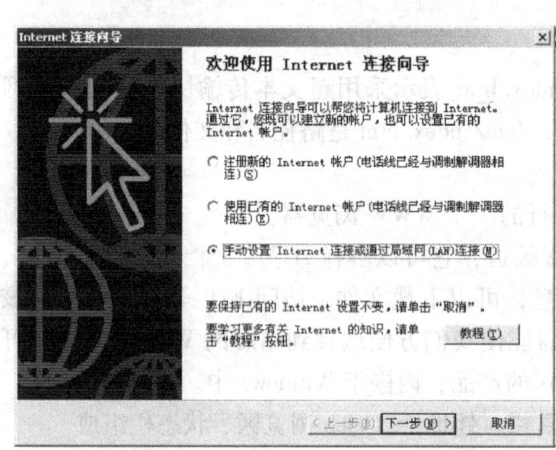

图 6-19　Internet 连接向导 1

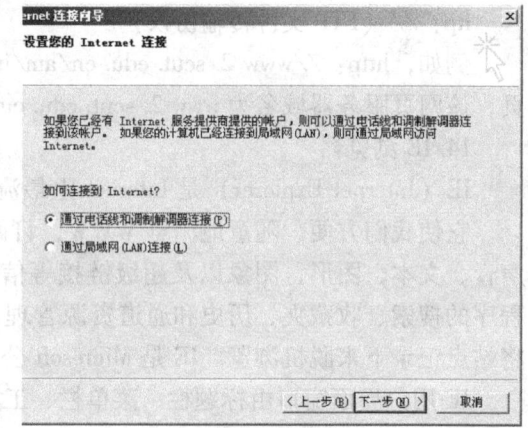

图 6-20　Internet 连接向导 2

(7) 打开"Internet 帐户连接信息"窗口，设置连接信息，共 3 步，如图 6-21 所示，指定连接的电话号码，单击"下一步"按钮。

(8) 打开步骤 2 窗口，如图 6-22 所示，设置用户名和密码，单击"下一步"按钮。

(9) 打开步骤 3 窗口，如图 6-23 所示，设置本连接的名称，单击"下一步"按钮。

(10) 打开"Internet 连接向导运行完毕"窗口，如图 6-24 所示，单击"完成"按钮。

(11) 打开"设置 Internet Mail 帐户"窗口，如图 6-25 所示，选择"否"，单击"下一步"按钮，退出"Internet 连接向导"，返回"网络连接向导"对话框，如图 6-26 所示，窗口多了一个连接图标。

第 6 章　Internet 基础知识及应用

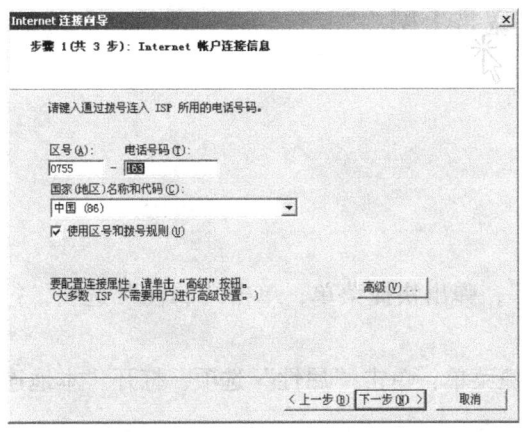

图 6-21　Internet 连接向导 3　　　　　图 6-22　Internet 连接向导 4

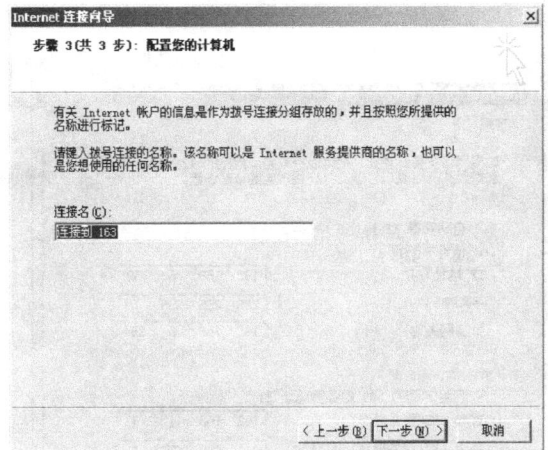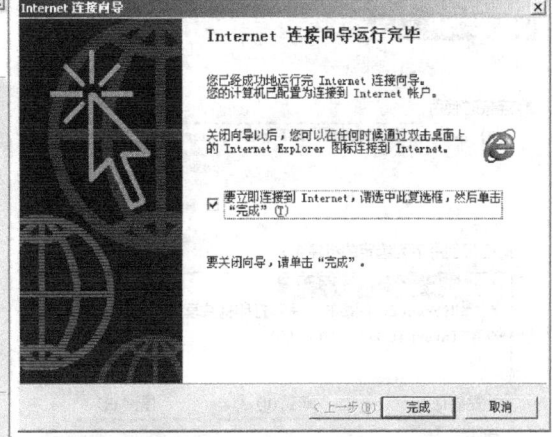

图 6-23　Internet 连接向导 5　　　　　图 6-24　Internet 连接向导 6

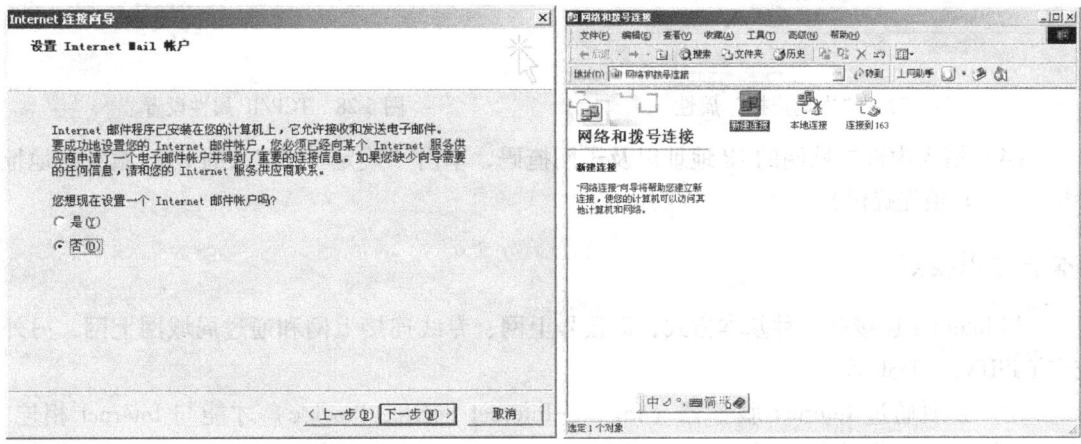

图 6-25　设置 Mail　　　　　　　　　图 6-26　网络连接向导

199

任务8 在 Windows 2000 下设置 ADSL 宽带上网

1. 任务要求

（1）设置"本地连接"的 TCP/IP 属性。

（2）新建一个连接。

（3）设置新建连接的属性。

2. 操作步骤

（1）在桌面上用鼠标右键单击"网上邻居"，弹出快捷菜单，单击"属性"选项，打开"网络和拨号连接"窗口。

（2）用鼠标右键单击"本地连接"，弹出快捷菜单，单击"属性"选项，打开"本地连接属性"窗口，如图 6-27 所示。

（3）选中组件窗口中的"Internet 协议（TCP/IP）"，单击"属性"按钮，打开"Internet 协议（TCP/IP）属性"窗口，如图 6-28 所示。

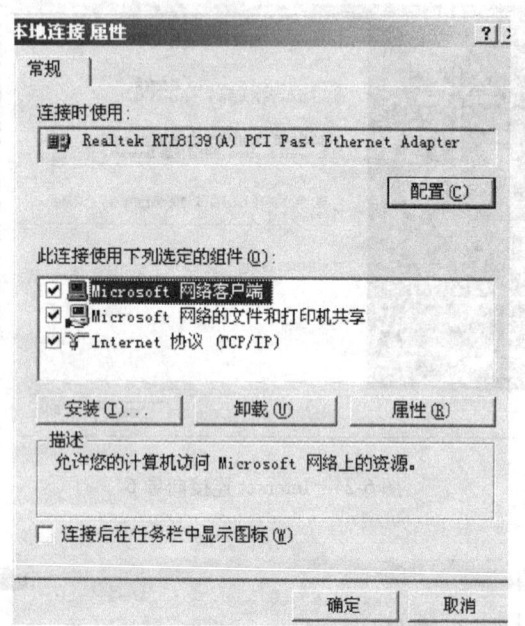

图 6-27 "本地连接"属性

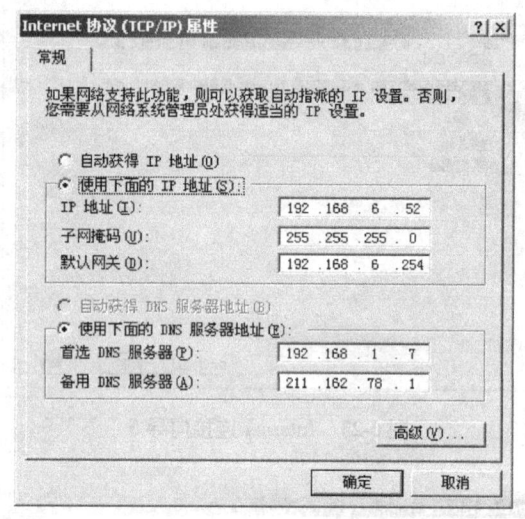

图 6-28 TCP/IP 属性设置

（4）填入内部局域网的 IP 地址以及子网掩码，单击"确定"（填入的 DNS 服务器地址由当地 ISP 预先提供）。

本节知识要点

与 Internet 连接有三种基本方式，即拨号上网、专线连接上网和通过局域网上网，另外还有 ISDN、ADSL 等。

用户必须通过 Internet 服务器（ISP——Internet Service Provide）才能与 Internet 相连。在 ISP 处登记注册后会得到：帐号（用户名）、密码、E-mail 地址、拨号上网的电话号码（或局域网上用户的主机的 IP 地址）、ISP 服务器的域名、DNS 服务器的 IP 地址等。

第 6 章　Internet 基础知识及应用

1. 拨号网络的安装与设置
（1）安装调制解调器
（2）安装拨号网络
（3）建立拨号网络连接
2. 在 Windows2000 下设置 ADSL 宽带上网

ADSL 的硬件设备安装，简单说就是用一块网卡把电脑和 ADSL MODEM 连接起来。而且 ADSL 的入户安装，大多数线路提供商都将专门派遣技术人员到用户家中去现场安装、调试。

通过局域网新建 Internet 连接，可以在打开的"网络连接向导"窗口中选择"通过 Internet 连接到专用网络"，如图 6-29 所示，单击"下一步"按钮，在打开的窗口中填入连接服务器端的地址（填入的 IP 地址由当地 ISP 预先提供），如图 6-30 所示。

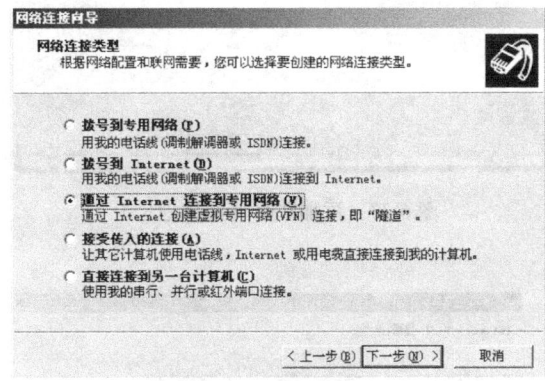

图 6-29　网络连接类型

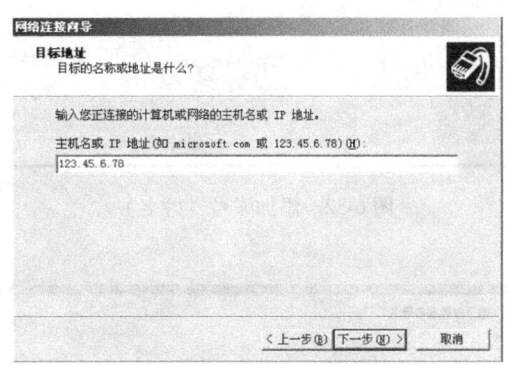

图 6-30　服务器地址

6.5　电子邮件（Outlook Express）

任务9　设置新账号

1. 任务要求

（1）设置账号，使用"Outlook Express"接收发送 163.net 邮箱的邮件。

（2）设地址是 lulaoshi@163.net，在 163 中 POP3 服务器是 163.net，SMTP 服务器是 smtp.163.net。

2. 操作步骤

（1）单击桌面"Outlook Express"图标或通过"开始"菜单选"程序"中的相应选项，都可以启动 Outlook Express，打开窗口，如图 6-31 所示。

单击"工具"菜单的"账号"命令，打开"Internet 账户"对话框，单击"添

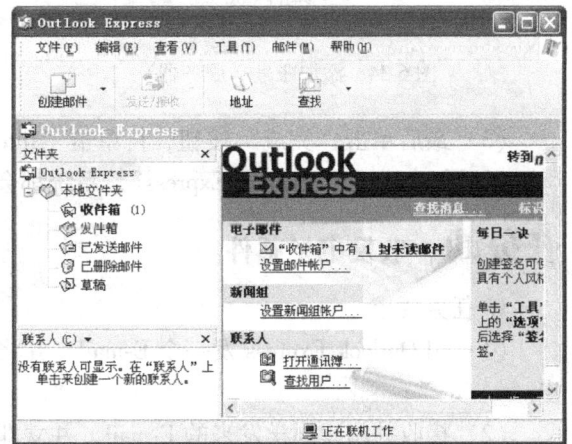

图 6-31　Outlook 窗口

加"按钮,在右侧弹出的三个选项中选择"邮件",系统启动"Internet 连接导"如图 6-32 所示。

(2) 在连接向导中按照每一步提示,依次输入姓名、电子邮件地址、电子邮件服务器名,如图 6-33、图 6-34、图 6-35 所示。

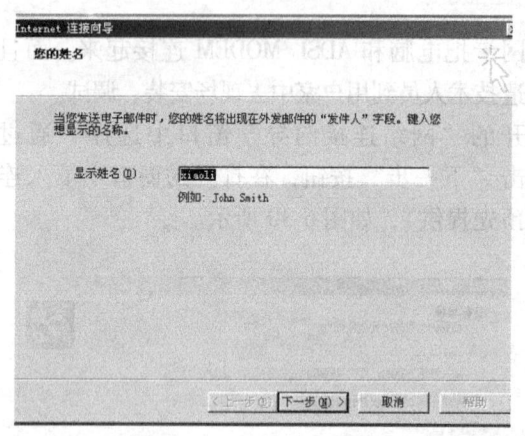

图 6-32　添加账号(姓名)

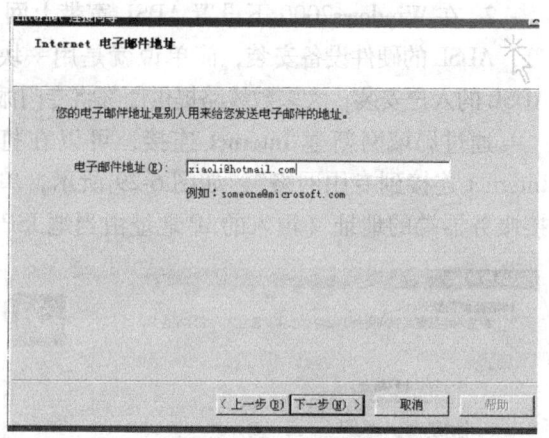

图 6-33　添加账号(邮件地址)

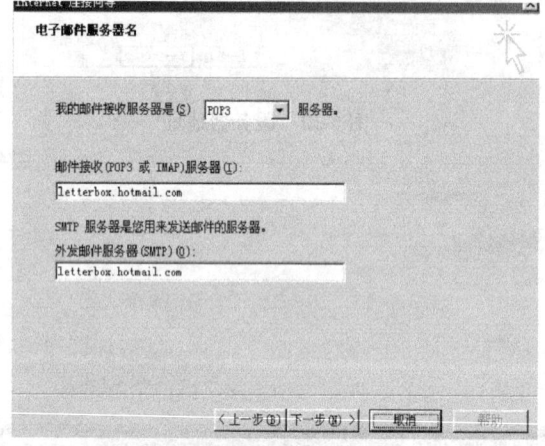

图 6-34　添加账号(服务器)

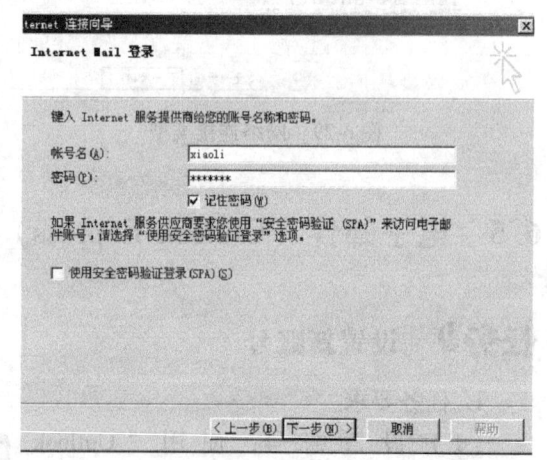

图 6-35　添加账号(账号名和密码)

(3) 最后单击"完成"按钮,再单击"Internet 账号"窗口中的"关闭"按钮。
以后每次进入"Outlook Express",系统都会询问用户的密码,回答正确后才能进入。

任务 10　收发电子邮件

1. 任务要求

(1) 用 Outlook Express 发一个 E-mail,并将"第 6 章任务作业"文件作为附件一起发出。

(2) 接收并阅读同学发来的 E-mail,并立即回复。

(3) 接收并阅读由 wuyou@ mail. edu. cn 发来的 E-mail,并将随信发来的附件以文件名

swtz.txt 保存到考生文件夹中。

2. 操作步骤

（1）启动"Outlook Express"。

（2）在 Outlook Express 窗口中，单击工具栏上的"新邮件"图标，进入新邮件编辑状态，如图 6-36 所示，按提示输入收信人的地址，编辑信件内容。

图 6-36　发新邮件

单击工具栏的"附件"按钮，打开"插入附件"对话框，选中作为附件的那个文件的位置，单击"附件"按钮，插入到新邮件对话框，单击工具栏上的"发送"图标，即可发出信件。

本节知识要点

电子邮件（Electronic，Mail，简称 E-mail）是一种通过电子形式提供信息交换的通信手段，它的特点是快捷、方便、廉价，在 Internet 中，电子邮件是它所提供的最基本的功能之一，也是被人们广泛使用的服务。

在 Internet 上收发电子邮件，需要使用电子邮件客户软件，比较常用的有 Netscape Messenger，Outlook Express 和 Foxmail 等。

Outlook Express 是 IE 软件包的集成部分之一，它把 Internet 上浏览和收发电子邮件的功能集成在一起，使用户在浏览网页的同时也可以检查 E-mail 信箱。它的界面直观，功能较强，使用方便。

1. 设置账号任务

第一次使用 Outlook Express，需要先设置自己的账号，电子邮件的账号从 ISP 处获得。电子邮件账号也称 E-mail 地址，其格式是："username@ hostname.domain"其中：

usename —用户名或用户账号

hostname.domain—主机名.网络域名

例如：webmaster@ letterbox.scut.edu.cn 是华南理工大学 Web 管理者的邮件地址，其中

Webmaster 为用户账号名，letterbox 是邮件服务器的名字，scut.edu.cn 为域名。

2. 收发电子邮件

（1）发送邮件　单击工具栏上的"新邮件"图标，进入新邮件编辑状态，输入收信人的 E-mail 地址，编辑信件内容，单击工具栏上的"发送"图标，即可发出信件。

（2）一封信发给多个收件人　如果一封信要发给多个收件人，可在"抄送"文本框中输入其他收件人的地址，每个收件人的地址用分号（;）隔开。

（3）接收邮件　在 Outlook Express 窗口，单击工具栏上的"发送/接收"按钮，选择"接收全部邮件"，Outlook Express 就会与邮件服务器进行连接，从邮件服务器中把你的新邮件传送到收件箱，在上述过程中，系统要求输入密码以确认收件人。

当文件夹窗格中选中的是本地文件夹时，显示区被分为上下两部分，上半部分为邮件列表区，列出的是邮件标题信息；下半部分是邮件预览区，显示的是邮件列表区所选定邮件的内容。对于收件箱，邮件列表区列出所接收的全部邮件的标题，单击其中之一可阅读，双击则另打开窗门阅读。如果邮件没有被打开阅读过，则邮件标题是粗体字。

由于汉字编码的特殊性，在接收到的邮件中有时会乱码，这时可以从"查看"菜单中的"编码"选项中选择一种合适的编码方式来阅读邮件。

对正在阅读的邮件需要回复，单击工具栏上的"回复作者"按钮，系统自动填写收件人地址、主题等内容，只要编写好信件内容，就可以发送。

（4）传送文件　E-mail 除了收发邮件外，还可以将计算机中的文件以邮件附件形式传送，使人们可以通过电子邮件在 Internet 上交换文字、图像、声音等各种各样的信息。

单击工具栏上的"附加"按钮，在系统打开的"插入附件对话框"中，搜寻要传送的文件，让其显示在"文件名"文字框中，然后单击"附件"按钮。这时，文件名出现在邮件的附件栏中，当发送该邮件时，附件被同时发送。

需要注意的是，如果附加的文件容量很大，应对其进行压缩，以减少发送时间和费用。

习　题　6

一、单选题

1. 计算机网络最突出的特点是(　　)。
   A. 进行通话联系　　B. 上网聊天　　C. 收发电子邮件　　D. 资源共享

2. 计算机网络按照联网的计算机所处位置的远近不同可分为(　　)。
   A. 城域网和局域网　B. 局域网和广域网　C. 城域网和广域网　D. 局域网和远程网

3. 下列属于计算机网络所特有的设备是(　　)。
   A. 显示器　　B. UPS 电源　　C. 服务器　　D. 鼠标器

4. Internet 上许多复杂网络和不同类型的计算机之间能够互相通信的基础是(　　)。
   A. HTML　　B. SMIP　　C. TCP/IP　　D. IE

5. 正确的 Internet 地址是：(　　)。
   A. 32.230.100.6.15　B. 10.89.20.5　C. 192.112.36.256　D. 128.174.5

6. 从 www.seu.edu.cn 可以看出，这是中国的一个(　　)站点。
   A. 商业机构　　B. 教育研究　　C. 军事部门　　D. 政府部门

7. WWW 的中文称为(　　)。
   A. 电子商务　　B. 万维网　　C. 浏览器　　D. 网页

8. 一般情况下，从中国往美国发一个电子邮件大约多少时间可以到达？（　　　）。
   A. 几分钟　　　　　　B. 几天　　　　　　C. 几星期　　　　　　D. 几个月
9. 以下说法正确的是（　　　）。
   A. 收件箱：存放接收到的邮件；已发送邮件箱：存放已经发出的邮件
   B. 收件箱：存放准备发出的邮件；已删除邮件箱：存放准备删除的邮件
   C. 发件箱：暂存准备发出的邮件；已发送邮件箱：存放准备删除的邮件
   D. 发件箱：存放已发出的邮件；已删除邮件箱：存放已经发出的邮件
10. 不能实现浏览 WWW 信息的是（　　　）。
    A. Mosaic　　　　B. Netscape Navigator　C. Internet Explorer　　D. Excel
11. 以下哪个主机在地理位置上是属于中国（　　　）。
    A. Microsoft. au　　B. bta. cn　　　　C. ibm. il　　　　　　D. news. com
12. 以下正确的 URL 是（　　　）。
    A. http：//computer/index. htm　　　　　B. fie：//c:\windows\test. htm
    C. mailto：test. 21cn. com　　　　　　　D. ftps：//ftp. stu. edu. cn
13. 电子邮件可以用来：（　　　）。
    A. 收发信件　　　　B. 玩游戏　　　　C. 下载软件　　　　D. 浏览网页
14. 统一资源定位器的英文缩写是：（　　　）。
    A. HTTP　　　　　B. URL　　　　　C. FTP　　　　　　D. NEWS
15. 关于域名正确的说法是（　　　）。
    A. 没有域名主机不可能上网　　　　　　B. 一个 IP 地址只能对应一个域名
    C. 一个域名只能对应一个域名　　　　　D. 域名可以随便取，只要不和其他主机同名即可。
16. HTTP 指的是（　　　）。
    A. 超文本标记语言　　　　　　　　　　B. 超文本文件
    C. 超媒体文件　　　　　　　　　　　　D. 超文本传输协议
17. 调制解调器（Modem）的作用是实现（　　　）之间的相互转换。
    A. 并行信号与串行信号　　　　　　　　B. 数字信号与模拟信号
    C. 高压信号与低压信号　　　　　　　　D. 交流信号与直流信号
18. IP 地址是 Internet 为每台主机分配的由 32 位（　　　）组成的唯一标识符。
    A. 二进制　　　　　B. 八进制　　　　C. 十进制　　　　　D. 十六进制
19. Internet 的主要作用是（　　　）。
    A. 收发电子邮件　　　　　　　　　　　B. 网上聊天及网络游戏
    C. 发布新闻、广告　　　　　　　　　　D. 资源共享及信息传递
20. 下面不是网络操作系统的是（　　　）。
    A. Windows 98　　　　　　　　　　　B. Windows NT
    C. Unix　　　　　　　　　　　　　　D. Netware

二．填空题

1. Internet 最早起源于美国国防部的网络（　　　）。
2. 提供网络通信和网络资源共享功能的操作系统称为（　　　）。
3. 域名地址中的后缀 cn 代表（　　　）；表示政府部门的一级域名代码为（　　　）。
4. 个人计算机接入 Internet 的主要方式是（　　　）。
5. 调制解调器的英文名称是（　　　）。
6. 局域网常用的传输介质有（　　　）、（　　　）、（　　　）。

7. 在 Internet 上，可唯一标识一台主机的是（　　　）或（　　　）。
8. 电子邮件地址是由（　　　）和（　　　）两部分组成，中间用特殊符号（　　　）连接起来。
9. URL 的中文名称是（　　　）。
10. 在 Internet 上，IP 地址是由（　　　）位二进制数组成的。

三、简答题

1. 什么是计算机网络？计算机网络所连接的主要对象有哪些？计算机网络的主要通信线路和通信设备有哪些？
2. 什么是计算机局域网？什么是计算机广域网？
3. 什么是网络协议？
4. 什么是 Internet、互联网？
5. Internet 有哪些主要功能？Internet 的主要信息服务有哪些？
6. 什么是 IP 地址？IP 地址由多少位二进制数组成？C 类网络共包含多少个网络？一个 C 类可以容纳多少台主机？
7. 什么是 DNS？Internet 顶级域名分成哪几类？请说出域名为 www.computer.miami.edu 的网站可能所属的单位。
8. 什么是起始页？将国家教育部的 WEB 首页（http：//www.moe.edu.cn）设置为首页。

第 7 章 计算机系统知识

学习目的和要求 根据中等职业学校计算机基础教育的大纲要求,系统总结计算机的有关基础知识。通过学习,了解数据在计算机中的存储形式;掌握计算机各项性能指标;掌握计算机的硬件结构和工作原理、软件系统的组成。

通过第 1 章的学习,大家对计算机系统的基本结构有了初步了解,经过上述章节的项目、任务制作,相信大家已经熟练地掌握了计算机的基本操作。

7.1 计算机系统组成及工作原理

任务 1 归纳总结计算机硬件知识要点,绘制计算机硬件组成及工作原理框图

任务要求:按问题提示,汇总计算机硬件资料,补充计算机硬件各部件组成及工作原理框图中的内容,原框图在光盘的"项目实例"\"第 7 章任务作业"中。

问题 1:主机内最重要的一块电路板是什么?其核心部件的中、英文名是什么?由哪两部分组成?

主机结构示意图如图 7-1 所示。

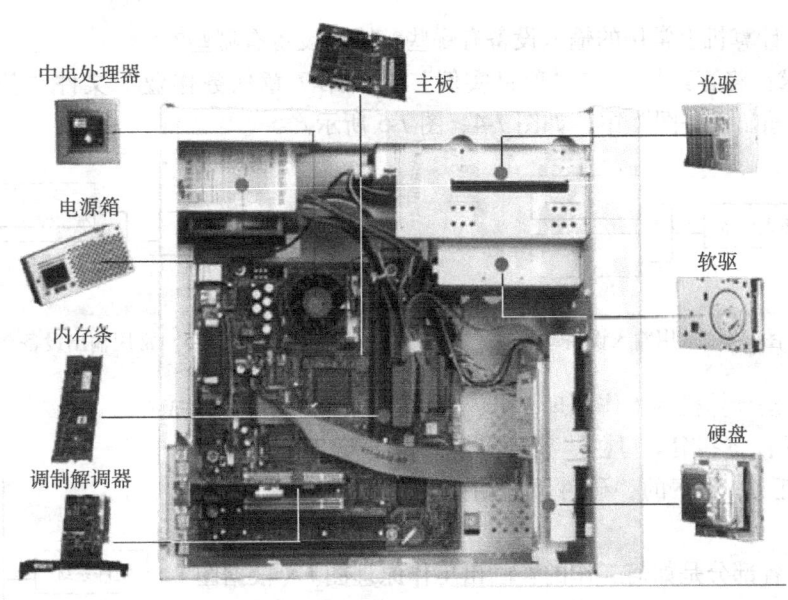

图 7-1 主机结构示意图

操作要求:打开光盘的"项目实例"\"第 7 章任务作业"文件,将答案填写在"任务 1"的"主机结构框图"中,如图 7-2 所示。

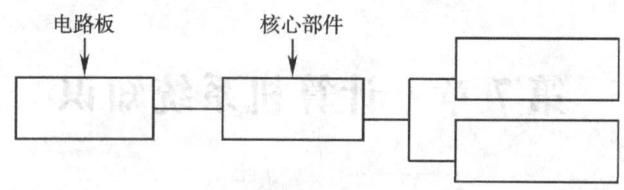

图 7-2 主机结构框图

问题 2：计算机中保存信息的硬件设备叫"存储器"，它分为哪几部分？每一部分又分哪几种？

操作要求：将答案填写在"项目实例"\ 第 7 章任务作业"文件"任务 1"下的"存储器组成图"中，如图 7-3 所示。

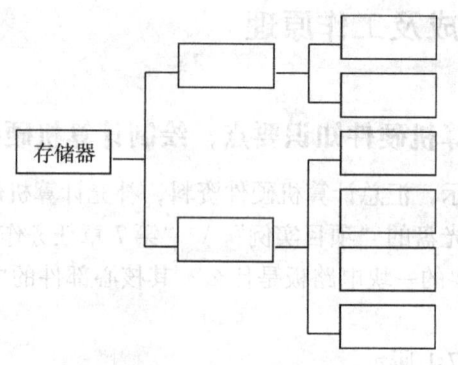

图 7-3 存储器组成图

问题 3：计算机上常用的输入设备有哪些？输出设备有哪些？

操作要求：将答案填写在"项目实例"\ "第 7 章任务作业"文件"任务 1"下的"常用输入、输出设备图"中，如图 7-4、图 7-5 所示。

图 7-4 常用输入设备　　　　　　　图 7-5 常用输出设备

问题 4：按计算机的工作原理划分，硬件系统由哪几部分组成？

操作要求：将答案填写在"项目实例"\ "第 7 章任务作业"文件"任务 1"下的"硬件系统组成图"中，如图 7-6 所示。

问题 5：各部分是如何工作的？画出工作原理图。（根据图示连线）。

操作要求：将答案填写在"项目实例"\ "第 7 章任务作业"文件"任务 1"下的"工作原理图"中，如图 7-7 所示。

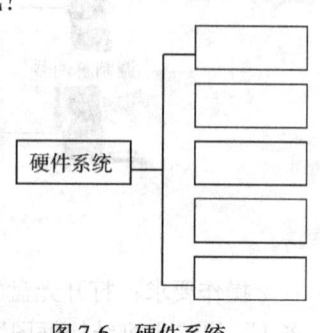

图 7-6 硬件系统

第 7 章　计算机系统知识

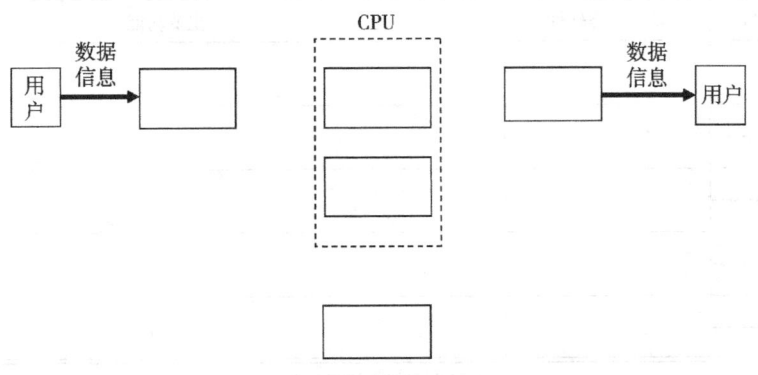

图 7-7　工作原理图
——→ 表示数据信息在计算机中的流向
┄┄→ 表示计算机的控制命令信号的传送

任务 2　用框图和表格的形式汇总计算机软件组成及常用数据单位和性能指标

任务要求：按问题提示，汇总计算机软件及常用数据单位和性能指标资料，归纳到光盘的"项目实例"\"第 7 章任务作业"文档的相应图、表中。

问题 1：计算机的软件系统有哪些部分组成？你前面都学了哪些软件？他们属于哪部分？它们的主要功能是什么？查看你所使用的计算机中还安装了哪些你没有学过的软件（列出 3 个）。

操作要求：打开光盘的"项目实例"\ 第 7 章任务作业"文件，将答案填写在"任务 2"下的"计算机软件系统组成"框图和表格 1 中，如图 7-8 所示并见表 7-1。

表 7-1　软件分类与功能

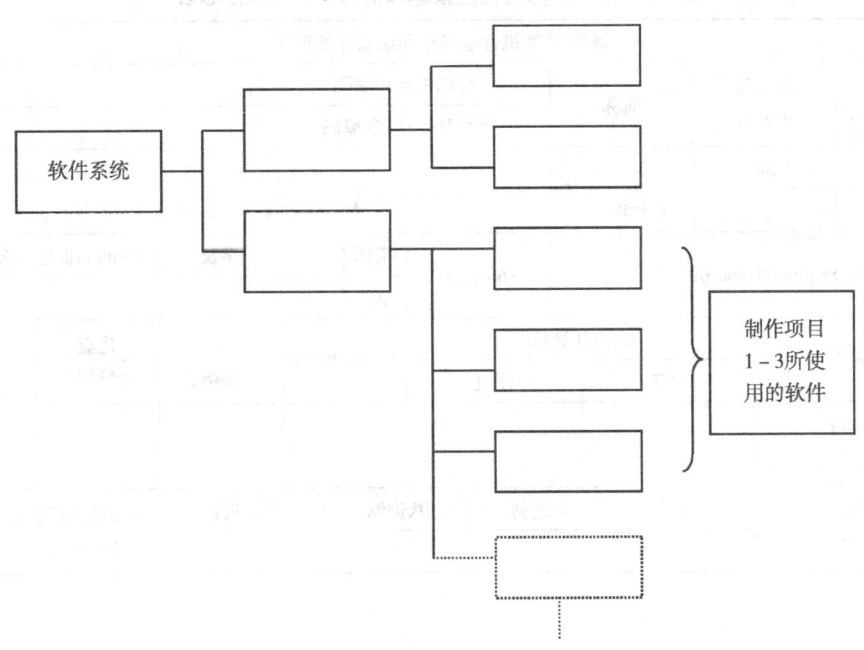

图 7-8　计算机软件系统组成

已学过的软件名	属于哪类软件	主要功能
第1章		
第2章		
第3章		
第4章		
第5章		
本机中有但未学过的软件		
1		
2		
3		

问题2：计算机中信息存储形式是什么？常用的存储设备的容量是多少？

操作要求：打开光盘的"项目实例"\第7章任务作业"文件，将答案填写在"任务2"下的"表格2"中，见表7-2。

问题3：计算机中常用进制、编码和性能指标有哪些？

操作要求：打开光盘的"项目实例"\第7章任务作业"文件，将答案填写在"任务2"下的"表格2"中，见表7-2。

表7-2　常用计算机性能指标和信息存储形式汇总表

常用计算机性能指标和信息存储形式					
中文名称	英文代表符号	简称	计算机常用编码		
^	^	^	常用标准汉字编码		
	bit	✕	1B =（　　）bit		
字节		B	1KB = 1 ×（　　）=（　　）B		
PentiumⅢ 866 机		866 代表	指标单位	字长	PentiumⅢ是什么部件型号
	你的计算机		3.5英寸软盘	光盘（举例）	优盘（举例）
存储容量（单位）	内存	硬盘			
各种进制的标示码	二进制	十进制	八进制	十六进制	计算机内部信息的存储形式（进制）

任务3　汇总、制作计算机系统基本组成结构图

任务要求：根据前面两个任务的归纳，汇总出计算机系统基本组成结构图，在光盘的"项目实例"\"第7章任务作业"中"任务3"的结构图模板中补充全部内容。

结构图模板如图7-9所示。

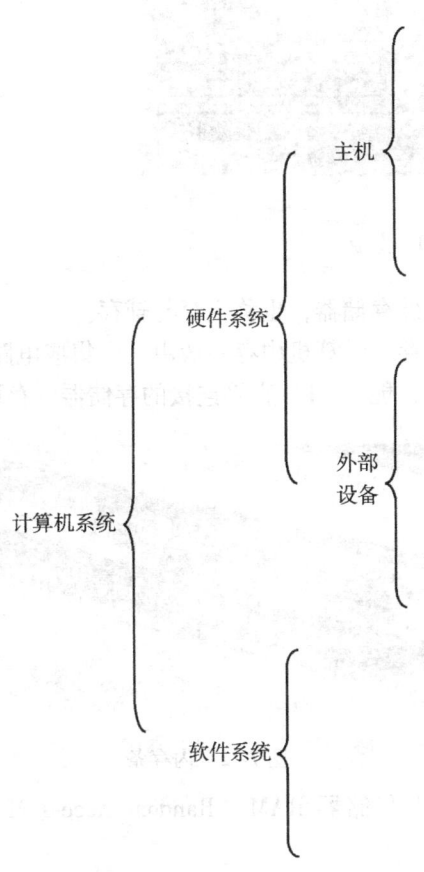

图7-9　计算机系统基本组成

本节知识要点

1. 一个完整的计算机系统由硬件系统和软件系统两部分组成。详见"任务3"中完成的组成结构图。

2. 主板是主机中最大的一块控制和驱动计算机的电路板，是决定计算机整体系统性能的一个关键性部件，如图7-10所示。

主板上包括CPU、内存、输入/输出接口电路及其他控制开关接口、总线、扩展槽。扩展槽是用来连接显示卡、声卡、网卡等硬件设备的接口。

3. "CPU"也称"中央处理器"，是计算机的核心部件，决定着计算机的性能和档次。"CPU"由基本结构的运算器和控制器组合而成，如图7-11所示。

4. 存储器

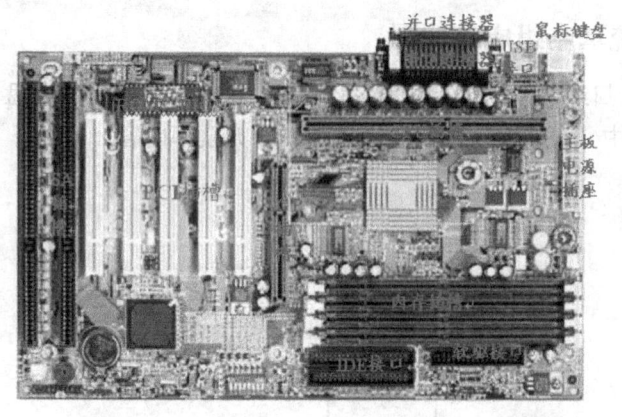

图 7-10 主板

图 7-11 CPU

存储器分为内存储器和外存储器，也称主存与辅存。

（1）内存储器　简称内存。计算机内存一般由几个集成电路片组成，又叫内存条，如图 7-12 所示，直接插在主板上，能与 CPU 直接连接的存储器，存取速度最快，但容量有限。

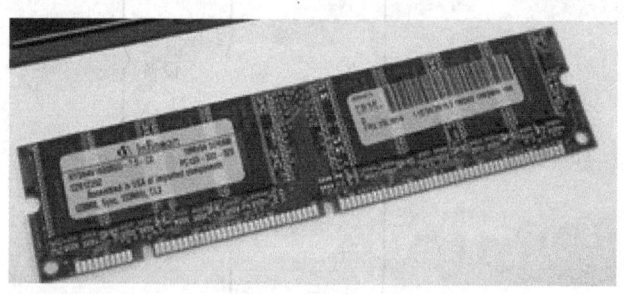

图 7-12 内存条

内存按原理又分为随机存储器 RAM（Random Access Memory）和只读存储器 ROM（Random Only Memory）。

1）随机存储器 RAM：用户可以使用的空间，是易失性存储器，一旦断电所有的信息全部被丢失，内存容量一般指 RAM 容量。

2）只读存储器 ROM 中存储的数据只能读取不可写入，通常在出厂时就存放了固有的系统信息，是固化在主板上的内存芯片，断电后信息保持不变。

（2）外存储器　也称辅存，包括：硬盘、软盘、光盘、优盘。

1）硬盘：也称固定盘，通常固定在主机箱内，存储容量大，成本低，读取速度比内存慢，新的硬盘必须进行分区，格式化，安装操作系统才可使用。

2）软盘：盘片封装在相应尺寸的塑料保护套内，驱动器安装在主机箱内，盘片可以随意装卸。目前常用软盘为 3.5 英寸。

3）光盘：简称 CD，驱动器安装在主机箱内，分为普通光驱和刻录光驱，常用 CD 有：

① CD-ROM：只读光盘，可以存放文字、声音、图形图像、动画视频等信息。

② VCD：视频小型光盘，俗称小影碟，可以存放连续播放 74 分钟的录像节目。

③ DVD：高密度数字视盘，可以播放 135 分钟的 MPEG2 音视频信号。

④ CDR：一次性写入光盘，不能更改。

⑤ CDRW：可擦写式光盘。

4）优盘：采用 USB 接口，可即插即用，携带安装方便，存储容量远大于软盘，存储数据可达 10 年之久，是目前较好的软盘替代品。

5. 输入、输出设备

（1）最基本的输入设备

1）键盘（Keyboard）：键盘的功能是将字符代码转化成 ASCII 码或其他代码送往主机。应用键盘可以完成几乎所有的操作命令。

2）鼠标（Mouse）：鼠标是一种手动式的光标定位部件，是 Windows 操作系统出现之后应用最普遍的输入设备。

（2）最基本的输出设备

1）显示器（Display）：它的功能是将主机的输出信息转换成字符、图形和颜色等信息，传送到显示器上显示。

2）打印机：目前常用的有喷墨打印机和激光打印机。

6. 硬件

硬件（Hardware）指组成计算机的各种物理装置。一般未装软件的计算机称为裸机。

计算机的硬件按工作原理划分，由五部分组成：运算器、控制器、存储器、输入设备、输出设备，通过三种总线（地址总线、控制总线和数据总线）连接，进行协调工作。总线是用来连接计算机基本组成部件，使其协调统一完成各自功能的线路结构，称为总线结构，如图 7-13 所示。

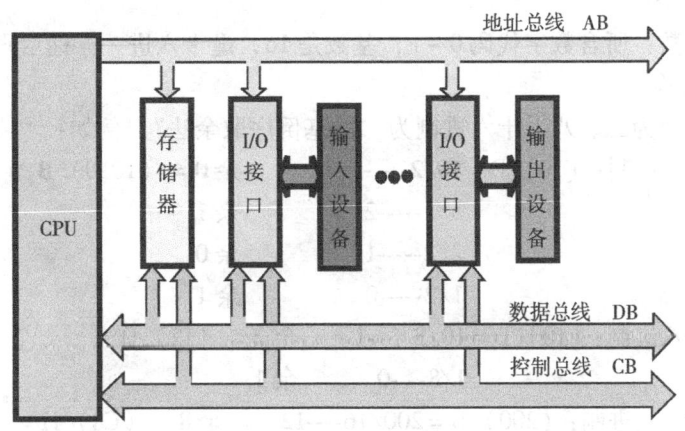

图 7-13 总线结构

7. 计算机软件系统

软件是使计算机硬件功能充分发挥的重要部分。

计算机软件系统分为系统软件和应用软件。

（1）系统软件 管理软硬件资源，支持应用软件的运行。包括操作系统、语言处理系统、数据库管理系统、实用服务性系统等。

微机常用操作系统有 DOS、Windows。

计算机程序设计语言一般分为机器语言、汇编语言和高级语言。

（2）应用软件　为某种应用目的而开发的软件。如：Office（Word、Excel、PowerPoint）、PhotoShop、Flash MX 等。

8. 信息在计算机中的存储形式

信息在计算机中以二进制形式存储，二进制有 0 和 1 两个数码，计算机存储单位表示为：

1）比特（bit）：或称为"位"，1bit 就是二进制的一个"0"或"1"。

2）字节（Byte）：简记为"B"，计算机中把 8 位二进制数作为一个位组，称为字节。字节是计算机中数据处理的基本单位。1B = 8（bit）。

3）存储容量单位：实际使用的存储容量一般为 KB、MB、GB，另外还有更大的容量单位 TB。

$1KB = 1 \times 2^{10} = 1024B$　　　$1MB = 1024KB$　　$1GB = 1024MB$　　$1TB = 1024GB$

9. 计算机中的信息编码

由于计算机内部采用的是二进制表示和处理数值数据，因此在计算机输入和输出数据时，需要进行编码转换，参看书后附表 B。

1）数制的表示方法、所含数字代码及各数制的标示码：

① 十进制数：所含数字代码 0~9，基数是 10，逢十进一。标示码：D

② 二进制数：所含数字代码 0 和 1，基数是 2，逢二进一。例如：101 在二进制中表示十进制的 5。标示码：B

③ 八进制数：所含数字代码 0~7，基数是 8，逢八进一。例如：八进制的 10 表示十进制的 8。标示码：O

④ 十六进制数：所含数字代码 0~F，基数是 16，逢十六进一。标示码：H

2）各数制转换

① 十进制转换为二、八、十六进制为"除基倒序取余法"，例如：

a. 十进制—二进制：(10) D = 10/2-----5　　　余 0 = (1010) B
　　　　　　　　　　　　　　　5/2-----2　　　余 1
　　　　　　　　　　　　　　　2/2-----1　　　余 0
　　　　　　　　　　　　　　　1/2-----0　　　余 1

b. 十进制—八进制：(10) D = 10/8-----1　　　余 2 = (12) O
　　　　　　　　　　　　　　　1/8----0　　　余 1

c. 十进制—十六进制：(200) D = 200/16----12　　余 8 = (C8) H
　　　　　　　　　　　　　　　　12/16-----0　　　余 12

② 二、八、十六进制转换为十进制为"按基数展开法"，例如：

二进制—十进制：$101_B = 1*2^0 + 0*2^1 + 1*2^2 = 5_D$

八进制—十进制：$101_O = 1*8^0 + 0*8^1 + 1*8^2 = 65_D$

十六进制—十进制：$101_H = 1*16^0 + 0*16^1 + 1*16^2 = 257_D$

3）计算机常用编码：目前微机普遍采用的是国际标准的 7 位 ASCⅡ码，参看书后附表 C。

我国中文操作系统采用的标准汉字编码是《中华人民共和国国家标准（GB2312—80）

通讯用汉字字符集（基本集）》，这是汉字信息交换用编码。

10. 计算机常用性能指标

（1）字长　以二进制位为单位，是 CPU 同时能处理的二进制位数，如："IBM-PC80386"机以后，一直到现在的"奔腾（Pentium）4"都是 32 位机。

（2）主频　即 CPU 内部的时钟频率。主频越高，CPU 的速度就越快，整机的效率就越高。单位：MHz。PentiumⅢ 866（866 MHz）、Pentium 4 的主频可达 3GHz。

（3）缓存　即缓冲存储器，用于存储 CPU 运算时的部分数据和指令，缓存的大小影响计算机的运算速度。

（4）存储器容量指标　目前内存容量配置能够达到 256MB，甚至更高；3.5 英寸软盘容量为 1.44MB；硬盘目前一般高达 40GB、80GB、150GB；光盘一般有 650MB、700MB 等；优盘有 64MB、128MB、256MB。

7.2　Windows 2000 系统维护

任务4　系统的节能设置及日常维护

任务要求：通过对电源的进行"待机"、"休眠"设置和缩短开机等待时间达到系统节能效果。

问题1：如何从系统电源做节能设置？

操作步骤：

（1）单击"开始"菜单，选择"设置"项下的"控制面板"，打开"控制面板"窗口。

（2）单击"电源选项"，如图 7-14 所示，打开"电源选项属性"对话框，如图 7-15 所示。

（3）在"电源使用方案"标签中，打开"系统待机"下拉列表，选取"系统待机"等待的时间。

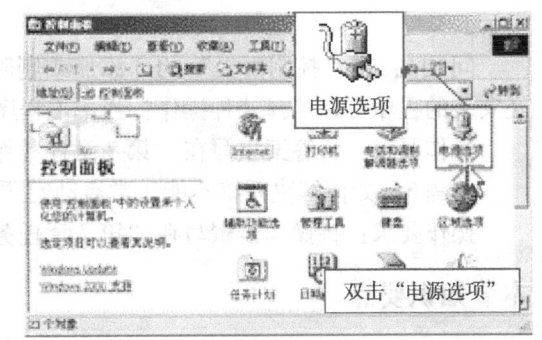

图 7-14　电源选项

（4）在"系统休眠"下拉列表中选取"系统休眠"等待的时间。

（5）单击"应用"按钮。

问题2：如何缩短开机等待时间？

操作步骤：

（1）鼠标右键单击"我的电脑"，打开"系统特性"对话框。

（2）在"高级"标签中单击下面的"启动和恢复故障"按钮，先选择"默认启动的操作系统"，再更改"启动时的等待时间"。

（3）单击"确定"，设置便生效。

问题3：为提高电脑运行速度，如何修改"虚拟内存"的设置？

操作要求：为"256MB"内存的计算机设置更适用的"虚拟内存"空间，将操作步骤

215

计算机操作与应用基础教程

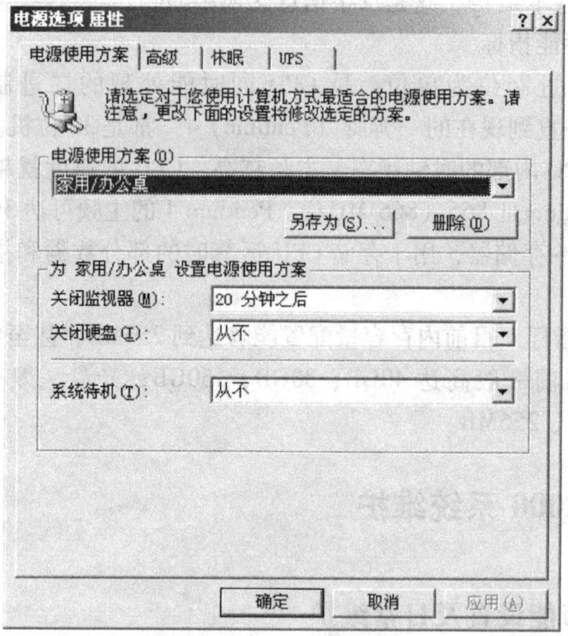

图7-15 电源选项属性对话框

写在"第7章任务作业"文件的"任务4"、"问题3"中,可从"本节知识要点"中得到提示。

问题4:在"控制面板"的"添加或删除程序"对话框中有几种操作选项?对每个已经安装的程序可以选择几种操作?当单击程序名时,又显示出哪些信息?

操作要求:将答案填写在"第7章任务作业"文件的"任务4"、"问题4"中。

问题5:如何解决系统不能正常启动问题?

操作要求:将操作步骤写在"第7章任务作业"文件的"任务4"、"问题5"中。

本节知识要点

1. 系统的节能设置

当我们打开计算机电源后,在屏幕的右上角可以看到一个"能源之星"的标志,如图7-16所示,表明我们的计算机具有绿色节能的功能。

(1)在"控制面板"中的"电源选项",提供了两种节能方式,"休眠"和"待机"。

"休眠"就是让计算机把当前内存中的数据保存到硬盘上,并关闭电源,当再次打开电源时自动将保存在硬盘中的数据读到内存中,恢复到休眠前的状况,节省了开机等待时间。

"等待"就是关闭显示器,关闭硬盘,当操作鼠标或按动键盘时,会自动打开显示器和启动硬盘。

(2)另外需要再检查一下系统是否允许使用"休眠"功能。在"电源选项属性"对话框中打开"休眠"选项卡,其中有一个"启动休眠支持"的选择,要将其选择上,如图7-17所示。

打开了"休眠支持"后,在关机时就会出现一个新的选择。打开"开始"菜单,选择"关机"。再打开"关机"的选项菜单,在其中可以看到"休眠"和"等待"两项。随时选择它们就可进入"休眠"或者"待机"状态，如图 7-18 所示。

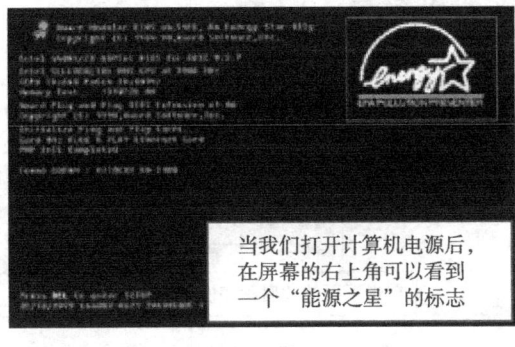
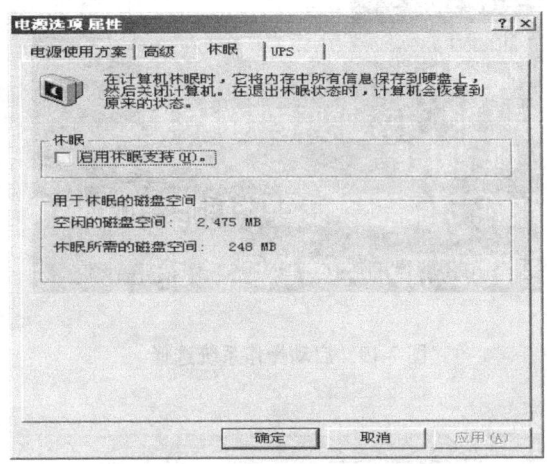

图 7-16　"能源之星"的标志　　　　　　　　图 7-17　电源选择属性

图 7-18　关机时的"待机"和"休眠"选项

2. 缩短开机等待时间

每次启动 Windows 2000 时，都会出现一个选择菜单，让用户选择启动 Professional，还是选择其他操作系统，如果不选择的话，要等待 30 秒才启动，如图 7-19 所示。

怎样缩短这个等待时间，让电脑直接启动 Professional？

在"我的电脑"上单击鼠标右键，选择"属性"，出现"系统特性"窗口，打开"高级"选项卡，单击下面的"启动和恢复故障"按钮，如图 7-20 所示，弹出"启动和故障恢复"对话框，如图 7-21 所示。

上面是"系统启动"设置，打开这个选单，从中可以选择默认启动的操作系统 Professional。下面便是启动时的等待时间，默认 30 秒，把它改为 0，这样以后一开机就自动启动 Professional，而不需要等待，单击"确定"按钮，设置便生效了，如图 7-22 所示。

3. 系统维护

图 7-19 启动操作系统选择　　　　　图 7-20 系统特性窗口

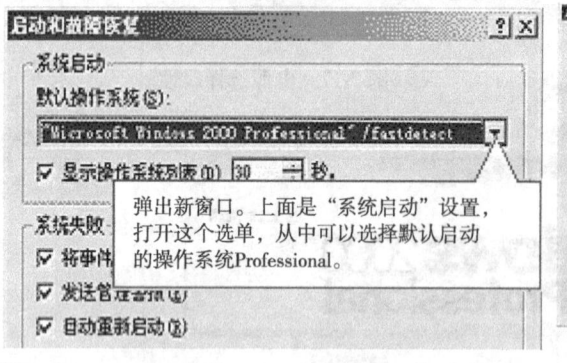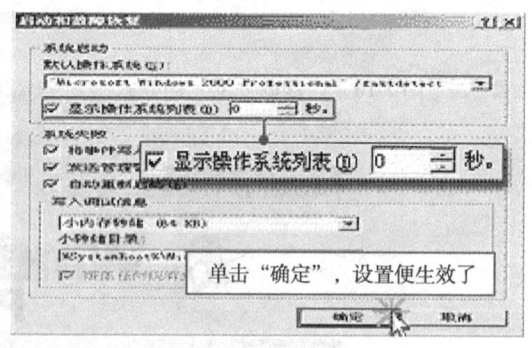

图 7-21 "启动和故障恢复"对话框　　图 7-22 启动等待时间

（1）提高计算机运行速度　内存大小是决定计算机运行速度的关键，Windows 2000 是一个内存大户，在没有更多内存的情况下，可以通过增加虚拟内存提高计算机的运行速度。

在"我的电脑"的属性对话框中有一个"性能选项"，在"性能选项"对话框中可以看到默认的虚拟内存的大小，大约是实际内存的 1.5 倍，要运行多个很大的程序是不够的。

单击"更改"按钮，可以适当增加最小值和最大值。最小值应该是当前系统内存容量再加上 12MB，最大值则可以设置得越大越好，通常建议将它设置为最小值的 2 到 3 倍。

（2）在计算机中"添加/删除程序"　在"控制面板"中双击"添加/删除程序"图标，打开"添加/删除程序"对话框，对话框左侧是操作功能选项，右侧显示"目前安装的程序"名和大小，单击程序各行，系统可以显示出该程序当前使用情况和两个操作按钮："更改"和"删除"。

- 更改：是对安装的程序功能进行添加和修改。
- 删除：是从计算机中卸载该程序。

4. 系统常见故障

（1）计算机不能正常启动

1）硬件问题：硬件接口连接松动或没有插好；电源损坏，硬盘检测到电源不正常；硬盘有物理损坏；确定原因，进行维修或更换。

2）软件问题：常见的软件损坏是病毒造成的引导区和分区表破坏，用杀毒软件恢复试试。如果不行就只能重新分区和格式化了，所以硬盘上的重要数据要经常备份。

C 盘根目录下的 IO.SYS、MSDOS.SYS、COMMAND.COM 这三个文件被误删也会导致无法启动，找一张系统盘启动，运行 SYS 命令给硬盘重新传送一遍系统。

3）软驱中有软盘：机器启动自检时先查看外存，如果软驱中有软盘，会导致系统不能正常引导而不能正常启动。

（2）计算机运行时机器出现死机

1）运行任务过多，系统等待时间超时，造成死机。

2）解决死机的问题都是先从软件入手，再到硬件。

从软件入手，首先是查杀病毒，然后考虑重新安装应用软件，驱动程序等；也许需要重新编辑注册表、设置 COMS；最终、最有效的办法就是格式化硬盘，重新安装操作系统 Windows。

从硬件入手，先是查看机箱里的温度，一定要注意电脑的散热问题；接下来就是检查内存，对于硬件通常采用替换的方法；再就是检查其他的板卡。

7.3 计算机的发展与应用概述

21 世纪是信息的时代，计算机的广泛应用渗透到社会各个领域，成为这个时代人们工作、生活必不可少的工具。

任务 5　简述计算机的发展及应用

任务要求：用表格形式归纳计算机的发展过程。

操作要求：按下列格式制作一个"Word"表格，见表 7-3，保存到"第 7 章任务作业"的"任务 5"中。

表 7-3　计算机发展简史

	年代	使用电子元件	代表机型
第一台计算机			
按计算机的硬件技术和电子元件划分			
第一代			
微机的发展			

本节知识要点

1. 第一台计算机的诞生

世界上第一台通用电子数字计算机，1946 年 2 月由美国宾夕法尼亚大学研制成功，名

计算机操作与应用基础教程

称为"ENIAC"。

它共使用了 18000 多个电子管、1500 多个继电器，耗电 150 千瓦，占地 170 多平方米，重达 30 余吨，运算速度每秒 5000 次。

2. 计算机的发展阶段

按计算机的硬件技术和电子元件划分，计算机的发展阶段分为：

第一代，（1946—1957）

电子元件：电子管　代表机型：ENICA、EDVAC 等。

第二代，（1958—1964）

电子元件：晶体管　代表机型：IBM7000 系列、UNIVAC II 等。

第三代，（1965—1970）

电子元件：集成电路　代表机型：IBM360、Honeywell 6000 系列等。

第四代，（1970 年以后）

电子元件：大规模及超大规模集成电路　代表机型：IMBPC 系列等。

以后计算机发展总称未来型或新一代计算机。

3. 微型计算机的发展状况

微型计算机简称微机。微机的重要特点就是将中央处理器（CPU）集成在一块芯片上，这种芯片称为微处理器。

大规模集成电路应用，1971 年开始研制出 4 位和 8 位微处理器构成的微机，微机经历了 4 位、8 位、16 位、32 位和 64 位微处理器的发展阶段。

1981 年 IBM 公司正式推出了第一部个人计算机，命名为 IBM—PC 机（CPU 为 80386、80486 的 32 位微处理器）。

4. 计算机的分类

按计算机的运算速度、存储容量、规模、价格等性能指标分类。

（1）巨型机　体积大，速度极高，可达数千亿次，容量超大，价格昂贵，一般用于如"国家气象中心"等特殊部门。

（2）大中型机　大型、通用、速度和处理能力很强，一般作为大型"客户机/服务器"，主要用于大中型企业或地区的计算中心。

（3）小型机　规模小、成本低、用途广、易维护，通常用于自动控制和中小企业和事业单位的数据管理。

（4）微型机　也叫个人计算机，单用户机，应用广泛，发展较快。

（5）工作站　介于微机和小型机间，易于联网的高档微机系统，与一般微机相比，速度更快，容量更大。

5. 计算机的应用

（1）科学计算　用于科学研究和工程设计方面的数值计算与分析等。

（2）数据处理　数据加工、信息检索、企业管理等。

（3）过程控制　工业生产过程控制、自动报警系统等。

（4）人工智能　机械手、机器人、文字图像自动识别等。

（5）网络与通信　网络通讯、资源共享等。

（6）多媒体技术　影视、声音、游戏等。

（7）计算机辅助系统　包括：计算机辅助设计（CAD）、计算机辅助制造（CAM）、计算机辅助教学（CAI）、辅助测试（CAT）。

随着计算机技术日新月异的发展，计算机技术的应用领域越来越广泛，人们对计算机知识的了解将越来越深入，展望未来，各种科学技术的飞速发展，都密切联系到计算机技术，学好计算机，更深入地掌握计算机技术，是现代人类必须具备的一种科学意识。

习　题　7

一、单选题

1. 第四代计算机的基本电子元件是(　　)。
   A. 电子管　　　　B. 大规模集成电路　　　C. 晶体管　　　　D. 中小规模集成电路
2. 关于"电子计算机的特点"，以下论述错误的是(　　)。
   A. 运算速度快　　B. 存储容量大　　　　　C. 不能进行逻辑判断　　D. 计算精度高
3. 计算机辅助设计的英文缩写是(　　)。
   A. CAM　　　　　B. CAD　　　　　　　　C. CAI　　　　　　D. CAE
4. 对于 N 进制数，每一位可以使用的数字符号的个数是(　　)。
   A. N－1　　　　　B. N　　　　　　　　　C. 2N　　　　　　　D. N＋1
5. 随机存储器 RAM 的特点是(　　)。
   A. RAM 中的信息既可读出也可以写入
   B. RAM 中的信息只能读出
   C. RAM 中的信息只能写入
   D. RAM 中的信息既不可读出也不可写入
6. 给软盘加上保护后可以防止(　　)。
   A. 数据丢失　　　B. 读出数据错误　　　　C. 病毒入侵　　　　D. 其他人拷贝文件
7. 当磁盘上的文件感染病毒后，可采取的措施是(　　)。
   A. 报废该磁盘　　　　　　　　　　　　　B. 格式化该磁盘
   C. 继续使用该磁盘　　　　　　　　　　　D. 使用防病毒软件清除该磁盘上的病毒
8. 第五代计算机又称为(　　)。
   A. 网络计算机　　　　　　　　　　　　　B. 分布式计算机
   C. 高档微型计算机　　　　　　　　　　　D. 人工智能计算机
9. 计算机系统组成包括(　　)。
   A. 系统应用软件　　　　　　　　　　　　B. 硬件系统和软件系统
   C. 主机和外部设备　　　　　　　　　　　D. 运算器、控制器、存储器和输入输出设备
10. 计算机硬件系统包括(　　)。
    A. 主机和外部设备　　　　　　　　　　　B. CPU、运算器和控制器
    C. 主机、鼠标器和键盘　　　　　　　　　D. 主机和光驱
11. 1KB 包括的字节数是(　　)。
    A. 1000B　　　　B. 1024B　　　　　　　C. 512B　　　　　　D. 256B
12. 微机热启动时，应同时按下的三个键是(　　)。
    A. Ctrl＋Del＋Esc　　　　　　　　　　　B. Ctrl＋Shift＋Del
    C. Ctrl＋Alt＋Esc　　　　　　　　　　　D. Ctrl＋Alt＋Del
13. 一个文件的扩展名通常表示(　　)。
    A. 文件版本　　　　　　　　　　　　　　B. 文件大小

C. 文件类型　　　　　　　　　　　　D. 创建该文件的日期
14. 构成电子计算机的物理实体是（　　）。
A. 计算机系统　　　　　　　　　　　B. 计算机硬件系统
C. 主机　　　　　　　　　　　　　　D. 外部设备
15. 通常所说的 CPU 芯片包括（　　）。
A. 运算器、控制器和寄存器组　　　　B. 运算器、控制器和内存储器
C. 内存储器和运算器　　　　　　　　D. 控制器和存储器
16. 以下四个数中，最小的数是（　　）。
A. 32D　　　　B. 36O　　　　C. 22H　　　　D. 10101100B
17. 预防软盘感染病毒的有效措施是（　　）。
A. 定期对软盘进行格式化　　　　　　B. 不要把软盘和有病毒的软盘放在一起
C. 保持软盘的清洁　　　　　　　　　D. 给软盘加写保护
18. 计算机病毒产生的原因是（　　）。
A. 用户程序有错误　　　　　　　　　B. 计算机硬件故障
C. 计算机系统软件有错误　　　　　　D. 人为制造
19. 下列存储器中，存取速度最快的是（　　）。
A. 软盘　　　　B. 硬盘　　　　C. 光盘　　　　D. 内存
20. 下列设备中，属于输出设备的是（　　）。
A. 扫描仪　　　B. 显示器　　　C. 触摸屏　　　D. 光笔

二、判断题

1. 磁盘的存储容量与其尺寸的大小成反比。　　　　　　　　　　　　　　　　（　　）
2. 同时按下 Ctrl + Alt + Del 三键可以冷启动计算机。　　　　　　　　　　（　　）
3. 在 C 盘的同一子目录下可以建立两个相同的目录。　　　　　　　　　　　（　　）
4. 一般情况下，光盘的存储容量比硬盘大。　　　　　　　　　　　　　　　　（　　）
5. 使用 Del 键可以删除当前光标前的一个字符。　　　　　　　　　　　　　（　　）
6. 使用 Backspace 键可以删除当前光标后的一个字符。　　　　　　　　　　（　　）
7. 处于小写字母状态时，按下 Caps lock 键后可以输入字符"＄"。　　　　（　　）
8. 一个汉字占 16 个二进制位数。　　　　　　　　　　　　　　　　　　　　（　　）
9. 计算机病毒是一种人为设计的危害计算机系统和网络的计算机程序。　　　（　　）
10. 任何存储器都具有记忆功能，存放在存储器中的信息不会丢失。　　　　（　　）

附　　录

附录 A　Windows 2000 快捷键

快捷键名	操　作
CTRL + C	复制
CTRL + X	剪切
CTRL + V	粘贴
CTRL + Z	撤消
DELETE	删除
SHIFT + DELETE	永久删除所选项，而不将它放到"回收站"中
CTRL + A	选中全部内容
CTRL + 向右键	将插入点移动到下一个单词的起始处
CTRL + 向左键	将插入点移动到前一个单词的起始处
CTRL + 向下键	将插入点移动到下一段落的起始处
CTRL + 向上键	将插入点移动到前一段落的起始处
CTRL + SHIFT + 任何箭头键	突出显示一块文本
SHIFT + 任何箭头键	在窗口或桌面上或文档中选择多项
F2	重新命名所选项目
F3	搜索文件或文件夹
F4	在"我的电脑"和"资源管理器"窗口显示"地址"栏列表
F5	刷新当前窗口
F6	在窗口或桌面上循环切换屏幕元素
F10	激活当前程序中的菜单条
ALT + F4	关闭当前项目或者退出当前程序
ALT + TAB	在打开的项目之间切换
ALT + ESC	以项目打开的顺序循环切换
ALT + 空格键	显示当前窗口的"系统"菜单
ALT + 菜单名中带下划线的字母	显示相应的菜单
ALT + ENTER	查看所选项目的属性
CTRL + ESC	显示"开始"菜单
CTRL + F4	在打开多个文档的程序中关闭当前文档
SHIFT + F10	显示所选项目的快捷菜单
ESC	取消当前任务

附录 B　各种数制的对应关系

十	二	八	十六	十	二	八	十六
0	0	0	0	8	1000	10	8
1	1	1	1	9	1001	11	9
2	10	2	2	10	1010	12	A
3	11	3	3	11	1011	13	B
4	100	4	4	12	1100	14	C
5	101	5	5	13	1101	15	D
6	110	6	6	14	1110	16	E
7	111	7	7	15	1111	17	F

附录 C　7位 ASCⅡ 码表

b3b2b1b0 \ b6b5b4	000	001	010	011	100	101	110	111
0000	NUL	DLE	SP	0	@	P	`	p
0001	SOH	DC1	!	1	A	Q	a	q
0010	STX	DC2	"	2	B	R	b	r
0011	ETX	DC3	#	3	C	S	c	s
0100	EOT	DC4	$	4	D	T	d	t
0101	ENQ	NAK	%	5	E	U	e	u
0110	ACK	SYN	&	6	F	V	f	v
0111	BEL	EBT	'	7	G	W	g	w
1000	BS	CAN	(	8	H	X	h	x
1001	HT	EM	)	9	I	Y	i	y
1010	LF	SUB	*	:	J	Z	j	z
1011	VT	ESC	+	;	K	[	k	{
1100	FF	FS	,	<	L	\	l		
1101	CR	GS	-	=	M	]	m	}
1110	SO	RS	.	>	N	^	n	~
1111	SI	US	/	?	O	_	o	DEL

附录 D 字根助记词

1 （横）区

11G　王旁青头戋（兼）五一（借同音转义）

12F　土士二干十寸雨

13D　大犬三羊古石厂

14S　木丁西

15A　工戈草头右框七

2（竖）区

21H　目具上止卜虎皮（"具上"指具字的上部"且"）

22J　日早两竖与虫依

23K　口与川，字根稀

24L　田甲方框四车力

25M　山由贝，下框几

3（撇）区

31T　禾竹一撇双人立（"双人立"即"彳"）反文条头共三一（"条头"即"夂"）

32R　白手看头三二斤（"三二"指键为"32"）

33E　月彡（衫）乃用家衣底（"家衣底"即"豕"）

34W　人和八，三四里（"三四"即"34"）

35Q　金勺缺点无尾鱼（指"勹"）犬旁留叉儿一点夕，氏无七（妻）

4（捺）区

41Y　言文方广在四一 高头一捺谁人去

42U　立辛两点六门疒

43I　水旁兴头小倒立

44O　火业头，四点米（"火"、"业"、"灬"）

45P　之宝盖，摘礻（示）（衤）

5（折）区

51N　已半巳满不出己 左框折尸心和羽

52B　子耳了也框向上（"框向上"指"凵"）

53V　女刀九臼山朝西（"山朝西"为"彐"）

54C　又巴马，丢矢矣（"矣"丢掉"矢"为"厶"）

55X　慈母无心弓和匕 幼无力（"幼"去掉"力"为"幺"）

附录 E 部分习题参考答案

习 题 1

一、单选题

1. C   2. A   3. C   4. D   5. D   6. B   7. A   8. A   9. D   10. C
11. A   12. B   13. A   14. A   15. B   16. B   17. B   18. A   19. D   20. B

习 题 3

一、单选题

1. D   2. A   3. B   4. C   5. A   6. A   7. A   8. B   9. C   10. C   11. B
12. B   13. B   14. B   15. C   16. C   17. B   18. D   19. B   20. D

二、判断题

1. ×   2. ×   3. √   4. √   5. ×   6. √

习 题 4

一、单选题

1. D   2. A   3. D   4. B   5. D   6. D   7. C   8. B   9. B   10. B

二、判断题

1. √   2. ×   3. ×   4. √   5. √

习 题 5

一、单选题

1. B   2. A   3. D   4. B   5. D   6. C   7. D   8. B   9. B   10. D

二、判断题

1. √   2. ×   3. √   4. √   5. ×

习 题 6

一、单选题

1. D   2. B   3. C   4. C   5. B   6. B   7. B   8. A   9. A   10. D
11. B   12. A   13. A   14. B   15. B   16. D   17. B   18. A   19. D   20. A

二、填空题

1. ARPET   2. 网络操作系统   3. 中国、gov   4. 拨号上网   5. modem
6. 双绞线、同轴电缆、光纤   7. IP 地址、域名   8. 用户名、主机域名、@
9. 统一资源定位器   10. 32 位

习 题 7

一、单选题
1. A 2. C 3. B 4. B 5. A 6. C 7. D 8. A 9. B 10. A 11. B
12. D 13. C 14. B 15. A 16. B 17. D 18. D 19. D 20. B

二、判断题
1. × 2. × 3. × 4. × 5. × 6. × 7. × 8. √ 9. √ 10. ×

参考文献

1. 冯璧，孙瑞新主编. 计算机应用基础. 北京：高等教育出版社，2001
2. 广东省职业技术教研室组编. 计算机应用. 广州：广东经济出版社，2003
3. 计算机应用基础编写组编. 计算机应用基础. 广州：岭南美术出版社，2004
4. 王晓堤，华斌编著. 计算机应用技术基础. 北京：电子工业出版社，2002
5. 东方人华主编. Word 2002 范例入门与提高. 北京：清华大学出版社，2003
6. Office XP/2003 时尚创作 200 例编委会编写. OfficeXP/2003 时尚创作 200 例. 西安：西北工业大学出版社，2004
7. 雪之舫工作室编著. Excel 应用案例详解. 北京：中国铁道出版社，2004
8. 郑小玲，梁露，赵丹亚编著. Excel 在管理中的应用. 北京：人民邮电出版社，2004
9. 马哲等编著. 中文 Excel 2000 中级教程. 北京：机械工业出版社，1999
10. 全国专业技术人员计算机应用能力考试专家指导委员会编写. Excel 97 中文电子表格. 北京：中科多媒体电子出版社，2002
11. 网冠科技编著. PowerPoint 2002 时尚应用百例. 北京：机械工业出版社，2002
12. 李冉，胡松编著. PowerPoint 在商业多媒体演示中的应用. 北京：中国青年出版社，2003
13. 计算机等级考试试题研究组主编. 一级题眼分析与全真训练. 北京：人民邮电出版社，2003
14. 谢垂民，朱国麟主编. 电子商务师. 广州：广东经济出版社，2003